Diogenes Taschenbuch 20067

de
te
be

W0089671

# Über Molière

*Herausgegeben von Christian Strich,
Rémy Charbon und
Gerd Haffmans*

Diogenes

Die Essays von Voltaire, La Harpe, Jules Romains,
Jean Cocteau und Louis Jouvet erscheinen erstmals in deutscher
Sprache; die Übersetzung besorgte Eva Rechel-Mertens
Umschlagillustration: Portrait Molière
von Nicolas de Largilière (1656 – 1746)

Ich verachte die kleinlichen
Seelen, die, weil sie die Wirkungen der Dinge zu weit
voraussehen, nichts zu unternehmen wagen.

*Molière*

# Inhalt

## Molière auf der Bühne

## Molière in deutscher Übersetzung

Elisabeth Brock-Sulzer

# *Molière – Seine Tapferkeit, seine Verwegenheit und sein Können*

*Überarbeitete Fassung eines weithin improvisierten Referates an der XVIII. Dramaturgentagung in Salzburg, August 1970*

Molière war weder zu dick
noch zu dünn; er war eher
groß als klein gewachsen, hatte
vornehme Haltung, gutge-
formte Beine; er ging gravitätisch einher, sah sehr ernst aus;
seine Nase war kräftig, der
Mund groß, die Lippen stark,
die Gesichtsfarbe dunkel, die
Brauen schwarz und dicht, und
wenn er sie mannigfach be-
wegte, konnte sein Gesicht
äußerst komisch wirken. Sein
Charakter war sanft, gefällig,
edel; er hielt gerne Anspra-
chen, und wenn er seine Stükke den Schauspielern vorlas,
wollte er, daß sie ihre Kinder
mitnähmen, um aus deren nai-
ven Bewegungen seine Schlüsse
ziehen zu können.

*Mercure de France,*
*Mai 1740*

Meine sehr verehrten Damen und Herren,

Molière ist ein durchaus einzigartiger Fall, nicht nur nach seiner Begabung, sondern auch durch die Art, wie er seine Zeit zu bestehen hatte. Er war der Günstling des Königs, und zwar des Sonnenkönigs, eines Herrschers mit absoluter Gewalt. Getragen von diesem König, zum Durchhalten gebracht von diesem König, stand er trotzdem in einem unablässigen Kampf gegen die Gesellschaft seiner Zeit. Er wurde seit der ›Ecole des Femmes‹ bis aufs Blut bekämpft mit den gemeinsten Argumenten, die zum Beispiel nicht davor zurückschreckten, ihn des Inzestes zu beschuldigen. Als er den ›Tartuffe‹ verfaßt hatte, schrieb ein Pfarrer von Paris, Molière sei der Teufel in Menschengestalt. So verlief dieser Kampf. Daß Molière durchgehalten hat, ist, ohne jede Übertreibung gesagt, ein bares Wunder. Wie verträgt sich nun aber das Schicksal Molières mit unserer Vorstellung von der Macht Ludwigs XIV., von der Macht des Absolutismus? Molière wurde zunächst literarisch angefeindet; seine Kollegen machten ihm das Leben schwer. Dann wurde er moralisch angefeindet; der Angriff entzündete sich an einer leicht anrüchigen, aber im Grunde harmlosen Stelle in der ›Ecole des Femmes‹. Nach dem ›Tartuffe‹ und dem ›Dom Juan‹ endlich wurde die Feindschaft auf das religiöse Gelände getragen; selbst die Protektion des Königs vermochte nicht mehr viel gegen die Sorbonne. Molière reagierte erst heftig, als man ihn als unmoralisch brandmarkte, da verstand er keinen Spaß mehr. Über Gut und Böse wußte er Bescheid, so gut Bescheid, daß ihm Bigotterie und Heuchelei absolut unerträglich waren. Er war ein echter ›Moralist‹.

Aber war Molière nun gegen seine Epoche? Weniges gewährt so klare Einsicht in dieses Problem wie Molières Verhältnis zur Preziosität, dieser merkwürdigen Lebens- und Sprachhaltung, die, um zum Leben zu gelangen, den Umweg über den Geist benützt, zum Beispiel die Sprache von den konkreten Elementen zu säubern versucht und durch die Verwandlung ins Abstrakte eine Art Läuterung, eine Art Desinfektionsprozeß an der Sprache vollzieht. Sie wissen, sein erster großer Erfolg vor dem König war die kleine Farce ›Les Précieuses ridicules‹ vom Jahre 1659. Molière hat sich da aufs angriffigste amüsiert über die Preziösen, hat sich freilich salviert, indem er sagte, er habe nicht auf die gebildeten Leute von Paris, sondern die Preziösen aus der Provinz gezielt. Später, am Ende seines Lebens, hat er die ›Femmes savantes‹ geschrieben, wo er in Komödienform das ganze Problem noch einmal aufnahm. Molière hat viel dazu beigetragen, daß wir heute ein einseitiges Bild der Preziosität haben. Doch fällt die Schuld für diese einseitig negative Bewertung der Preziosität viel mehr auf Molières Publikum als auf ihn selbst. Hätte es im Theater genau hingehört, so hätte es bemerkt, daß Molière ein hellhöriger Schüler der Preziösen war. Alle gebildeten wohlerzogenen Männer und Frauen sprechen bei ihm jenes Französisch, das erst durch den Abstraktionsprozeß der Preziosität möglich geworden war. Er hat auch hier »sein Gut genommen, wo er es fand«. Nur die Verstiegenheiten, nicht aber die neugewonnene Geschmeidigkeit hat er an der Preziosität verneint. Er war also auch hier *mit* seiner Epoche, er wurde getragen von seiner Epoche, wie er getragen wurde vom König. Aber diese seine Epoche, dieses Frankreich von damals, dieses französische Volk von damals war ein sehr viel reicheres, lustigeres, bunteres, widerborstigeres Volk, als es fast alle anderen Schriftsteller des Jahrhunderts, La Fontaine ausgenommen, gekannt haben. Für Molière gab es den Bauern und den Handwerker, wie es den Herrn vom Hofe gab; wie es den dummen Marquis gab, gab es bei Molière den klugen Marquis; wie es den dummen Bauern gab, gab es bei ihm die kluge Dienstmagd. Molière hat während der langen Jahre, wo er im grünen Wagen die Provinz durchzog mit seiner Truppe und da manchmal ein sehr jämmerliches Leben führen mußte, Frankreich wirklich kennengelernt, u. a. auch seine verschiedenen Dialekte. Die Philologen haben ja nachgewiesen, daß Molière keinen einzigen dialektalen Fehler gemacht hat, wenn er einmal eine Figur Mundart sprechen ließ; Molière kannte Frankreich, wie es das städtisch intellektuelle und recht abgekapselte Paris seiner Epoche wenig kannte. Und weil er nun, wenn er Frankreich sagte, immer *alle* Klassen meinte, wurde er gerade dadurch in gewisser Hinsicht revolutionär. Schauen Sie einmal Shakespeare an! Shakespeare ist ein eigentlich aristokratischer Dichter, die Leute aus dem Volk spielen meistens eine jämmerliche Rolle bei ihm. Bei

Molière gibt es die Blöden, Dummen und die Gescheiten in *allen* Klassen. Seine Wortführer sind die klugen ›honnêtes gens‹ *und* die naiv-witzigen Leute aus dem Volk. Beide sagen im Grunde dasselbe: sie nehmen die Partei der Vernunft. Der einzige christliche Gegenspieler im ›Tartuffe‹ ist gerade ein solcher honnête homme, der für die Vernunft spricht, denn Molière war der vielleicht ketzerischen Meinung, daß der Herrgott dem Menschen die Vernunft gegeben habe, damit er sie wenigstens dann und wann gottgefällig gebrauchen könne.

Dieser umfassenden Kenntnis des Volkes entspricht nun bei Molière eine andere umfassende Kenntnis: nämlich die der Vergangenheit. Molière kennt das Mittelalter, Molière kennt die Renaissance, während die anderen Klassiker, wiederum La Fontaine ausgenommen, gern so tun, als hätte die Geschichte erst wieder angefangen beim 17. Jahrhundert, vorher habe Jahrhunderte hindurch seit dem Ende der Antike ein großes Vakuum geherrscht. Molières Frankreich jedoch wächst geschichtlich folgerichtig in seine Zeit hinein. Wie das Publikum, an das er sich richtet, ganzheitlich ist, so ist auch der Raum Frankreichs allzeitlich.

Die Definition nun des *Lächerlichen* bei Molière ist eine sehr romanische, kommt ganz aus dem Begriff des Soziablen heraus: lächerlich wird der Mensch, wenn er ausbrechen will, wenn er sich singularisieren will, wenn er ein Alleingänger ist. Siehe Misanthrope, siehe Arnolphe, siehe viele andere Personen in seinen Stücken. Nun aber ist der ›Misanthrope‹ wahrscheinlich dasjenige Stück, in dem sich Molière am genauesten selber porträtiert hat. Molière selber war ein melancholischer Mensch, dem nichts lieber gewesen wäre, als die Wahrheit *immer* zu sagen, der sich aber überlegte, wie denn das Leben der Menschen in der Gesellschaft verliefe, wenn sie alle die Wahrheit sagten. Es würde alles stillstehen, eine absolute Anarchie ausbrechen; also darf es nicht so sein, also ist es lächerlich, die Wahrheit immer sagen zu wollen. Das Großartige an Molière ist, daß er eigentlich als Prototypen des Lächerlichen immer zuerst sich selber aufgespürt hat. Wenn er immer wieder Stücke geschrieben hat über die Lächerlichkeit der Eifersucht, und wenn er diese Stücke gespielt hat zusammen mit seiner sehr viel jüngeren Frau, die ihn vermutlich nicht selten betrogen hat;

wenn er sich lustig gemacht hat auf der Bühne über den älteren Mann, der unbedingt ein junges Mädchen heiraten will, und wenn das vor dem ganzen böszüngigen Pariser Theaterpublikum gespielt wurde und die ganze Gesellschaft wußte: »Aha, das ist er selber, und die Junge, das ist seine Frau«, so war das eine Preisgabe seiner selbst, die nun wirklich etwas großartig Objektives, Generöses hat. Und wenn er gestorben ist auf der Bühne an einer Krankheit, die sich durch viele Jahre hindurch vorbereitet hatte und er nun zuletzt die Rolle eines bloß eingebildeten Kranken gespielt hat, der nicht körperlich krank ist, aber am Rande der Verrücktheit, weil er sich krank *glaubt*, so war auch das wieder ein letzter Versuch, das, was ihn leiden machte, hereinzuholen in die Komik und auf die Bühne. Man kann ruhig sagen, Molière habe gelebt davon, daß er Stücke schreiben und Stücke spielen konnte, sonst hätte er wahrscheinlich das Leben nicht oder sehr viel schwerer ausgehalten. Schauen Sie seine Porträts an, schauen Sie vor allem das subtile Porträt an, das Mignard von ihm gemalt hat, das weiche, große Gesicht mit den melancholischen Augen, diese wohlanständige Traurigkeit. So war er. Seine Freunde nannten ihn den Contemplateur, den Beobachter. Weil er in Gesellschaft nicht viel sagte, weil er dabeisaß und sich die Leute anschaute und sie erkannte.

Wenn nun Herr Weigel gesagt hat, daß Molière auf traditionelle Weise heiter war und daß es ein Zeichen der Größe sei, daß in seinem Werk die Menschen sich nicht verändern, so möchte ich da doch einige Widersprüche anmelden. Daß Molière seine Stücke auf jeweils traditionelle Weise zu Ende bringt, kommt allerdings davon her, daß es keine Entwicklung gibt in seinen heillos lächerlichen Figuren (nicht alle sind zwar heillos lächerlich, aber die großen Rollen alle). Er war überzeugt, daß er an diesen Typen keine Läuterung, keine Erlösung herstellen könnte. Harpagon wird weiter ein Ungeheuer des Geizes bleiben; Argan, der eingebildete Kranke, studiert zwar Medizin, aber ob ihn das heilen wird, ist höchlich zu bezweifeln. Ich möchte also bezweifeln, ob es ein Zeichen von Größe ist, wenn ein Autor seine komischen Figuren unheilbar zeigt. Ist denn Lessing weniger groß als Molière dadurch, daß er Tellheim immerhin einige Chancen gibt, zum Verstand zu kommen? Ich erkläre mir also die traditionellen Schlüsse von Molières

Stücken etwas anders als Herr Weigel, wie ich mir auch Molières Treue zur Farce anders erkläre. Molière war ein tief pessimistischer Mensch. Ohne ein rettendes Lachen, das zwar immer nur kurz vorhielt, hätte er das Leben, sein Leben gar nicht ertragen. Boileau hat das nicht verstanden, wenn er ihm die Neigung zur Farce vorgehalten hat und sagte, Molière wäre ein sehr großer Dichter, wenn er sich nur an Terenz hielte und sich nicht dann und wann mit der groben mittelalterlichen Farce begnügte. Er erkannte nicht, daß beides in Molière zusammengehört: das antike Vorbild und die instinktsichere Freude am bäurischen Mittelalter. Immer wieder mußte und konnte sich Molière erholen in der Farce.

Es gab noch eine zweite Erholung, die Comédies-Ballets, eine Neuschöpfung Molières. Man sagt, diese Theaterform sei auf den Wunsch des Königs hin entstanden, der sich Gelegenheit verschaffen wollte, an den großen Festen auch vielleicht selber einmal als Tänzer anzutreten. Der König war ja in jungen Jahren eher robust in seinen Späßen (ein Glück für einen Molière!), der Klistierspritzentanz aus dem ›Monsieur de Pourceaugnac‹ amüsierte ihn, Prügelszenen auf der Bühne freuten ihn, Ballette waren sowieso die große Leidenschaft des Jahrhunderts. Indem nun Molière dem Drängen des Königs nachkam, entdeckte er offenbar die eigene Freude am Tanz. Er *konnte* tanzen, und er hatte sehr hübsche Beine, die wollte er zeigen, was ich ganz legitim finde. Tanzend erleichterte er sich, wie er sich auch erleichterte in den – ich möchte sagen – ehrlich verlogenen Schlußszenen seiner Stücke. Da hieß es dann: »Für heute abend ist Schluß, aber nur für heute abend; das Leben kennt keinen Schluß, aber ich kenne einen. Im Leben geht es immer weiter, das ist ein Elend ohne Ende außer im Tod. Das Theater aber kann einen sauberen Punkt setzen, die Symphonie kann die berechenbaren Schlußakkorde setzen, wo jeder aufatmend merkt, daß für heute Schluß ist, reiner Tisch gemacht ist . . .« Auch das gehört zu Molière.

Nun, ich möchte wünschen, daß Molière in drei Jahren noch viel gespielt wird und nicht nur in drei Jahren; aber ich möchte doch auch versuchen, gerade den zornigen jungen Männern des heutigen Theaterlebens ein wenig Lust zu machen zu Molière. Ich würde ihnen z. B. sagen: Lesen Sie einmal, was Cléanthe zu seinem Vater Harpagon sagt: »Vater, die Väter sind schuld, wenn die Söhne ihnen den Tod wünschen, da sie so geizig sind.« Das könnte stehen in dem schwärzesten Stück von heute. Dann würde ich weiter sagen: »Wenn Sie nicht wissen, wie Sie die ›Femmes savantes‹ spielen müssen (und ich habe leider festgestellt, daß viele Leute das nicht wissen), dann nehmen Sie einmal die Sonett-Szene vor, wo vor einem Parkett von Damen, die schwärmend die Augen verdrehen, das Gedicht eines Zeitgenossen von Molière gelesen wird. Vielleicht saß dieser Zeitgenosse sogar im Publikum, und wußten alle Anwesenden, daß das blutig verspottete Gedicht von ihm war. Nun würde ich dem jungen Regisseur von heute raten: »Machen Sie einmal während einer Probe (aber nur da!), als Etüde gleichsam, den Versuch, ein Gedicht von heute einzusetzen, zum Beispiel ein Sonett aus den ›Sonetten an Orpheus‹ von Rilke.« Es gibt deren herrliche, ich würde aber für unseren etwas heimtückischen Versuch zu dem Gedicht I, 13 raten, wo Rilke sich müht, den Geschmack einer Frucht auszusagen und dabei auf den Reim »riesig–hiesig« kommt. Das müßte unwiderstehlich werden und wäre wirklich nicht sehr weit entfernt von Molières Szene. Schließlich saßen ja in Rilkes Publikum häufig Damen, die die Augen verdrehten, und unter die Preziösen gehört er wie selten einer (das ist kein Schimpf). Durch solche Verpflanzung in unsere Zeit würde wohl noch dem Unwilligsten klar, was solche Bloßstellung in Molières Zeit bedeutete. Von *heute* her würde Molières gefährliche Fechtkunst begreifbar. Aber noch einmal: mehr als eine Probenhilfe dürfte das nicht sein. Oder ich würde sagen: »Lesen Sie die Szene aus ›Dom Juan‹, die in manchen alten Ausgaben gestrichen ist, weil sie durchaus skandalös wirkte. Da trifft also Dom Juan einen frommen und bettelarmen Einsiedler. Er versucht, ihn auf den Widerspruch zwischen seinem Elend und seiner Frömmigkeit hinzuweisen. Endlich bietet er ihm als bestes Argument ein Goldstück an unter der Bedingung, daß er Gott fluche. Der Bettler weigert sich, lieber wolle er Hungers sterben. Dom Juan ist besiegt, will aber recht behalten und wirft ihm den Louisdor doch hin mit den Worten: ›Va, va, je te le donne pour l'amour de l'humanité.‹ Wenige Sätze Molières haben der Forschung so viel Kopfzerbrechen bereitet wie dieser. Man kann diese ›Liebe zur Menschheit‹ vielleicht auch deuten als ›Liebe zur Menschlichkeit‹, man kann hier Dom Juan als atheistischen Revolutionär erkennen oder einfach als großen Herrn, der in der Niederlage nach einem eleganten Abgang sucht. *Harmlos* klassisch geht es in dieser Szene jedenfalls nicht zu. – Eine andere harte Nuß ist die Figur des Misanthropen, des Fanatikers der Wahrheit. Gerade uns Menschen deutscher Sprache macht es Mühe, den Misanthrop lächerlich zu finden, unsere Sympathie fliegt ihm zu. Aber geben wir jener Stelle, wo Alceste nicht nur lächerlich, sondern *verboten* lächerlich erscheint, das ganze Gewicht? Ich meine die Stelle, wo er, um die ungetreue Célimène zu strafen, Eliante den Vorschlag macht, ihn zu heiraten, damit Célimène sich so richtig ärgere. Nun ist diese Eliante eine zauberhaft vollkommene Figur. Eigentlich liebt sie Alceste, und er weiß es im Grunde. Sie gleicht ihm in seinem Guten und ist frei von seinem Unguten. Und ausgerechnet sie will er nun mißbrauchen als Werkzeug seiner Eifersucht. Wo bleibt da die Wahrhaftigkeit? Von hier aus müßte man die Rolle packen. Aber dann würde ich zu einem schwierigkeitswilligen jungen Theatermann von heute auch noch sagen: »Überlegen Sie sich das genau: wie wollen Sie das machen, daß am Ende Philinte und Eliante sich heiraten, nicht im Namen der Liebe, sondern der gegenseitigen Achtung und der Vernunft, und daß im Zuschauer doch durchaus der Eindruck entsteht, da beginne eine sehr glückliche Ehe? Hier kann man wirklich lernen, wie schwierig das Theaterspielen ist, wenn es sich auf das Abenteuer der lebendigen Vernunft einschifft. Denn hier müßte man ganz grau in grau spielen, und es müßte trotzdem glitzern.« – Und zum Schluß meiner Philippika für Molière würde ich zu dem modernen Molière-Regisseur noch sagen, er solle während der ganzen Zeit, wo er ein Stück dieses Franzosen einstudiere, den Brief der Agnès aus der ›Ecole des Femmes‹ im Sinn behalten, wo sie ihrem Geliebten schreibt, sie wisse nicht, ob es recht sei, wenn sie ihm ihre Liebe gestehe, man habe sie ja in Dummheit gelassen, aber wissen müsse er, daß alles, was man sie gegen ihn tun heiße, sie auf den Tod betrübe. Ich kenne keinen schöneren Mädchenbrief, er ist von einer Zartheit, einer Lauterkeit, einer ›sobriété‹ (ein Grundbegriff der französischen Klassik!), daß er ganz allein schon genügte, um Molière als ein Genie und erst noch als einen noblen Menschen erscheinen zu lassen.

Ich weiß, daß ich jetzt sehr große Worte gebraucht habe, aber ich stehe dazu. Um zum Ende zu kommen und Ihnen den *Menschen* Molière auch noch etwas näher zeigen zu können, will ich Ihnen eine Anekdote erzählen (auf die Gefahr hin, daß Sie mich für dilettantisch halten). Es war zu der Zeit, da Molière eine Milchkur machen mußte; Wochen hindurch durfte er nichts essen, sondern nur Milch trinken. Er war in Auteuil, in seinem Landhaus, und Freunde kamen ihn besuchen. Molière lag auf seinem Kanapee, mit Milch schlecht gesättigt; er schaute zu, wie die Freunde tranken – keine Milch. Die Freunde wurden entsetzlich betrunken, Molière schaute zu. Plötzlich stand einer auf und sagte: »Jetzt habe ich es, ich weiß, was wir machen, der große Augenblick ist gekommen, wir gehen jetzt zur Seine hinunter und stürzen uns ins Wasser. Wir enden groß, heute ist die Stunde gekommen.« Alle anderen brüllten Beifall: »Ja, wir gehen, wir gehen!« Molière bekam Angst, er sagte sich: Die sind imstande, es zu tun. Die sind ja so betrunken, betrunken von Wein und von Ruhmsucht. »Freunde«, sagte er, »man kann dagegen gar nichts sagen, wir gehen, stürzen uns ins Wasser, machen ein Ende. Das steht uns zu. Das *ist* ein Ende. – Nur: die Sache hat einen Haken. Wenn wir jetzt (es ist draußen ja rabenschwarze Nacht!) uns in die Seine stürzen, werden die Leute am Morgen sagen, wir seien bloß hineingefallen, und sie würden vielleicht noch hinzufügen: ›Wahrscheinlich hatten sie zu viel getrunken.‹ Und wo ist dann das große Ende? Wir müssen warten, Freunde! Ich verspreche euch, morgen früh, wenn es hell ist, komme ich mit, und wir alle stürzen uns in die Seine – vor aller Augen. Jetzt aber gehen wir zu Bett.« Das haben sie dann getan, und am anderen Morgen hat sich niemand in die Seine gestürzt.

Eine Geschichte aus Molières Alltag, eine Privatsache. Ja – auch. Aber zugleich läßt sie uns erkennen, daß die französische Klassik auch noch in der Komödie auf dem Boden des Barock aufgesprießt ist. Nichts war wohl Molière verdächtiger als der falsche Heroismus (und vielleicht die seelische Wehleidigkeit – aber das steht auf einem anderen Blatt). Wie oft verbinden sich im Barock Rausch und heldischer Anspruch unlösbar und führen sowohl zum Hohen wie auch zum Lächerlichen. Da holt nun der Komiker und Moralist den Menschen zurück in die sobriété, die Nüchternheit, die Sachlichkeit, stellt ihn hinein in den hellen Tag, wo es oft höllisch zugeht, aber immerhin auch nicht immer ganz verrückt, und wo der Mensch tatsächlich vielleicht seine Irrtümer einsehen kann. Allerdings oft nur mittels einer fast ungeheuerlich zu nennenden Roßkur. Molière hat ja in der ›Ecole des Maris‹ seinen Wortführer zu dem verstiegen selbstgerechten Sganarelle sagen lassen, es sei »besser, zur Zahl der Narren zu gehören, denn einsam gegen alle anderen weise zu sein«. Ist das Anpasserei? Es ist die Kunst der Unauffälligkeit, die Haltung des ›Contemplateur‹, ein Weg auf schmalem Grat.

*Chronik*

1622 Jean-Baptiste Poquelin wird am 15. Januar als Sohn eines wohlhabenden königlich privilegierten Tapezierers und Teppichwirkers in Paris geboren.
Er erhält eine sorgfältige Erziehung im Jesuiten->Collège de Clermont<; einer seiner Mitschüler ist Cyrano de Bergerac.

1623 Erste Gesamtausgabe (>Folio<-Ausgabe) der Werke Shakespeares
Velasquez wird spanischer Hofmaler

1624 Kardinal Richelieu wird leitender Minister Ludwigs XIII.
Opitz, >Buch von der deutschen Poeterey<

1625 † Honoré d'Urfé (>L'Astrée< 1607)

1628 * Charles Perrault

1630 Pierre Corneille, >Mélite<

1631 Gründung der >Gazette de France< in Paris

1632 * John Locke
* Baruch Spinoza

1633 Galilei widerruft im Inquisitionsprozeß sein Bekenntnis zur kopernikanischen Lehre.

1534 * Madame de Lafayette (>Die Prinzessin von Cleve< 1678)

1635 Gründung der Académie Française
† Lope de Vega

1636 Nach Abschluß der Schulausbildung studiert Moli-

1636 Calderon, >Comedias< in 9 Bänden

ère die Rechte; nebenbei – oder hauptsächlich – übersetzt er Passagen aus dem Lehrgedicht des Lucrez, ›De rerum naturae‹. Durch Lucrez wird Molière ein Jünger Epikurs.

1640 Molière lernt die 22jährige Schauspielerin und Tochter eines königlichen Beamten Madeleine Béjart kennen.

1641 Nach Abschluß des Rechtsstudiums erhält Molière eine Approbation als Notar in Narbonne; dort trifft er sich wieder mit Madeleine.

1643 Am 30. Juni gründet Molière mit Madeleine Béjart die Schauspieltruppe ›L'Illustre Théâtre‹, zum Kummer seines Vaters, der seine finanziellen Zuwendungen einstellt.

1644 Das ›Illustre Théâtre‹ wird am 1. Januar eröffnet. Jean-Baptiste Poquelin nennt sich Molière und übernimmt die Leitung; man versucht sich erfolglos mit Tragödien der Zeit. Das Theater verschuldet; Molière kommt wegen unbeglichener Rechnungen ins Gefängnis, wo ihn sein Vater auslöst. Das ›Illustre Théâtre‹ ist bankrott.

* Nicolas Boileau (›Art Poétique‹ 1674)
Corneille, ›Le Cid‹

1637 René Descartes, ›Discours de la Méthode‹

1638 * Ludwig XIV.

1639 * Jean Racine

1640 Der italienische Pantomime Scaramouche in Paris
Friedrich Wilhelm wird Kurfürst von Brandenburg.

1641 Bürgerkrieg in England unter Oliver Cromwell
* Chamfort

1642 Nach dem Tod Richelieus wird Kardinal Mazarin Erster Minister.
Corneille, ›Polyeucte‹
In England verbieten die Puritaner alle Theateraufführungen.

1643 † Ludwig XIII.; Ludwig XIV. unter Vormundschaft seiner Mutter Anna von Österreich
Pedro Calderon de la Barca, ›Der Richter von Zalamea‹

1644 Corneille, ›Rodogune‹

<table>
<tr><td>1645<br>–<br>1658</td><td>Molière verläßt Paris und schließt sich einer Wandertruppe an, die durch die Provinz zieht. Nach kurzer Zeit übernimmt Molière die Leitung und tritt in den Hauptrollen auf; er gewinnt die Gunst des Prince de Conti, der später sein erbitterter Gegner wird, aber einstweilen die Schauspieler mit einer Pension unterstützt.<br>Molière schreibt seine ersten Possen in der Tradition der Commedia dell'arte.</td><td>1645</td><td>Calderon, ›Das große Welttheater‹<br>* Jean de La Bruyère (›Die Charaktere‹ 1688)</td></tr>
<tr><td></td><td></td><td>1646</td><td>* Gottfried Wilhelm Leibniz</td></tr>
<tr><td></td><td></td><td>1647</td><td>Baltasar Gracián, ›Handorakel‹</td></tr>
<tr><td></td><td></td><td>1648</td><td>Westfälischer Friede<br>›Fronde‹-Aufstand des französischen Hochadels gegen den Absolutismus (1653 von Mazarin niedergeworfen)<br>Nicolas Poussin, ›Landschaft mit Diogenes‹</td></tr>
<tr><td></td><td></td><td>1649</td><td>Madeleine de Scudéry, ›Artamène ou le Grand Cyrus‹</td></tr>
<tr><td></td><td></td><td>1651</td><td>* Fénelon (›Télémaque‹ 1699)<br>Thomas Hobbes, ›Leviathan‹</td></tr>
<tr><td></td><td></td><td>1654</td><td>Friedrich von Logau, ›Sinngedichte‹</td></tr>
<tr><td>1655</td><td>›Der Wirrkopf‹ (L'Etourdi), Molières erstes überliefertes Stück, aufgeführt.</td><td></td><td></td></tr>
<tr><td>1656</td><td>›Le Dépit Amoureux‹</td><td>1656</td><td>Cyrano de Bergerac, ›Reise zum Mond‹</td></tr>
<tr><td></td><td></td><td>1656/57</td><td>Pascal, ›Lettres Provinciales‹</td></tr>
<tr><td></td><td></td><td>1657</td><td>Paul Scarron, ›Komödiantenroman‹</td></tr>
<tr><td>1658</td><td>Nach 13jährigem Provinzaufenthalt und sorgsamen Vorbereitungen und trotz Widerstand der Schauspieler vom ›Hôtel de Bourgogne‹ spielt Molière zum ersten Mal wieder in Paris: Uraufführung am 18. November im ›Théâtre</td><td>1558</td><td>›Rheinbund‹ zwischen Frankreich und westdeutschen Fürsten<br>Andreas Gryphius, ›Absurda Comica oder Herr Peter Squentz‹</td></tr>
</table>

du Petit-Bourbon‹ mit den ›Lächerlichen Schwärmerinnen‹ (Les Précieuses ridicules). Das Stück wird ein triumphaler Erfolg.

Zuvor hatte Molière vor dem König gespielt: eine Tragödie, die ihn langweilte, eine Komödie, die ihn amüsierte.

›Monsieur‹, der Bruder des Königs, übernimmt das Patronat über Molières Truppe, die damit zur ›Troupe de Monsieur‹ avanciert.

1659 ›Pyrenäenfriede‹ zwischen Frankreich und Spanien; Aufstieg Frankreichs zur Großmacht

1660 Molières zweiter großer Bühnenerfolg mit über 40 Aufführungen: ›Sganarell oder Der vermeintliche Betrogene‹ (Sganarelle ou Le Cocu imaginaire).

1660 Corneille, ›Dramen‹, herausgegeben von der Académie Française.
Auf Deutschlands Bühnen treten erstmals Schauspielerinnen auf.

1661 Nach Intrigen der Konkurrenzbühnen läßt der königliche Hofbaumeister das ›Théâtre du Petit-Bourbon‹ abreißen. Molière hat einige Monate keine Bühne; seine Truppe hält zu ihm.
Am 24. Juni Uraufführung der ›Schule der Ehemänner‹ (L'École des Maris) im Théâtre du Palais-Royal – am 17. August Uraufführung der ›Lästigen‹ (Les Faucheux) in Vaux.

1661 Nach dem Tod Mazarins übernimmt der 22jährige Ludwig XIV. die absolutistische Herrschaft.
Bau des Schlosses in Versailles (1684 beendet)

1662 Molière heiratet am 20. Februar die 20jährige Armande Béjart – eine Tochter oder Nichte seines ersten Compagnons Madeleine Béjart.

Freundschaft mit Racine, La Fontaine, Boileau und Jean-Baptiste Lully, der die Gesangseinlagen, Ballett- und Zwischenmusik zu seinen ›Comédies-Ballets‹ komponiert.

Molière erfreut sich der Gunst des Königs, der ihn vor Adel, Klerus und Rivalen in Schutz nimmt und ihm wieder ein eigenes Theater, im Palais Royal, zuweist.

Am 26. Dezember Skandalerfolg der ›Schule der Frauen‹ (L'École des Femmes).

| | | | |
|---|---|---|---|
| 1663 | ›Die Schule der Frauen‹ erscheint im Druck mit einer Vorrede des Autors, der ankündigt, den Streit um das Stück auf die Bühne zu bringen (›Kritik der Schule der Frauen‹).<br><br>Der König ermuntert Molière zum ›Vorspiel in Versailles‹ (L'Impromptu de Versailles), Uraufführung am 18. Oktober in Versailles, am 4. November in Paris. | 1663 | Die katholische Kirche setzt alle Werke Descartes' auf den ›Index librorum prohibitorum‹. |
| 1664 | Am 10. Januar wird Molière ein Sohn geboren, Pate ist Ludwig XIV.; das Kind stirbt im gleichen Jahr.<br><br>Uraufführung des ›Tartuffe oder Der Betrüger‹ (Tartuffe ou L'Imposteur) am 12. Mai, auf Druck der | 1664 | Unter dem Finanz- und Wirtschaftsminister Jean-Baptiste Colbert Wirtschaftswunder in Frankreich.<br><br>Gründung der französischen Ostindischen und Westindischen Compagnie. |

Tartuffes am Hof sofort
abgesetzt.

1665 Molières Truppe wird
›Troupe du Roi‹ und steht
somit unter dem besonde-
ren Schutz des Königs. Das
bedeutet außerdem eine
Pension von 6000 Talern.
›Don Juan oder Der stei-
nerne Gast‹ (Dom Juan ou
Le Festin de Pierre), Premiere am 16. Februar im
Palais Royal, wird ein
großer Erfolg.
›Der Menschenfeind‹ (Le
Misanthrope), Urauffüh-
rung am 4. Juni im Palais
Royal, findet beim Publi-
kum keinen Anklang und
in Boileau einen begeister-
ten Propheten.

1666 Die Aufführung der 2.,
gemilderten Fassung des
›Tartuffe‹ am 5. August
im Palais Royal wird er-
neut auf höheren Wunsch
abgesetzt.
›Der Arzt wider Willen‹
(Le Médecin malgré lui),
am 6. August im Palais
Royal.
Molière erkrankt und
kann drei Monate lang
nicht auftreten.

1668 Am 13. Januar Uraufführ-
rung des ›Amphitryon‹ in
Paris; drei Tage später
Galavorstellung in den
Tuilerien vor versammel-
tem Hof; großer Erfolg;
das höfische Publikum ge-
nießt die delikaten An-
spielungen auf die Liaison

1665 La Rochefoucauld, ›Maxi-
men und Reflexionen‹
Racine, ›Alexander der
Große‹

1666 Comenius, ›Schriften zur
Weltverbesserung‹

1667 Eroberungskrieg Ludwigs
XIV. gegen Spanien (bis
1668)
Gründung des Observato-
riums in Paris
Racine, ›Andromache‹
John Milton, ›Das verlo-
rene Paradies‹
* Jonathan Swift

1668 Jean de La Fontaine, ›Fa-
beln‹ in 12 Bänden
* Alain René Le Sage
(›Gil Blas‹ 1715)
* François Couperin

Ludwigs XIV. mit der Marquise de Montespan.

Am 18. Juli Uraufführung ›Der Betrogene oder George Dandin‹ (George Dandin ou Le mari confondu) in Versailles; mäßiger Erfolg.

Am 9. September Uraufführung des ›Geizigen‹ (L'Avare) im Palais Royal; ein Fiasko.

1669　Der ›Tartuffe‹ wird zugelassen; Kassensturm am 5. Februar in Paris; eine gedruckte Ausgabe erscheint mit ausgiebigem Vorwort des Verfassers. ›Tartuffe oder Der Betrüger‹ ist bis heute das meistgespielte Stück der französischen Klassik in der Comédie Française. ›Der Herr aus der Provinz‹ (Monsieur de Pourceaugnac) wird am 6. Oktober in Schloß Chambord mit großem Erfolg vor König und Hof aufgeführt.

1670　Molières Vater stirbt am 25. Februar. ›Der Bürger als Edelmann‹ (Le Bourgeois gentilhomme). Premiere am 14. Oktober in Chambord vor versammeltem Hof. Da der König lacht, lachen seine Vasallen zähneknirschend mit.

1671　›Die Gaunereien des Scappino‹ (Les Fourberies de Scapin), am 24. Mai im Palais Royal.

1669　Grimmelshausen, ›Der abenteuerliche Simplicissimus‹
Die ›Pensées‹ von Pascal erscheinen postum.
† Rembrandt

1670　Frankreich besetzt Lothringen
Corneille, ›Imitatio Christi‹
Racine, ›Bérénice‹
Descartes, ›Tractatus theologico-politicus‹

1671　Madame de Sévigné beginnt ihre ›Briefe‹
Eröffnung der ›Académie royale de musique‹

1672 ›Die gelehrten Frauen‹ (Les Femmes savantes), am 11. März im Palais Royal.
Molières Gesundheitszustand verschlechtert sich. Bruch mit Lully, der gegen ihn intrigiert.

1673 Am 10. Februar wird ›Der Hypochonder‹ (Le Malade imaginaire) uraufgeführt, Molière spielt – wie in allen seinen Stükken – die Titelrolle; nach der 4. Aufführung, am 17. Februar, bricht er zusammen und stirbt wenig später in seiner Wohnung in der Rue de Richelieu.
Die Kirche verbietet seine Bestattung in ›geweihter Erde‹; am 21. Februar begraben ihn seine Freunde heimlich nachts auf dem Friedhof Saint-Joseph.
Die erste Ausgabe seiner Komödien erscheint 1682.
Als Molières letzte Worte sind überliefert: »Solange sich Schmerz und Freude in meinem Leben die Waage hielten, hielt ich mich für glücklich. Heute, wo ich nur Plage habe, sehe ich, daß ich das Spiel aufgeben muß; ich komme nicht mehr auf gegen Schmerzen und Kummer, die mir keinen Moment Ruhe gönnen. Was leidet der Mensch, ehe er stirbt.«

1672 Um einen europäischen Krieg zu verhindern, versucht Leibniz Ludwig XIV. zu einem Feldzug gegen Ägypten zu bewegen.
Der ›Mercure Galant‹, das erste Unterhaltungsblatt Frankreichs, gegründet von Donneau de Visé, erscheint.

Georg Hensel

*Molières Hauptwerke
im Schnellkurs*

Wer sich in einer zur Freude
ohnehin ziemlich geneigten Ge-
mütsverfassung findet, der
wird am besten tun, sich die
Molièreschen Komödien zu er-
wählen.

*Justus Möser*

Wer sich über den genauen Ablauf der Handlung einer Molière-Komödie vor der Aufführung unterrichten möchte, dem müßte wegen Humorlosigkeit die Eintrittskarte entzogen werden, und schon der Versuch, die Handlung zu erzählen, wäre unter Strafe zu stellen. Diese Komödien mit ihren durchsichtigen Figurengruppen sind so herrlich klar, daß sie keiner Erläuterung bedürfen, und dort, wo etwas in der Schwebe bleibt, soll es auch nach dem Schlußvorhang nicht ausgesprochen werden. Deshalb nur einige Bemerkungen über Themen, Typen und Charaktere.

### Die Schule der Männer (L'Ecole des Maris)

Uraufgeführt am 24. 6. 1661 im Palais Royal. Sganarell ist der Vormund Isabellas, die er gern heiraten möchte. Er hält sie wie eine Sklavin, und sie betrügt ihn mit dem jungen Valère. Arist, zwanzig Jahre älter als Sganarell, hat trotzdem bei seinem Mündel mehr Glück: er ist der Vormund Leonores, der Schwester Isabellas, die er gern heiraten möchte. Er hat Vertrauen zu ihr und gewinnt sie damit. Arist ist überdies das Musterbeispiel eines Mannes, der sich lieber einer Gesellschaft von Narren anpaßte, als daß er klug, aber einsam durchs Leben ginge, und Sganarell ist ein griesgrämiger Sonderling. – Belehrt wird in dieser Schule über die Vorzüge der Anerkennung gesellschaftlicher Konventionen, worüber sich mit Molière streiten läßt, und über die notwendige Selbständigkeit der Frau, worüber sich keine Frau mit Molière streiten wird.

### Die Lästigen (Les Fâcheux)

Uraufgeführt am 17. 8. 1661 auf Schloß Vaux. Dem Liebhaber Erast gelingt es bis zum Ende des Stückes nicht, seine Geliebte Orphise in Ruhe zu sprechen, weil er von aufdringlichen Schwätzern immer wieder festgehalten wird: er soll sich das Selbstlob eines dilettantischen Künstlers, eines Kartenspielers, eines prahlenden Jägers anhören; er soll sich für einen Bekannten duellieren, ein Streitgespräch über die Eifersucht entscheiden, eine Bittschrift an den König vermitteln und einem angeblichen Freund sein Vertrauen schenken. Die Vereinigung des konventionellen Liebespärchens ist nur insofern wichtig, als sie verhindert wird durch eine Hofschranzenparade, eine Revue der ›Lästigen‹ (die alle von Molière gespielt wurden). Molière schrieb das Stück im Auftrag des Finanzministers Fouquet für ein Fest im Schloßpark von Vaux, und Ludwig XIV. riet Molière, die höfischen Laffen und Maulhelden zu verspotten, besonders den Hofjägermeister Soyecourt, der als Jäger Dorant zur gelungensten Figur geworden ist. Die erste ›Ballettkomödie‹ Molières – ein zeitsatirisches Libretto zum Amüsement des Königs – wurde mit Wasserkünsten, mit Gesang und Tanz in den Zwischenakten aufgeputzt, in den Parks von Vaux und Fontainebleau und später im Palais Royal aufgeführt. – Hugo von Hofmannsthal hat in seiner einaktigen freien Prosavariante ›Die Lästigen‹ (von Max Reinhardt 1916 uraufgeführt) die Löwen und Löwinnen der Wiener Salons um die Jahrhundertwende karikiert.

## Die Schule der Frauen (L'Ecole des Femmes)

Uraufgeführt am 26. 12. 1662 im Palais Royal. Arnolphe, ein Junggeselle von 42 Jahren, der die betrogenen Ehemänner verspottet, läßt sein Mündel Agnès, ein hübsches Mädchen von einem Bauernhof, zunächst im Kloster in Unwissenheit aufwachsen, später unter der Bewachung eines dummen Dienerpaares, damit sie ihm als Siebzehnjährige, fern von jeglicher Verführung, aber auch fern von jeglicher Bildung, zur treuen Ehefrau werde. Die unwissende Agnès entdeckt mit dem jungen Horace in aller Unschuld die Liebe. Ihre natürliche Vernunft triumphiert über den unvernünftigen Dressurakt. Horace macht ausgerechnet Arnolphe zu seinem väterlichen Vertrauten, berichtet ihm von seinen Fortschritten bei Agnès und treibt damit Arnolphe durch alle Höllen der Eifersucht. – Arnolphe, der erste große Charakter, den Molière geschaffen hat, ist nicht ohne tragikomische Züge. – Heinrich Strobel hat das Stück zu einem Libretto für die Oper ›Schule der Frauen‹ von Rolf Liebermann (1957) verarbeitet.

## *Tartüff* (Le Tartuffe)

Uraufgeführt am 12. 5. 1664 im Schloß von Versailles. Im Haus des wohlhabenden Pariser Bürgers Orgon hat sich Tartüff eingenistet, ein Betrüger, der den Frommen spielt. Er will Orgon das Vermögen abjagen, Orgons Frau Elmire zu seiner Geliebten und Orgons Tochter Marianne zu seiner Frau machen. Orgon, der sein schlechtes religiöses Gewissen zu betäuben versucht, ist samt seiner Mutter, einer bigotten Familienkommandeuse, von Tartüffs Frömmigkeit verzückt. Er will dem Verlobten seiner Tochter die schon gegebene Zustimmung zur Heirat entziehen, setzt Tartüff zu seinem Erben ein und verschreibt ihm sein Vermögen. Erst als Elmire, seine Frau, ihm Gelegenheit gibt, ein Gespräch zwischen ihr und dem ihr nachstellenden Tartüff zu belauschen, jagt er den Heuchler aus dem Haus. Tartüff, im Besitz der Vermögensverschreibung, versucht jetzt, Orgon mit seiner Familie aus dem Hause zu vertreiben, und erreicht auf Grund einer politischen Denunziation, daß der König einen Haftbefehl gegen Orgon erläßt. Molière unterschiebt nun dem König auf der Bühne so viel Klugheit, Einsicht und Noblesse, daß dem König im Zuschauerraum, Ludwig XIV., nichts anderes übrigbleibt, als sich ebenso nobel zu benehmen.

Tartüff ist kein frommer Mensch auf Abwegen, sondern ein Schurke, der sich der frommen Maske nur bedient. Trotzdem waren klerikale Kreise der Meinung, der ›Tartüff‹ richte sich nicht nur gegen den Mißbrauch der Religion, sondern gegen die Religion überhaupt, erreichten sofort nach der ersten Aufführung ein Verbot des Stückes, erreichten, daß dieses Verbot ein Jahr später nach einer Privatvorstellung erneuert wurde, und erst fünf Jahre nach der Uraufführung wurde eine gemilderte Fassung gegen den Willen des Pariser Erzbischofs von Ludwig XIV. freigegeben. Der Streit um den ›Tartüff‹ hat wesentlich dazu beigetragen, daß die soziale Stellung der Schauspieler, die nach einer Verordnung von 1641 im öffentlichen Leben nicht mehr benachteiligt werden durften, gegen Ende des Jahrhunderts sich sehr verschlechtert hat: wieder wurden ihnen die Sakramente entzogen.

Gegen Tartüff ist Orgons Schwager Cléante gestellt, der

Mann nach dem Herzen des Jahrhunderts, vernünftig, ausgeglichen und kompromißbereit; ihm entspricht der gesunde Menschenverstand und der Mutterwitz der Zofe Dorine. In der Geometrie dieses Spiels und seiner einfachen Figuren ist Orgon die modernste Gestalt: vielschichtig, aus irrationalem Nährboden fast tragikomisch. Tartüff kennt man als kraftvollen Lüstling, getrieben vom Sexus; als spinnedürren raffinierten Bösewicht; als Heuchler, der sich in seine Rolle so intensiv eingelebt hat, daß er sich manchmal selber glaubt; als einen Erzschelm von Format, der einen Dummkopf so geschickt betrügt, daß man sogar seinen Spaß an ihm haben kann – dies alles ist, je nach dem Schauspieler, in verschiedenen Mischungsverhältnissen und Abwandlungen möglich.

Der französische Dramatiker Jean Anouilh, der Molière als seinen Schutzpatron betrachtet, hat die Komödie 1960 in Paris inszeniert; er verlegte sie in die achtziger Jahre des vorigen Jahrhunderts und zeigte, daß Orgons weitverzweigte Familie, die mehr Furcht vor dem Skandal als vor dem Bösen hat, daß diese Welt der scheinheiligen Konventionen der rechte Mutterboden für den scheinheiligen Tartüff ist: Tartüff und seine Umwelt sind sich in ihrer Unmoral fast ebenbürtig, und nur Elmire, Orgons Gattin, steht rein über diesem Schmutz und wird damit zur Gegenspielerin Tartüffs und ihrer eigenen Familie. Ohne an Molière ein Wort zu ändern, hat Anouilh ihn mit verblüffender Logik und großem Erfolg in einen Anouilh des 17. Jahrhunderts verwandelt.

## Don Juan (Dom Juan)

Uraufgeführt am 16. 2. 1665 im Palais Royal. Geschrieben – rasch und in Prosa – nach einem Theaterstück des Italieners O. Giliberto (1652), der wiederum auf den ›Verführer von Sevilla‹ des Spaniers Tirso de Molina zurückgeht. – Don Juan hat Elvire aus dem Kloster entführt, sie geheiratet und dann verlassen. Unter der Devise ›Der Liebe wahres Glück ruht nur im Wechsel‹ verspricht er in Sizilien zwei Bauernmädchen die Ehe und ermordet in Sevilla im Zweikampf den Komtur, der die Ehre seiner Tochter Anna vor Don Juan schützen will. Ermahnungen zur Reue fruchten nichts; Don Juan genießt die Verführung, leugnet jegliche Moral und heuchelt Reue, wenn es ihm nützlich erscheint. Er lädt die Statue des Komturs zum Gastmahl ein und wird, noch immer unbußfertig, von dem steinernen Komtur unter Donner und Blitz in die Tiefe gezogen. Sganarell, sein teils komischer, teils rührender, immer ängstlicher Diener (Molière hat ihn gespielt), stellt fest, daß die Ehre der Frauen gerächt und der Himmel versöhnt ist – nur er ist um seinen Lohn betrogen.

Mitten im Streit um den ›Tartüff‹ macht Molière mit ingrimmiger Lust neben der zynischen Herzenskälte noch einmal die frömmelnde Heuchelei zum Thema. Sein Don Juan ist ein kalter, gewissenloser Eroberer, den nicht die erotische Lust, sondern der Widerstand der Frauen reizt. Er lebt bewußt, mit geistigem Genuß, gegen die göttlich-menschliche Ordnung, und wenn er Reue heuchelt, so kann er sich höhnisch auf die allgemein beliebte Heuchelei berufen. Ein atheistischer Freigeist, der auch die intellektuelle Verführung kennt: einem Bettler gibt er ein Almosen, nicht um Gottes, sondern um der Menschheit willen, und der Bettler soll für das Goldstück fluchen. Don Juan ist tapfer und bleibt es, als er an der Erscheinung des steinernen Komturs nicht mehr zweifeln kann – doch ist er tapfer gegen Gott und fährt zur Hölle, wobei es durchaus möglich ist, daß Molière diese Höllenfahrt als bloßen Theaterdonner empfunden hat.

Auch der ›Don Juan‹ wurde rasch verboten. Nach dem Tode Molières hat Corneille eine harmlosere Fassung hergestellt, die meist gespielt worden ist, bis erst in unserem Jahrhundert Louis Jouvet leidenschaftlich für den Molièreschen Urtext eintrat.

In Bertolt Brechts Werken findet sich eine 1952 in Rostock uraufgeführte Bearbeitung (Mitarbeiter Benno Besson und Elisabeth Hauptmann), in der Don Juan, sozialkritisch eingefärbt, als Verkörperung des Feudalismus erscheint: er tritt auf als ›sexuelle Großmacht‹, wie es in den Anmerkungen heißt, und verführt durch Kostüm, Reichtum und Ruf, also durch seine gesellschaftliche Stellung; er ist ›kein Atheist im fortschrittlichen Sinne‹, sondern ein zynischer Epikureer, dem jedes Argument für sein Genußleben recht ist.

## Der Menschenfeind, Der Misanthrop (Le Misanthrope)

Uraufgeführt am 4. 6. 1666 im Palais Royal. Alceste haßt die Schmeichelei, die Unnatur, die Lüge, die gesellschaftliche Heuchelei. Aufrichtigkeit ist die Forderung eines Menschenfreundes, doch Aufrichtigkeit um jeden Preis muß Alceste zum Misanthropen, zum Menschenfeind, machen. Alceste scheitert an der Gesellschaft durch die Maßlosigkeit seiner moralischen Forderung, die in ihrer Konsequenz unmenschlich ist. Ausgerechnet er liebt die in das Spiel mit galanten Halbwahrheiten vernarrte Célimène. Ihre Leidenschaft zur gesellschaftlichen Unaufrichtigkeit steht der Leidenschaft Alcestes zur gesellschaftssprengenden Aufrichtigkeit in nichts nach. Der Selbstgenuß ihrer Lügentriumphe ist ebenbürtig dem Selbstgenuß Alcestes, wenn er unter dem Scheitern der Wahrheit leidet. Alceste durchschaut Célimène und kann doch nicht von ihr lassen. Durch einen Brief kommt die Wahrheit ans Licht, daß Célimène mit nicht weniger als vier Verehrern, einschließlich Alceste, spielt und sich über sie amüsiert. Selbst da noch, als Célimène von ihren Verehrern verlassen ist, will Alceste sie heiraten. Doch sie kann seine Forderung nicht erfüllen, mit ihm in die Einsamkeit zu gehen und ihr Leben zu ändern. Für Alceste, der entschlossen ist, in der Wahrheit zu leben, bleibt nur ein Platz außerhalb der Gesellschaft. Heiraten werden Philinte und Eliante, die das besitzen, was Alceste fehlt: Einsicht in die unausrottbaren menschlichen Schwächen; die Bereitschaft, besonnen zu urteilen und nach einem vertretbaren Kompromiß zu suchen; praktische Vernunft, die zwar nicht glanzvoll ist, doch das Leben erträglich macht. Mit diesem Paar hat Molière den Hierarchien gesellschaftlicher Heuchelei, den artifiziellen Vergnügungen, den graziösen Lastern und handfesten Ungerechtigkeiten seiner Zeit eine von Humor getragene, lebensfähige Moral abverlangt.

Für die Zeitgenossen Molières war der Misanthrop absurd lächerlich, trotz seines Adels und seiner Lauterkeit, weil er an die Gesellschaft einen utopischen, einen unmöglichen Anspruch stellt. Uns darf er – nach und mit Goethe – ein wenig tragisch erscheinen: »Hier stellt sich der reine Mensch dar, welcher bei gewonnener großer Bildung doch natürlich geblieben ist und wie mit sich, so auch mit andern, nur gar zu gern wahr und gründlich sein möchte; wir seh.n ihn aber im Konflikt mit der sozialen Welt, in der man ohne Verstellung und Flachheit nicht umhergehen kann.« Nicht die schlechtesten Eigenschaften Molières, seine moralische Empfindsamkeit und sein Abstand vom eigenen Leid an der Unaufrichtigkeit, scheinen in diesen ›Menschenfeind‹ eingegangen. Ein ironisch-poetisches Selbstporträt: Molière spielte den Alceste, und die Darstellerin der Célimène war Armande Béjart, seine kokette Gattin, die ihn betrog und die er gleichwohl liebte.

Die Gesellschaft, die Alceste verlassen muß, wird durch das bloße Auftreten der Wahrheit – im enthüllenden Brief – auseinandergesprengt; Wahrheit dient im Salon den sich streitenden Frauen nur als verletzende Waffe. Molière gibt zwar die Überspanntheit des moralischen Anspruchs an die Gesellschaft dem Gelächter preis, doch mißt er auch die Gesellschaft am moralischen Anspruch, und sein Befund ist vernichtend. Die Charakterkomödie freilich und der Humor, mit dem der ›Menschenfeind‹ gezeichnet ist, wirken heute stärker als die gesellschaftliche Lehre.

## Amphitryon (Amphitryo)

Uraufgeführt am 13. 1. 1668 im Palais Royal. Molière bezog den Stoff für diese Komödie aus dem Stück ›Les deux Sosies‹ von Jean Rotrou (1636), der wiederum auf die Komödie ›Amphitruo‹ des Römers Plautus zurückgeht. Bei Plautus zeugt Jupiter mit Alkmene, der Gattin des thebanischen Feldherrn Amphitryon, den Herakles, den Halbgott und Helfer der Menschen, und nimmt dabei, um Alkmene vor dem Vorwurf der Untreue zu schützen, die Gestalt des Amphitryon an. Der Götterbote Merkur foppt Sosias, den Diener Amphitryons, indem er in der Gestalt des Sosias auftritt und ihm die Existenz streitig macht. Molière baut das Doppelgängerspiel als Komödie weiter aus: er gibt dem Sosias die Ehefrau Cleanthis bei, die freilich so zänkisch ist, daß kein Gott sie besitzen möchte, und er rückt statt der mythischen Geburt des Herkules das galante Abenteuer des Gottes in den Mittelpunkt. Das war naheliegend: Ludwig XIV., zu dessen Erheiterung das Stück geschrieben ist, hatte ein kinderreiches Verhältnis mit der Madame de Montespan und beglückte so manche Ehefrau, was der betroffene Gatte, der sich nicht rächen durfte, als besondere Auszeichnung zu betrachten hatte. »Man schweigt am besten darüber«, philosophiert Sosias, der (ein geistiger Bruder Sganarells und die Rolle Molières) zur Hauptperson wird, wenn ihm Merkur sein eigenes Ich streitig macht: eine Parodie auf Descartes' damals modernen Grundsatz »Ich denke – also bin ich«. Die (falsche) Beweisführung des Sosias »Der richtige Amphitryon ist immer der, bei dem wir speisen werden« ist in Frankreich zur Redensart geworden. Ein barockes, frivoles Spiel, das sich über die betrogene Alkmene, die von allem nichts bemerkt, den Kopf nicht zerbricht. Das tut erst Heinrich von Kleist mit seinem den Molière benutzenden und tiefsinnig umformenden ›Amphitryon‹ (1807).

## George Dandin

Uraufgeführt am 18. 7. 1668 im Schloß von Versailles. – Der reiche Großgrundbesitzer George Dandin hat Angélique, die Tochter eines armen Landedelmannes, geheiratet. Sie fühlt sich an diese Geldehe nicht gebunden und betrügt ihn, doch Dandin gelingt es nicht, sie vor ihrer adligen Familie zu überführen, die gegen ihn zusammenhält. Im Gegenteil, immer wenn er es versucht, wird er überspielt und muß sich entschuldigen. Als Dandin seine Frau mit ihrem Geliebten, dem höfischen Gecken Clitandre, nachts im Garten überrascht, appelliert sie an seine Großmut und bittet um Verzeihung. Er sperrt sie aus dem Haus, damit er ihr endlich den Betrug nachweisen kann, doch sie täuscht einen Selbstmord vor, um ihn herauszulocken, empfängt im Haus ihre Eltern und klagt nun Dandin als nächtlichen Herumtreiber und Trunkenbold an. Er muß abermals um Verzeihung bitten; es bleibt ihm nichts übrig als der Sprung ins Wasser. Dandin weiß, daß ihm im Grunde recht geschieht: er hat für sein Geld eine adlige Ehefrau gekauft, die den standesgemäßen Ehebruch dem ungeliebten Bauerngatten vorzieht, und je dickköpfiger er auf seinem Recht beharrt,

desto lächerlicher wird er. Eine Farce, die am Ende die Tragikomödie streift, wenn aus dem gefoppten Tölpel ein bis auf
den Tod verletzter Mensch wird – doch Molière, selbst ein
betrogener Ehemann, hat diesen schmerzlichen Vorgang zum
Vergnügen des Versailler Hofes, der über einen ungehobelten
Parvenü lachen wollte, als Ballettkomödie geschrieben: mit Prolog und Zwischenspielen, mit Tanz, Schäfern und Schäferinnen.
Zwei verliebte Schäfer verhindern schließlich den Selbstmord
Dandins – immerhin soll der Bauer, der gegen die Gesellschaftsordnung verstoßen und nach einer Frau gegriffen hat, die ihm
nicht zusteht, doch nicht sterben. Den tragischen Kern des Stük-
kes schälte erst im 19. Jahrhundert die Comédie Française
heraus.

Roger Planchon hat mit seiner Compagnie du Théâtre de
la Cité Villeurbanne in einer Vorstadt von Lyon 1961 den
›George Dandin‹ als realistisches, sozialkritisches Tendenzstück
inszeniert: es spielt auf dem Bauernhof Dandins und will zeigen, daß es zwischen Menschen verschiedener Gesellschaftsschich-
ten keine Verständigung gibt; aus der besonderen Angélique
Molières, die dem ihr aufgezwungenen, ungeliebten Gatten
nicht treu sein will, wird dabei eine allgemeine Vertreterin der
aristokratischen Klasse.

## Der Geizige (L'Avare)

Uraufgeführt am 9.9.1668 im Palais Royal. – Der reiche
Harpagon will seine Kinder reich verheiraten: mit dem älteren
Witwer Anselm seine Tochter Elise, die jedoch Valère liebt,
der in Harpagons Dienste getreten ist, damit er immer um Elise
sein kann; mit einer häßlichen Witwe seinen Sohn Cléanthe,
der jedoch die junge Mariane heiraten möchte, die sich wiederum sein Vater als künftige Ehefrau ausersehen hat. Als Harpagons im Garten vergrabene Schatztruhe verschwindet – Clé-
anthes Diener La Flèche hat sie an sich genommen, um seinem
Herrn ein Druckmittel gegen seinen geizigen Vater Harpagon
in die Hand zu geben –, erreichen die Verwirrungen, Ver-
wechslungen und Mißverständnisse bei den Diebstahlsunter-
suchungen ihren Höhepunkt. Sie werden durch die Ankunft

Anselms gelöst, der mit seinem Geld Harpagon beruhigt, die richtigen Paare zusammenbringt und überdies in Valère und Mariane seine verloren geglaubten Kinder wiedererkennt.

Was auch in dieser locker gebauten Prosakomödie geschieht, deren Stoff Molière dem ›Goldtopf‹ (›Aulularia‹) des römischen Dichters Plautus entnommen hat – es ist nichts anderes als eine fortschreitende Selbstenthüllung des geizigen Harpagon. Diese einzige, dafür aber auch einzigartige Glanzrolle hat Molière gespielt. Am Anfang, wenn der Geizige die Taschen seines Dieners durchsucht, ist er durch sein Mißtrauen nur lächerlich. Erschreckend schäbig wird er, wenn er bei seiner Brautwerbung im Konflikt zwischen Geld und Liebe über ein paar geringfügigen Ausgaben das letzte Restchen Gefühl preisgibt. Das schiere Entsetzen aber geht von ihm aus, wenn er mit seinem Geld auch den Sinn seines Lebens verloren glaubt: »Wozu bin ich jetzt noch auf der Welt?« Hier nimmt der Geiz solche Ausmaße an, daß man mit dem Geizigen, der sich des verlorenen Geldes wegen aufhängen will, Mitleid empfindet. Es ist der tragikomische Augenblick dieses Charakters, doch dauert er nicht lange: wenn der Geizige schließlich einverstanden ist mit dem Verlust der zu seiner Braut Erkorenen, des Sohnes und der Tochter, falls er nur sein Geld wiedererhält, einen neuen Rock dazu, keine Mitgift und keine Hochzeit zu zahlen braucht, so ist er nicht mehr erbarmungswürdig, sondern nur noch erbärmlich.

Der kleine Kosmos von Menschen, der von Harpagon abhängt, müßte durch die Unheilbarkeit seines Geizes ewig unglücklich werden, das Spiel wäre als Lustspiel gar nicht möglich, würden die Menschen aus ihrer Abhängigkeit von Harpagon nicht befreit. Selbst befreien können sie sich nicht, weder durch Gefühl noch durch Vernunft oder List. Sie müssen buchstäblich losgekauft werden durch den großzügigen Reichen, der alle Unkosten übernimmt. Nur durch das Geld Anselms kann das böse Spiel zum Lustspiel werden. Der Geldgier ist allein das Geld gewachsen – das ist bei aller Heiterkeit ein pessimistischer Befund.

Jean Vilar hat mit seinem Théâtre National Populaire im Jahre 1952 den ›Geizigen‹ als einen tänzerisch-komödiantischen Wirbel, nahe der Commedia dell'arte, inszeniert und als Harpagon auf jegliche tragische Beimischung verzichtet: keine Sekunde des Erbarmens mit diesem von der Geldgier geschlagenen Charakter.

## Der Bürger als Edelmann (Le Bourgeois gentilhomme)

Uraufgeführt am 14. 10. 1670 in Chambord vor König und Hof. Eine Ballettkomödie, geschrieben im Auftrag Ludwigs XIV., mit Musik von Lully. – Der reiche Jourdain (Molières Rolle), der sich in den Manieren der Aristokratie unterrichten läßt, wird hereingelegt. Er wirbt um die Gunst einer Marquise, doch der Graf Dorante, der ihr in Jourdains Auftrag Geld und Geschenke übermittelt, gibt vor der Marquise diese Gaben als seine eigenen aus. Jourdain verweigert aus Snobismus die Hand seiner Tochter Lucile dem bürgerlichen Cléanthe, und Cléanthe verkleidet sich als türkischer Prinz, verleiht Jourdain die Würde eines Paladins und erreicht damit, daß Jourdain ihm Lucile zur Frau gibt. Das Stück endet mit dem ›Ballett der Nationen‹. Eine Parvenü-Posse mit Mummenschanz und Maskerade. Zu einer Bearbeitung von Hugo von Hofmannsthal schrieb Richard Strauss die Musik (1912); aus dem Nachspiel, das statt des türkischen Balletts aufgeführt wurde, ist die Oper ›Ariadne auf Naxos‹ (1916) hervorgegangen.

## Die Schelmenstreiche des Scapin
## (Les Fourberies de Scapin)

Uraufgeführt am 24. 5. 1671 im Palais Royal. – Der neapolitanische Erzschelm Scapin überlistet zwei reiche alte Geizhälse, um ihren Söhnen zum Glück zu verhelfen; an seinem besessenen Spieltrieb enthüllen sich die Schwächen seiner Umwelt. Ein Rückgriff Molières auf seine Anfänge, auf die Stegreifkomödie im italienischen Stil. Eine Glanzrolle von Jean-Louis Barrault. Deutsche Bühnen scheuen mit Recht davor zurück: völlig unliterarisches, reines Theater, mimisch, pantomimisch, tänzerisch.

## Die gelehrten Frauen (Les Femmes savantes)

Uraufgeführt am 11. 3. 1672 im Palais Royal. – Schon 1658 hatte Molière in einem Einakter die ›Preziösen‹ verspottet, die affektierten und sentimentalen Damen der Salons, deren Geist ihren geistigen Ansprüchen nicht gewachsen ist. Die ›gelehrten‹ Frauen sind durch unmäßigen und unverdauten Genuß von Poesie und Wissenschaft die dümmsten – diese Einsicht zu beweisen, läßt Molière zwei Parteien zum Kampf um eine Eheschließung gegeneinander antreten. Die Partei der scheinbar Gescheiten und wahrhaft Dummen – Philaminte, die Gattin, Armande, die älteste Tochter, und Belise, die Schwester des Herrn Chrysale – hat auf einen geistigen Hochstapler gesetzt: auf Trissotin, einen skrupellosen Mitgiftjäger in der Maske des Schöngeists. Die Partei der scheinbar Beschränkten und wahrhaft Gescheiten – Chrysale, der Hausherr, und sein Bruder Ariste – führt einen aufrichtigen jungen Mann ins Treffen: Clitandre soll Henriette, die jüngste Tochter Chrysales, heiraten, die zur Partei der Intelligenten gehört. Der Kampf um die Ehestiftung ist zugleich ein Zwist unter den ehestiftenden Eltern: Philaminte, die Mutter Henriettes, ist Anführerin der ersten, der Vater Chrysale ist Anführer der zweiten Partei.

Molières Ironie läßt die eheliche Machtprobe unentschieden ausgehen; seine Welterfahrung führt die Entscheidung von außen herbei: Trissotin, der geistige Hochstapler, wird durch einen Trick entlarvt. Ariste bringt die Nachricht, die Familie sei durch einen Prozeß verarmt, und schon zieht sich Trissotin, der Mitgiftjäger, zurück. Auch Philaminte stimmt nun der Hochzeit zwischen Henriette und Clitandre zu.

Symmetrisch ist die Schlachtordnung der beiden Parteien aufgebaut. Die Charaktere bergen nichts Unberechenbares: ihr Wesen wird durch ihr Verhältnis zur Vernunft bestimmt. Das Innenleben ist bis in den letzten Winkel ausgeleuchtet. Jedes Dialoggeplänkel ist wie Schritt und Gegenschritt in einem zeremoniellen Kampf: kein Schlachtgetümmel, sondern tänzerische Waffengänge – ein Menuett der Argumente.

Der Blaustrumpf Armande in der Pose der abgeklärten Philosophin enthüllt sich dabei als hitziges, egoistisches und boshaftes Weibsbiest; ihre sanfte Schwester Henriette als souveränes Mädchen, das seine Sanftheit aus Spott und Ironie spielt. Chrysale, der friedfertige Papa, ist gutmütig bis zur Liederlichkeit und von milder Komik, wenn er seine Ansprüche als Hausherr anmeldet. Philaminte, die mit dem Pseudogeist flirtende Mama, ist überlegen genug, bei ihrer Niederlage nicht das Gesicht zu verlieren und ihre heimliche Herrschaft im Hause aufrechtzuerhalten.

Die Geometrie des Aufbaus deckt sich mit der Geometrie der Komik. Beweist die Handlung dieser Komödie die Überlegenheit der Vernunft, repräsentiert durch den Bruder Ariste und in einer derben Variante durch den Witz der ungebildeten, aber klugen Köchin Martine, so beweist ihre Form die Anmut der Vernunft. Mit diesem Ballett der Torheiten gibt Molière, der ›Die gelehrten Frauen‹ für seine beste Komödie hielt, dem handfesten gesunden Menschenverstand sein graziösestes Fest.

## *Der eingebildete Kranke* (Le Malade imaginaire)

Uraufgeführt am 10. 2. 1673 im Palais Royal. – Argan, der sich einbildet, krank zu sein, bildet sich nicht nur ein, krank zu sein: er ist es. Er leidet allerdings nicht an den Krankheiten, die von seinen kurpfuschenden Ärzten behandelt werden, sondern eben an seiner Einbildung: er ist ein Hypochonder. Er kann sich nicht anders denn als leidenden Mittelpunkt der Welt sehen. Von seiner Tochter Angélique verlangt er, daß sie den akademisch verdrehten Trottel Thomas Diafoirus heirate, der gerade seine medizinische Prüfung bestanden hat, damit ihm immer ein Arzt zur Hand sei. Wenn er die zweifelhafte Annehmlichkeit der stets bereiten Klistierspritze dem sicheren Glück seiner Tochter vorzieht, das sie nur bei dem jungen Cléanthe finden kann, und wenn er, gebeutelt von Todesfurcht, zögert, sich auch nur im Spaße totzustellen, weil dies doch gesundheitsschädlich sein könnte, so gewinnt er bei aller Komik etwas Dämonisches: die rasende, sich selbst und seine Umwelt zerstörende Ichsucht. Das ist die eine Seite des Stückes: die Charakterkomödie.

Die andere Seite ist die Typenkomödie. Belinde, Argans zweite Frau, haßt ihre Stieftochter Angélique und nährt den

Krankheitswahn Argans, weil sie hofft, von ihm als Alleiner-
bin eingesetzt zu werden. Das Dienstmädchen Toinette, die
Vernunft als Hausmannskost, führt die Gegenintrige. Als Arzt
verkleidet, verordnet sie Argan als neue Diät seine Lieblings-
speisen. Sie überredet ihn, sich totzustellen, und schon enthüllt sich Gattin Belinde als pietätlose Erbschleicherin, während
Tochter Angélique in ihrem Schmerz ihr gutes Herz offen-
bart. So erlaubt Argan ihr, daß sie ihren Cléanthe heiratet,
der freilich Medizin studieren muß.

Die Verstellung der Guten entlarvt die Verstellung der
Bösen: eine zeremonielle Dramaturgie mit vorgeprägten Figuren. Die Satire auf die Ärzte ist die reine Posse.

Das Stück ist als Ballettkomödie geschrieben: dem zweiten
Akt folgte ein Zigeunertanz, dem dritten eine Burleske der
Ärzte und Apotheker, eine Art Tanz ums ›Goldene Klistier‹,
und zum Schluß wurde dem arztsüchtigen Argan mit Gesang
und Tanz die Doktorwürde verliehen.

In Deutschland wird das Stück meist ohne Ballett mit dem
Gewicht auf der Charakterkomödie gespielt. Doch schon Theo-
dor Fontane hat im Jahre 1871 in seiner Kritik über den
›Eingebildeten Kranken‹ gefragt, »ob wir mit unserer steten
Forderung, ›im Lustspiel das Possenhafte zu vermeiden und
das Leben in seiner Wahrheit auf uns wirken zu lassen‹, denn
so ganz auf dem rechten Wege sind ... Ein italienisches Volks-
theaterelement guckt aus jeder Szene, aus jeder Rolle hervor,
und Mr. Argan ... ist nicht ohne Anklänge an Policinell«.

Die Wahrheit Molières ist hier die Wahrheit der Karikatur, die erst wahr wird durch Übertreibung. Und allzusehr
scheint Molière im Falle seiner ärztlichen Zeitgenossen gar
nicht übertrieben zu haben. Wenn wir Pierre Gaxotte, dem
Biographen Ludwigs XIV., glauben dürfen, wurde der Sonnenkönig von seinen Ärzten praktisch hingemacht. Sie zogen ihm
die Zähne und brachen ihm dabei den Kiefer. Sie ließen ihn
regelmäßig zur Ader, ›purgierten‹ ihn mit Einläufen und
stopften ihn voll mit den abenteuerlichsten Mixturen, einschließlich Pferdemist. Sie verschafften ihm bei dieser Gelegenheit Furunkulosen, Verstopfung, Schwindel ›und schließlich
eine allgemeine Vergiftung‹. Dies alles, lange nachdem der
Sonnenkönig über die quacksalbernden Ärzte Molières ge-

lacht hatte. Eine Wahrheit, über die man lacht, verführt dazu, daß man sie nicht ganz ernst nimmt.

Molière nahm sie bitter ernst. Er spielte den eingebildeten Kranken im Palais Royal und rief von der Bühne: »Ach was, Molière! Das ist ein unverschämter Bursche ... Wenn ich Arzt wäre, ich würde an dem frechen Kerl Rache nehmen, und wenn er krank würde, dann ließe ich ihn ohne Hilfe sterben.« Es war eine ungeheure Herausforderung, denn Molière sprach diese Sätze als todkranker Mann. Er rief sie in jenem dritten Akt, in dem er bei der vierten Vorstellung, am 17. Februar 1673, zusammenbrach. Er starb an einem Blutsturz im Kostüm des eingebildeten Kranken – eine der schauerlichsten Ironien der Theatergeschichte. Sie machte noch aus dem Tode des großen Komödianten und Komödienschreibers eine Pointe.

Aus: Spielplan, Band I. Berlin 1966

# Zeugnisse

Molière hatte Corneille, Racine und La Fontaine das Verdienst voraus, Philosoph zu sein.

*Voltaire*

Jeder neue Mensch, der lesen kann, ist ein neuer Leser für Molière.

*Sainte-Beuve*

Die Komödie von der ›Schule der Frauen‹ hat ganz neuartige
Wirkungen hervorgebracht: alle Welt hat sie schlecht gefunden,
und alle Welt ist hingelaufen; die Damen haben sie abgelehnt
und haben sie sich angesehen; sie hat Erfolg gehabt, ohne zu
gefallen, und sie hat vielen gefallen, die sie nicht gut gefunden
haben; aber wenn ich Ihnen meinen Eindruck sagen soll, so
ist es die schlechtest geführte Handlung, die ich je gesehen, und
ich bin bereit zu erhärten, daß es keine Szene darin gibt, in
der sich nicht eine Unzahl von Fehlern nachweisen ließe.

Ich fühle mich dennoch genötigt zuzugeben und insoweit
dem Verdienst des Verfassers Gerechtigkeit zu zollen, daß
dieses Stück ein Ungetüm mit schönen Partien ist und daß man
wohl noch nie so gute und so schlechte Dinge beieinander gesehen hat. Es finden sich darin so natürliche Züge, daß es
scheint, die Natur selber habe daran gearbeitet. Es gibt Stellen
darin, die unnachahmlich sind und so gut ausgedrückt, daß
mir die Worte fehlen, die stark und bezeichnend genug wären,
sie Ihnen völlig anschaulich zu machen. Es gibt niemand
auf der Welt (er hätte denn *seinen* Geist), der sie ebensogut
ausdrücken könnte, und sollte er hundert Jahre daran wenden.
Es sind Abbilder der Natur, die für Originale gelten dürfen;
es ist, als spräche sie selber. Diesen Stellen begegnet man nicht
allein in dem, was Agnès zu sagen hat, sondern in den Rollen aller, die in diesem Stück vorkommen.

Niemals noch hat man eine Komödie so gut dargestellt
und mit so viel Kunst. Jeder Schauspieler weiß, wie viele Schrit-
te er zu tun hat, und seine Augenwinke sind sämtlich abge-
zählt.

Nach dem Erfolg dieses Stücks darf man sagen, daß sein
Autor vieles Lob verdient, weil er unter allen Gegenständen,
die Straparola ihm lieferte, diesen gewählt hat, der zum geeig-
netsten Zeitpunkt erscheint; weil er geschickt die Einwendungen
genutzt hat, die man ihm täglich macht; weil er nur das, was
nötig war, daraus gezogen und es so gut in Verse gebracht
und so gut mit seinem Gegenstande verbunden hat; weil er
seine eigene Rolle so gut gespielt hat; weil er die übrigen so
richtig ausgeteilt hat; und endlich weil er seine Kollegen zu so

gutem Spiel anzuhalten besorgt war, daß man sagen kann, daß alle Schauspieler, die in seinem Stück spielen, Originale sind, welchen die geschicktesten Meister dieser schönen Kunst es schwerlich werden gleichtun können.                          (1662/63)

Aus: Rezension der ›Schule der Frauen‹ in der Zeitschrift ›Nouvelles nouvelles‹
Übersetzung von Eva Rechel-Mertens

## Jean de La Fontaine

C'est un ouvrage de Molière.
Cet écrivain, par sa manière,
Charme à présent toute la cour.
De la façon que son nom court,
Il doit être par delà Rome:
J'en suis ravi, car c'est mon homme.
Te souvient-il bien qu'autrefois
Nous avons conclu d'une voix
Qu'il allait ramener en France
Le bon goût et l'air de Térence?
Plaute n'est plus qu'un plat bouffon,
Et jamais il ne fit si bon
Se trouver à la comédie.
(. . .)
Nous avons changé de méthode;
Jodelet n'est plus à la mode,
Et maintenant il ne faut pas
Quitter la nature d'un pas.                                    (1661)

Aus: Brief an de Maucroix vom 22. August 1661. (Œuvres complètes. Paris 1878)

Sous ce tombeau gisent Plaute et Térence,
Et cependant le seul Molière y git.
Leurs trois talents ne formaient qu'un esprit
Dont le bel art réjouissait la France.
Ils sont partis! et j'ai peu d'espérance
De les revoir. Malgré tous nos efforts,
Pour un long temps, selon toute apparence,
Térence, et Plaute, et Molière, sont morts.                    (1675)

Épitaphe sur Molière. (Œuvres complètes. Paris 1878)

## Nicolas Boileau-Despréaux

Étudiez la cour et conoissez la ville;
L'une et l'autre est toujours en modèles fertile.
C'est par là que Molière, illustrant ses écrits,
Peut-être de son art eût remporté le prix,
Si, moins ami du peuple en ses doctes peintures,
Il n'eût pas fait souvent grimacer ses figures,
Quitté pour le bouffon souvent l'agréable et le fin,
Et sans honte à Térence allié Tabarin:
Dans ce sac ridicule où Scapin l'enveloppe,
Je ne reconnois plus l'auteur du Misanthrope.     (1674)

Aus: Art poétique

## Jean de La Bruyère

Terenz hat nur den Fehler, etwas zu trocken zu sein: welche
Reinheit, welche Sorgfalt, welche Feinheit, welche Anmut, welche Charaktere! Molière hat nur den Fehler, daß er die
Volkssprache nicht gemieden und unrein geschrieben hat: welches Feuer, welche Natürlichkeit, welche Fülle echten Scherzes,
welche Sittenschilderung, welche Bilder und welche Geißel
der Torheit! Aber was für einen Dichter hätten erst beide
zusammen gegeben!     (1688)

Aus: Die Charaktere oder Die Sitten des Jahrhunderts, deutsch von Gerhard Hess.
Leipzig o. J.

## Jacques-Bénigne Bossuet

Ich glaube, es ist zur Genüge bewiesen, daß die Schilderung
vergnüglicher Leidenschaften naturgemäß zur Sünde führt, auch
wenn sie nur schmeichelt und vorsätzlich die Begierde nährt,
die die Grundlage der Sünde ist. Man mag darauf antworten,
daß das Theater, um der Sünde vorzubeugen, die Liebe geläu-
tert darstelle; die Bühne, ehrbar wie sie heute ist, der erwähnten Leidenschaft alles Rohe und Brutale nehme und sie also im
ganzen nur eine unschuldige Neigung zum Schönen sei, welche

im ehelichen Band ende. Folgt man diesen Grundsätzen, wird man aber wenigstens die Schändlichkeiten, von denen die italienischen Komödien selbst in unserer Zeit voll sind und die man noch viel öfter in den Stücken Molières findet, aus der Christenheit verbannen müssen: man muß die Reden verdammen, in denen dieser Verächter des Kanons, dieser strenge Kritiker der Mienen und Ausdrücke unserer Preziösen die Vorteile einer abscheulichen Duldsamkeit der Ehemänner ins hellste Licht rückt und die Frauen zu schändlichen Racheakten gegen ihre eifersüchtigen Gatten aufstachelt. Er hat unserem Jahrhundert gezeigt, was man von der Moral des Theaters erhoffen kann, welche nur das Lächerliche in der Welt angreift, ihr indessen ihre Verderbtheit beläßt. Der Nachwelt wird vielleicht das Ende dieses Schriftsteller-Komödianten bekannt, der, während er seinen ›Eingebildeten Kranken‹ spielte, den letzten Anfall seiner Krankheit erlitt, an dem er wenige Stunden später starb, von den Späßen des Theaters, unter denen er beinahe seinen letzten Seufzer ausgestoßen hätte, vor das Gericht dessen tretend, der sagt: »Wehe euch, die ihr jetzt lacht, denn ihr werdet trauern und weinen.« Diejenigen, die die reichsten Denkmäler auf Erden zurückgelassen haben, sind deswegen nicht besser vor Gottes Gerechtigkeit geschützt: weder schöne Verse noch schöne Melodien nützen etwas vor ihm, und er wird die nicht verschonen, die, auf welche Weise immer, die Lüsternheit gefördert haben. So werdet auch ihr seinem Richtspruch nicht entgehen, wer ihr auch seid, die ihr die Sache der Komödie verfechtet unter dem Vorwand, daß sie gewöhnlich durch eine Heirat ende. (1694)

Aus: Maximes et réflexions sur la comédie. (Œuvres complètes, T.9<sup>me</sup>. Lyon 1877)

*Voltaire*
## Das Leben Molières

Das Gefallen, das viele Leser an oberflächlicher Lektüre finden, und die Lust, einen Band aus dem zu machen, was nur wenige Seiten füllen sollte, sind der Grund, weshalb die Geschichte berühmter Männer fast immer durch unnütze Einzelheiten und abgeschmackte Histörchen verunziert wird. Oft fügt man noch ungerechte Kritik ihrer Werke hinzu. Der Verfasser dieser kurzen Darstellung des Lebens von Molière wird sich bemühen, diese Klippe zu umschiffen; er nimmt sich vor, von ihm persönlich nur zu sagen, was er für verbürgt und berichtenswert hält, und über seine Werke keine Behauptungen aufzustellen, die im Widerspruch zu den Meinungen des gebildeten Publikums stehen.

Jean-Baptiste Poquelin wurde 1620 in Paris in einem Haus geboren, das unter den Pfeilern der Markthallen heute noch vorhanden ist[1]. Sein Vater, Jean-Baptiste Poquelin, Hoftapezierer und Kammerdiener des Königs, daneben Altmöbelhändler, und Anne Boutet[2], seine Mutter, gaben ihm eine Erziehung, die nur allzusehr dem Stand entsprach, für den sie ihn bestimmten: er blieb bis zum vierzehnten Jahr in ihrem Geschäft, ohne außer seinem Handwerk mehr als ein wenig Lesen und Schreiben erlernt zu haben. Seine Eltern erreichten für ihn die Fortdauer ihrer Verwendung beim König; doch sein Genius rief ihn anderswohin. Man hat häufig feststellen können, daß diejenigen, die sich in den schönen Künsten einen Namen gemacht haben, dies nur gegen die Absicht ihrer Eltern vermochten und daß die Natur sich immer als stärker denn die Erziehung erwiesen hat.

Poquelin hatte einen Großvater, der das Schauspiel liebte und ihn oft in das Hôtel de Bourgogne mitnahm[3]. Der junge Mann verspürte bald eine unüberwindliche Abneigung gegen seinen Beruf. Der Drang nach ernsten Studien erwachte in ihm. Er beschwor seinen Großvater, für ihn die Aufnahme in die höhere Schule zu erreichen, und errang schließlich mit Mühe die Einwilligung seines Vaters, der ihn in Pension gab und als Externen zu den Jesuiten schickte, wenn auch mit dem Widerstreben eines Bürgers, der das Unglück seines Sohnes

[1] Trifft nicht zu, wiewohl es lange als richtig galt. (Diese und die folgenden Anmerkungen stammen von Félix Lemaistre, Herausgeber der ›Œuvres complètes‹. Paris.)
[2] Auf Grund authentischer, von Beffara im Jahre 1821 entdeckter Urkunden steht fest, daß Molière am 15. Januar 1622 als Sohn von Jean Poquelin und Marie Cressé (nicht Anne Boutet) Rue Saint-Honoré, Ecke Rue des Vieilles-Etuves auf die Welt gekommen ist.
[3] Diese allgemein anerkannte Tatsache wird von einigen modernen Kritikern abgestritten; sie gründen ihre Ablehnung auf Daten, die sie für zuverlässig halten. Immerhin hat man bis auf unsere Tage an diese Darstellung geglaubt.

besiegelt glaubte, falls dieser sich dem Studium widmete. Poquelin machte auf dem Jesuitenkolleg die Fortschritte, die sein Eifer dort einzutreten von ihm erwarten ließ.

Damals besuchten zwei Knaben dieses Kolleg, die seither zu großem Ansehen in der Welt gekommen sind. Es waren dies Chapelle und Bernier, letzterer bekannt durch seine Reisen nach Indien und ersterer durch einige zwanglose, leichtbeschwingte Verse, die ihm um so mehr zu großem Ruf verholfen haben, als er nicht eigentlich Autorenruhm erstrebte. L'Huillier, ein wohlhabender Mann, nahm sich in besonderem Maße der Erziehung des jungen Chapelle, seines natürlichen Sohnes, an und ließ, um ihn zum Wetteifer anzuspornen, zugleich mit ihm den jungen Bernier, dessen Eltern in bescheidenen Verhältnissen lebten, seine Studien betreiben. Anstatt seinem natürlichen Sohn einen gewöhnlichen, auf gut Glück hierzu ersehenen Präzeptor zu geben, wie so viele Väter es sogar bei ihren legitimen Söhnen halten, berief er zu seinem Erzieher den berühmten Gassendi.

Gassendi, dem schon frühzeitig die Begabung des jungen Poquelin aufgefallen war, nahm ihn als Studiengefährten zu Chapelle und Bernier hinzu. Niemals hat ein erlauchterer Lehrmeister würdigere Schüler gehabt. Er lehrte sie die Philosophie des Epikur, die, obwohl falsch wie alle anderen auch, wenigstens Methode hatte und mehr Wahrscheinlichkeit besaß als die der offiziellen Schule, zudem auch deren Barbarei nicht teilte. Poquelin rundete unter Gassendi seine Bildung ab. Als er das Kolleg verließ, nahm er von diesem Philosophen eine Moral mit ins Leben, die nützlicher war als dessen Physik, und wich auch im Verlauf seiner weiteren Jahre selten von ihren Grundsätzen ab.

Da sein Vater hinfällig und zur Ausübung seines Dienstes unfähig geworden war, sah der junge Poquelin sich genötigt, dessen Obliegenheiten beim König zu übernehmen. Er begleitete Ludwig XIII. auf der Reise, die dieser Monarch 1641 ins Languedoc unternahm; als er nach Paris zurückgekehrt war, erwachte in ihm noch stärker die Leidenschaft für das Theater, die für ihn der Anlaß gewesen war, sich seinen Studien zu widmen.

Für das Theater begann gerade damals eine Blütezeit. Dieses Gebiet innerhalb der schönen Künste, das mißachtet wird, solange es mittelmäßig bleibt, trägt zum Ruhm eines Staates bei, wenn es Vollkommenheit erreicht. Vor 1625 gab es keine Schauspieler, die für die Dauer in Paris seßhaft geworden waren. Ein paar Komödianten reisten wie in Italien von einer Stadt zur anderen, wo sie überall Stücke von Hardy, Monchrétien oder Balthasar Baro spielten. Diese Autoren verkauften ihre Werke für zehn Taler das Stück.

Aus diesem Zustand der Barbarei und Entwürdigung hat gegen 1630 Pierre Corneille das Theater herausgeführt. Seine ersten Komödien, die für jenes Jahrhundert so gut waren, wie sie dem unseren schlecht erscheinen, gaben den Anstoß dafür, daß eine Schauspielertruppe sich in Paris niederließ. Bald darauf brachte die Leidenschaft Kardinal Richelieus für das Theater den Geschmack am Schauspiel in Mode, und es gab damals mehr Privatgesellschaften, die Aufführungen veranstalteten, als wir heute haben.

Poquelin tat sich mit einigen jungen Leuten zusammen, die Begabung für die Bühne besaßen; sie traten im Faubourg Saint-Germain und im Quartier Saint-Paul auf. Diese Gesellschaft stellte bald alle anderen in den Schatten: man nannte sie nur noch ›L'Illustre Théâtre‹, das berühmte Theater. Man kann heute noch feststellen, daß eine Tragödie jener Zeit, die den Titel ›Artaxerxes‹ trug, von einem gewissen Magnon verfaßt war und 1645 im Druck erschien, auf dem ›Illustre Théâtre‹ aufgeführt worden ist. Damals beschloß Poquelin im Bewußtsein seiner hohen Begabung, sich dieser ganz und gar zu widmen, zugleich Schauspieler und Bühnenautor zu sein und aus seinen Talenten und seinem Ruhm Nutzen zu ziehen.

Bekanntlich traten bei den Athenern die Autoren häufig selber in ihren Stücken auf und erachteten es nicht unter ihrer Würde, mit Anstand von der Bühne her öffentlich zu ihren Mitbürgern zu sprechen. Molière fühlte sich stärker durch diese Idee ermutigt als durch die Vorurteile seiner Zeit gehemmt. Er nahm den Namen Molière an und folgte mit diesem Namenswechsel nur dem Beispiel der italienischen Schauspieler sowie derjenigen, die im Hôtel de Bourgogne auftraten. Der eine, dessen Familienname Le Grand war, nannte sich Belleville in der Tragödie und Turlupin in der Posse, woraus sich das französische Wort ›turlupinade‹ (billiger Spaß) erklärt. Hugues Guéret war in ernsthaften Stücken unter dem Namen Fléchelles bekannt; in der Posse spielte er immer eine bestimmte Rolle, die als Gautier-Garguille bezeichnet wurde, ebenso wie Harlekin und Scaramouche immer nur unter ihrem Theaternamen bekannt gewesen sind. Es hatte schon vorher einen Schauspieler mit Namen Molière gegeben, den Verfasser der Tragödie ›Polyxène‹.

Der neue Molière blieb unbeachtet, solange in Frankreich die Bürgerkriege wüteten; er benutzte diese Jahre, um sein Talent zu vertiefen und ein paar Stücke vorzubereiten. Er hatte eine Sammlung von italienischen Szenen zusammengestellt, aus denen er kleine Komödien für die Provinz komponierte. Diese ersten, noch recht formlosen Versuche entstammten mehr dem schlechten italienischen Theater, aus dem er sie entnommen hatte, als seinem eigenen Genius, der noch nicht Gelegenheit gefunden hatte, sich vollends zu entfalten. Das Genie hängt in seiner Entwicklung oder Beschränkung von seiner Umgebung ab. Er schuf also für die Provinz den ›Docteur amoureux‹, die ›Trois docteurs rivaux‹, den ›Maître d'école‹, Werke, von denen nur die Titel übriggeblieben sind. Ein paar Raritätensammler haben zwei diesem Genre angehörige Stücke Molières aufbewahrt. Das eine ist der ›Médecin volant‹, das andere die ›Jalousie de Barbouillé‹. Sie sind in Prosa und in einem Zuge heruntergeschrieben. Ein paar Sätze und Handlungselemente aus dem erstgenannten Stück sind noch im ›Médecin malgré lui‹ enthalten, und der ›Jalousie de Barbouillé‹ liegt – wenn auch unvollkommen entwickelt – das gleiche Handlungsschema zugrunde wie dem dritten Akt des ›George Dandin‹.

Das erste regelrechte Stück in fünf Akten, das Molière verfaßt hat, war ›L'Etourdi‹. Er hat diese Komödie 1653 in Lyon auf die Bühne gebracht. In dieser Stadt gab es eine wandernde Schauspielertruppe, die keinen Zulauf mehr hatte, als die Molières erschien. Ein paar Akteure dieser früheren Truppe schlossen sich Molière an, so daß er sich von Lyon ins Languedoc mit einer ziemlich vollständigen Truppe begab, deren bedeutendste Mitglieder zwei Brüder mit Namen Gros-René, ferner Duparc, Sohn eines Konditors in der Rue Saint-

Honoré, die Duparc, die Béjart und die De Brie gewesen sind. Prinz Conti, der die Provinzen des Languedoc von Béziers aus verwaltete, erinnerte sich Molières, den er vom Jesuitenkolleg her kannte, und ließ ihm seine besondere Protektion angedeihen. Molière spielte vor ihm den ›Etourdi‹, ›Le Dépit amoureux‹ und ›Les Précieuses ridicules‹.

Dieses in der Provinz entstandene kleine Stück, ›Les Précieuses ridicules‹, erbringt in jeder Hinsicht den Beweis, daß sein Urheber nicht nur die Lächerlichkeiten der Provinzlerinnen dabei im Auge hatte[1]; es ergab sich vielmehr, daß dieses Stück durchaus geeignet war, auf den Hof und die Stadt bessernd einzuwirken. Es wird behauptet, Prinz Conti habe damals Molière zu seinem Sekretär machen wollen. Molière aber habe – zum Glück für den Ruhm des französischen Theaters – den Mut gehabt, sein Talent einer ehrenvollen Stellung vorzuziehen. Wenn dieser Vorgang auf Wahrheit beruht, gereicht er gleichermaßen dem Prinzen wie dem Komödianten zur Ehre.

Nachdem Molière eine Zeitlang sämtliche Provinzen durchstreift hatte und in Grenoble, Lyon und Rouen aufgetreten war, kehrte er 1658 nach Paris zurück. Prinz Conti führte ihn bei ›Monsieur‹, dem einzigen Bruder Ludwigs XIV. ein; Monsieur stellte ihn dem König und der Königinmutter vor. Seine Truppe und er selbst führten in Gegenwart der Majestäten noch im gleichen Jahr die Tragödie ›Nicomède‹ auf einer Bühne auf, die auf Befehl des Königs in der ›Salles des Gardes‹ des alten Louvre errichtet worden war.

Seit einiger Zeit gab es im Hôtel de Bourgogne eine dort stationierte Schauspielertruppe. Diese wohnte dem ersten Auftreten des neuen Ensembles bei. Nach der Aufführung von ›Nicomède‹ trat Molière vorn an die Bühnenrampe und nahm sich die Freiheit, eine Ansprache an den König zu halten, in der er Seiner Majestät für Ihre Nachsicht dankte und in die er geschickt ein Lob für die Schauspieler des Hôtel de

---

[1] Die Komödie ›Les Précieuses ridicules‹ wurde nicht zuerst in der Provinz aufgeführt, wie Voltaire in Anlehnung an Grimarest berichtet. Sie wurde erstmals in Paris im ›Théâtre du Petit-Bourbon‹ am 18. November 1658 gespielt und hatte ungeheuren Erfolg. Schon bei der zweiten Aufführung mußten die Schauspieler die Preise der Plätze erhöhen, um den enormen Ansturm der Zuschauer einzudämmen. Molière hatte die Rolle des Mascarille übernommen (Auger).

Bourgogne einfließen ließ, deren Eifersucht er befürchten mußte. Zum Schluß erbat er die Erlaubnis, noch einen Einakter vorzuführen, mit dem er in der Provinz aufgetreten war. Die Mode, solche kleinen Nachspiele auf große Stücke folgen zu lassen, war im Hôtel de Bourgogne verlorengegangen. Der König genehmigte den Vorschlag Molières, und im Nu wurde denn auch noch der ›Docteur amoureux‹ aufgeführt. Seit dieser Zeit ist man von dem Brauch, nach den großen Stücken von fünf Akten noch ein ein- bis dreiaktiges Divertissement auf die Bühne zu bringen, nicht wieder abgegangen.

Molières Truppe bekam die Erlaubnis, sich in Paris niederzulassen; sie hielt dort ihren Einzug und teilte sich das Theater du Petit-Bourbon mit den italienischen Schauspielern, die es seit einigen Jahren schon innehatten. Molières Truppe trat in diesem Theater dienstags, donnerstags und samstags auf, die Italiener spielten an den übrigen Tagen. Auch die Truppe des Hôtel de Bourgogne hielt wöchentlich nur drei Vorstellungen ab, außer wenn sie neue Stücke aufführte.

Von diesem Zeitpunkt an bezeichnete sich Molières Truppe als ›Troupe de Monsieur‹, da der Bruder des Königs ihr Gönner geworden war. Zwei Jahre später, 1660, stellte er ihr den Saal des Palais Royal zur Verfügung. Kardinal Richelieu hatte ihn für die Aufführung von ›Mirame‹ bauen lassen, einer Tragödie, zu der dieser Minister mehr als fünfhundert Verse beigesteuert hatte. Der Theaterbau war ein ebenso großer Mißerfolg wie das Stück, für das er errichtet worden war, aber freilich sehe ich mich zu der Bemerkung gezwungen, daß wir auch heute noch kein einigermaßen angängiges Schauspielhaus besitzen – eine mittelalterliche Barbarei, die uns die Italiener mit Recht zum Vorwurf machen[1]. Frankreich hat die guten Stücke, Italien die schönen Theater. Die Truppe Molières verfügte über das neue Haus bis zum Tod ihres Chefs. Dann wurde es denen zugestanden, die das Opernprivileg besaßen, obwohl es für den Gesang als Rahmen noch weit weniger geeignet als für die Sprechbühne war.

---

[1] Ungeachtet des in unseren Tagen so sehr gepriesenen ›unendlichen Fortschritts‹ lassen unsere seinerzeit von Voltaire so sehr geschmähten Theaterverhältnisse auch heute noch viel zu wünschen übrig; Frankreich besitzt zur Stunde noch keine einzige mustergültige Bühne. (F. L., 1861)

Zwischen 1658 und 1673, das heißt im Verlauf von fünfzehn Jahren, hat Molière seine sämtlichen Stücke geschaffen. Er wollte sich auch im Trauerspiel versuchen, doch dieses Experiment mißlang; er sprach leicht etwas überstürzt und mit einer Art von Schluchzen in der Stimme, das dem ernsten Genre nicht günstig war, sein Auftreten in der Komödie aber um so amüsanter machte. Der Gattin[1] eines der besten Schauspieler, die wir je gehabt haben, verdanken wir das folgende Porträt Molières:

»Er war weder zu dick noch zu dürn, eher groß als klein, hatte eine edle Haltung und wohlgeformte Beine; er schritt gravitätisch einher, trug eine ernste Miene zur Schau, hatte eine starke Nase, einen großen Mund, kräftige Lippen, eine braune Hautfarbe, schwarze, sehr dichte Brauen, und die verschiedenen Bewegungen, die er mit diesen auszuführen vermochte, brachten außerordentlich komische Wirkungen hervor. Was seinen Charakter anbetrifft, war er sanftmütig, gefällig und großherzig von Natur. Er sprach gern vor anderen, und wenn er den Schauspielern seine Stücke vorlas, wollte er, daß sie ihre Kinder mitbrächten, damit er aus ihren natürlichen Reaktionen seine Schlüsse ziehen könnte.«

Molière erwarb sich in Paris eine sehr große Zahl von Anhängern und fast ebenso viele Feinde. Dadurch, daß er das Publikum mit der guten Komödie bekannt machte, gewöhnte er es daran, sehr strenge Maßstäbe an ihn anzulegen. Die gleichen Zuschauer, die den mittelmäßigen Stücken anderer Autoren Beifall spendeten, hoben unnachsichtig die geringsten Fehler Molières hervor. Die Menschen beurteilen uns nach den Erwartungen, die sie nach ihren bisherigen Erfahrungen auf uns setzen, und die geringste Entgleisung im Verein mit dem Übelwollen des Publikums genügt, um ein gutes Stück zum Scheitern zu verdammen.

Ludwig XIV., der von Natur aus über einen guten Geschmack und einen Geist verfügte, der das Richtige erkannte, ohne durch seine Erziehung speziell dafür geschult zu sein, machte oft durch seinen Beifall Hof und Stadt von neuem geneigt, den Stücken Molières auch ihrerseits ihren Applaus nicht zu ver-

---

[1] Mademoiselle du Croisy, Tochter des Schauspielers du Croisy und Gattin von Paul Poisson, ebenfalls Schauspieler, einem Sohn von Raimond Poisson.

sagen. Es wäre freilich für die Nation ehrenvoller gewesen, es hätte für sie, um ein richtiges Urteil zu fällen, nicht der vorherigen Entscheidung ihres Monarchen bedurft. Molière hatte unerbittliche Feinde, vor allem unter den schlechten Schriftstellern seiner Zeit, ihren Protektoren und ihrer Camarilla: sie hetzten die Frommen gegen ihn auf; man nannte ihn fälschlich als Verfasser skandalöser Schriften; man beschuldigte ihn, Mächtige der Lächerlichkeit preisgegeben zu haben, während er nur die Laster im allgemeinen gegeißelt hatte, und er wäre unter der Last solcher üblen Nachrede wohl zusammengebrochen, wenn nicht der gleiche König, der Racine und Despréaux ermutigt und gestützt hat, sich auch seiner angenommen hätte.

Tatsächlich belief sich sein Ehrensold auf nur tausend Pfund, und seine Truppe erhielt sogar nur sieben. Das Vermögen, das er sich durch seine Stücke erwarb, versetzte ihn jedoch in die Lage, sich mehr nicht wünschen zu müssen. Was er an seinem Theater verdiente, brachte ihm zusammen mit dem, was er angelegt hatte, dreißigtausend Pfund Renten ein – eine Summe, die in der damaligen Zeit den doppelten Realwert wie heute besaß[1].

Welches Ansehen er beim König genoß, geht hinlänglich daraus hervor, daß er das Kanonikat für den Sohn seines Arztes erlangte. Dieser Arzt hieß Mauvilain. Bekannt ist, daß Molière, als er einmal beim König speiste, auf dessen Frage: »Sie haben einen Arzt, was macht er mit Ihnen?« geantwortet hat: »Er verordnet mir Mittel, ich nehme sie nicht und werde gesund.«

Er machte von dem, was er besaß, einen noblen, weisen Gebrauch; er empfing in seinem Hause Männer der besten Gesellschaft wie Chapelle, Jonsac, Boileau, die Lebensgenuß mit philosophischer Einsicht zu verbinden wußten. Er besaß ein Landhaus in Auteuil, in dem er sich zusammen mit ihnen von den Strapazen seiner Tätigkeit, die größer sind, als man gemeinhin annimmt, zu erholen pflegte. Marschall Vivonne, bekannt durch seinen Geist und seine Freundschaft mit Boileau, suchte Molière häufig auf und verkehrte mit ihm wie Laelius

---

[1] In unseren Tagen würde der Unterschied noch weit größer sein. (F. L.)

mit Terenz. Der große Condé wünschte, daß er ihn oft besuchte, und pflegte zu sagen, er lerne jedesmal etwas durch die Gespräche mit ihm.

Molière verwendete einen Teil seines Einkommens für großzügige Beihilfen, die sehr viel weiter gingen als das, was man bei anderen Leuten als Mildtätigkeit bezeichnet. Oft ermutigte er durch beträchtliche Geldgeschenke junge Autoren, und vielleicht schuldet Frankreich Molière Dank dafür, daß es einen Racine besitzt. Er veranlaßte den jungen Racine, als dieser Port-Royal verließ, schon mit neunzehn Jahren für das Theater tätig zu sein. Er bewog ihn, die Tragödie ›Théogène et Chariclès‹ zu schreiben, und obwohl dieses Stück zu schwach war, um aufgeführt zu werden, machte er dem jungen Dichter ein Geschenk von hundert Louisdor; er lieferte ihm auch die Idee für die ›Frères ennemis‹. Man sollte vielleicht auch erwähnen, daß ungefähr zur gleichen Zeit, das heißt 1661, Racine, als er eine Ode auf die Vermählung Ludwigs XIV. verfaßt hatte, im Namen des Königs von Colbert hundert Louisdor erhielt. Bedauerlicherweise allerdings gereicht es der Literatur nicht zur Ehre, daß Molière und Racine seither entzweit gewesen sind; zwei große Genien, von denen der eine der Wohltäter des anderen war, hätten immer Freunde bleiben sollen.

Er bildete einen anderen Mann heran, der durch die Überlegenheit seiner besonderen Gaben, die die Natur ihm verliehen hatte, der Nachwelt noch bekannt zu sein verdient, und wirkte bestimmend auf ihn ein. Es war der Schauspieler Baron, der als solcher in der Tragödie und der Komödie unerreichbar war. Molière nahm sich seiner wie eines eigenen Sohnes an. Eines Tages teilte Baron ihm mit, daß ein Dorfschauspieler, den seine Armut daran hinderte, sich persönlich vorzustellen, ihn um eine geringfügige Unterstützung bäte, damit er sich seiner Truppe anschließen könne. Nachdem Molière erfahren hatte, daß es sich um einen gewissen Mondorge handelte, der sein Kamerad gewesen war, fragte er Baron, wieviel er ihm seiner Meinung nach geben solle. Dieser antwortete aufs Geratewohl: »Vier Pistolen.« – »Geben Sie ihm vier Pistolen von mir«, sagte Molière zu ihm, »und hier sind weitere zwanzig, die Sie ihm von sich aus geben werden.« Er fügte zu diesem

Geschenk noch einen prächtigen Leibrock hinzu. Das sind zwar kleine Züge, aber sie kennzeichnen doch seine Wesensart.

Eine andere Begebenheit verdient noch mehr, daß man sie erwähnt. Er hatte einem Armen ein Almosen gegeben. Gleich darauf läuft der Arme hinter ihm her und sagt: »Mein Herr, Sie hatten vielleicht nicht die Absicht, mir einen Louisdor zu schenken, ich gebe ihn Ihnen hiermit zurück.« – »Schau her, mein Freund«, sagte Molière, »hier ist noch ein weiterer.« Dann rief er aus: »Wo wird die Tugend sich wohl noch verstecken!« Dieser Ausruf kann als Beweis dafür dienen, daß er über alles nachdachte, was ihm vor Augen kam, und daß er überall die Menschennatur studierte als ein Mann, der sie zu schildern gedachte.

Molière, der glücklich war, soweit es seine Erfolge und seine Gönner betraf, war es nicht in seiner Häuslichkeit. Er hatte 1661 ein junges Mädchen geheiratet, das eine Tochter der Béjart und eines Edelmanns mit Namen Graf von Modène war. Es hieß, Molière sei der Vater. Der Eifer, den man daran wendete, diese Verleumdung in Umlauf zu setzen, bewirkte, daß mehrere Personen den gleichen zeigten, sie zu widerlegen. Sie wiesen nach, daß Molières Bekanntschaft mit der Mutter erst nach der Geburt dieses Mädchens zustande gekommen war. Der Altersunterschied und die Gefahren, denen eine junge, schöne Schauspielerin ausgesetzt ist, bewirkten, daß die Ehe unglücklich war. Molière, so gelassen er im übrigen dem Leben gegenüberstand, erfuhr in seiner Häuslichkeit alle die Widrigkeiten, Bitternisse und zuweilen auch Lächerlichkeiten, die er so oft auf der Bühne dargestellt hatte, nunmehr an sich selbst. Es trifft eben durchaus zu, daß die Männer, die die anderen durch ihr Talent überragen, ihnen doch fast immer durch ihre Schwächen ähnlich sind; denn warum erheben uns die Talente über die übrige Menschheit?

Das letzte Stück, das er verfaßte, war ›Le Malade imaginaire‹. Schon seit einiger Zeit hatte er angegriffene Lungen und spie bisweilen Blut. Am Tag der vierten Aufführung fühlte er sich schlechter als zuvor; man riet ihm, nicht aufzutreten; er aber wollte sich selbst überwinden, und diese Selbstüberwindung kostete ihn das Leben.

Er wurde von einem Brustkrampf befallen, als er das ›Juro‹

in der burlesken Schlußszene der Aufnahme des ›Malade imaginaire‹ in den Ärztestand aussprach. Man brachte den Sterben-
den in seine Wohnung in der Rue de Richelieu. Eine kurze
Weile standen ihm zwei Nonnen bei, die während der Fasten-
zeit nach Paris gekommen waren, um für ihren Orden zu sammeln, und die er bei sich aufgenommen hatte. Er starb in ihren
Armen, erstickt durch das Blut, das ihm aus dem Munde ström-
te, am 17. Februar 1673 im Alter von dreiundfünfzig Jahren[1].
Er hinterließ nur eine Tochter, die viel Geist besaß. Seine Witwe
vermählte sich mit einem Schauspieler namens Guérin.

Die Tatsache, daß er unglücklicherweise ohne geistlichen Bei-
stand verschieden war, sowie auch das herrschende Vorurteil
gegen das Komödiantentum bestimmten Harlay de Chanvalon,
den Erzbischof von Paris, der durch seine galanten Abenteuer
einen gewissen Ruf erworben hat, ihm die kirchliche Bestattung
zu versagen. Der König bedauerte das, und dieser Monarch,
dessen Diener und Pensionär Molière gewesen war, hatte die
Güte, den Erzbischof von Paris zu bitten, ihn in einer Kirche
beizusetzen. Der Pfarrer von Saint-Eustache, seiner Pfarrge-
meinde, wollte die Verantwortung dafür nicht auf sich nehmen.
Der Pöbel, der in Molière nur den Komödianten sah und nichts
davon wußte, daß er ein hervorragender Bühnenschriftsteller,
ein Philosoph und in seiner Art ein großer Mann gewesen war,
rottete sich am Tage der Überführung zum Grabe vor der
Tür seines Hauses zusammen. Seine Witwe war gezwungen, Geld aus dem Fenster zu werfen, und diese Elenden, die
sonst, ohne zu wissen, warum, die Trauerfeier gestört haben
würden, gaben nun dem Verstorbenen achtungsvoll das letzte
Geleit.

Die Schwierigkeit, ihm zu einer Grabstätte zu verhelfen, sowie die Ungerechtigkeiten, die ihm während seines Lebens widerfahren waren, veranlaßten den berühmten Pater Bouhours,
als eine Art von Epitaph die folgenden Verse zu verfassen,
die von allen auf Molière gemünzten die einzigen sind, die
verdienen, überliefert zu werden, jedoch in die falsche, durchaus verfehlte Lebensgeschichte, die man bislang seinen Werken
vorangestellt hat, nicht aufgenommen worden sind:

[1] Er war erst einundfünfzig Jahre alt.

Tu réformas et la ville et la cour;
   Mais quelle en fut la récompense?
   Les Français rougiront un jour
   De leur peu de reconnaissance.
   Il leur fallut un comédien
Qui mît à les polir sa gloire et son étude;
Mais, Molière, à ta gloire il ne manquerait rien,
Si parmi les défauts que tu peignis si bien,
Tu les avais repris de leur ingratitude.

Ich habe in dieser Lebensbeschreibung Molières nicht nur die
umlaufenden Geschichten über Chapelle und seine Freunde fort-
gelassen, sondern sehe mich auch veranlaßt zu erklären, daß
diese Geschichten, die Grimarest übernommen hat, von Grund
auf unwahr sind. Der verstorbene Herzog von Sully, der letzte
Prinz von Vendôme, der Abbé de Chaulieu, die viel mit
Chapelle zusammengewesen sind, haben mir versichert, daß allen diesen Anekdoten keinerlei Glauben zu schenken sei. (1739)

Übersetzung von Eva Rechel-Mertens

## Luc de Clapiers, Marquis de Vauvenargues
## Ein Dialog im Schattenreich

DER JUNGE MANN Ich bin entzückt, Euch zu sehen, göttlicher Molière. Ihr habt ganz Europa mit Eurem Namen erfüllt, und
   der Ruf Eurer Werke wächst in der Welt von Tag zu Tag.
MOLIÈRE Ich bin von diesem Ruhm durchaus nicht angetan,
   mein lieber Freund; besser als Ihr, der Ihr jung seid, habe
   ich erfahren, was er wert ist.
DER JUNGE MANN Solltet Ihr unzufrieden sein mit Eurem Jahrhundert, welches Euch so viel zu danken hat?
MOLIÈRE Einige meiner Zeitgenossen haben mich gerecht beurteilt; es waren sogar die besten Köpfe; aber die weitaus
   größere Zahl hat mich als einen Komödianten angesehen,
   der Verse machte. Der Fürst hat mich gefördert, einige
   Männer bei Hofe mochten mich; doch habe ich arge Demü-
   tigungen erlitten.
DER JUNGE MANN Ist es wohl möglich? Ich habe die Welt ge-

rade erst hinter mir gelassen: das Talent gilt dort nicht
eben viel; aber ich habe dort sagen hören, es hätten diejenigen, welche die Bahn gebrochen, immerhin ein höheres Ansehen genossen.

MOLIÈRE Diejenigen, welche die Bahn gebrochen, mögen dieses
Ansehen in höherem Grade verdient haben und haben es,
wie ich Euch sagte, bei der billig Denkenden auch erlangt;
aber ihrem Verdienst gemäß war es nie und wurde über-
wogen vom Gefühl großen Ekels.

DER JUNGE MANN Zweifellos wurden sie gehindert, verfolgt,
verleumdet von ihren Neidern; sind aber nicht die Leute von
Rang und die Großen ihnen doch gerecht geworden?

MOLIÈRE Die Großen haben sich lustig gemacht über das
Autoren-Gezänk; manche ließen sich beeinflussen von minde-
ren Literaten, ihren Günstlingen, und zeigten sich schwach
genug, deren Heftigkeit und Ungerechtigkeit gegen die großen
Männer anzunehmen, die weniger abhängig von ihnen waren.

DER JUNGE MANN Immerhin bleibt es tröstlich, daß die Nachwelt Euch gerecht geworden ist.

MOLIÈRE Die Nachwelt wird mir nicht in dem Maß gerecht,
wie ich es wohl verdiente. Sehe ich nicht auch hier [im
Schattenreich] die großen Männer des Altertums, Homer,
Virgil, Euripides, bis ins Grab hinein verfolgt von demsel-
ben Geist der Kritik, der sie bei Lebzeiten herabgewürdigt
hat? Zu eben der Zeit, wo sie von ein paar gescheiten Personen vergöttert werden, deren Einbildungskraft sie bezau-
bern, werden sie verachtet und lächerlich gemacht von mittelmäßigen Köpfen ohne Geschmack. Vor ein paar Tagen sah
ich den Tasso vorübergehen, gefolgt von mehreren Schön-
geistern, die ihm huldigten; einige Schatten großer Herren
waren in meiner Gesellschaft und fragten mich, wer das sei.
Darüber nahm der Herzog von Ferrara das Wort und ent-
gegnete, das sei ein Poet, dem er einmal Stockschläge habe
geben lassen, ihn für seine Unverschämtheit zu züchtigen.
Das ist die Art, wie die Weltleute und die Mächtigen das
Genie zu ehren wissen.

DER JUNGE MANN Dergleichen Reden habe ich in der Welt oft-
mals vernommen und war ihrethalben empört. Denn was am
Ende ist ein großer Dichter, wenn nicht ein großer Genius,

ein Mensch, der über die anderen Menschen mit seiner Phantasie hervorragt; der sie übertrifft an Lebendigkeit; der, kraft erleuchteten Empfindens, Leidenschaften, Laster und Sinn der Menschen erkennt; der die Natur getreulich schildert, weil er sie vollkommen kennt; und der weit lebhaftere Vorstellungen von allen Dingen hegt als die anderen – eine Seele, die fähig ist, sich aufzuschwingen, ein glühendes, tätiges, beredtes, liebenswertes Ingenium, welches sich nicht darauf beschränkt, wohllautende Verse zu machen, wie etwa ein Schreiner in seiner Werkstatt Rahmen und Tische macht, sondern ins Treiben der Welt sein Feuer einbringt, seine Lebendigkeit, sein Können und seinen Geist, und welches daher mitten unter den Menschen das gleiche Verdienst behauptet, das wir in seinem Arbeitszimmer an ihm bewundern.

MOLIÈRE Die Leute von Verstand wissen das alles, mein lieber Freund, nur sind diese Leute gering an Zahl.

DER JUNGE MANN Wozu sich um die andern bekümmern?

MOLIÈRE Weil man jedermann braucht; weil sie die Stärkeren sind; weil man von ihnen Böses leidet, wenn man nichts Gutes empfängt; endlich, weil ein Mann, der einen etwas umfassenderen Blick hat, in allen Köpfen herrschen möchte, wenn er es vermöchte, und weil man immer untröstlich ist, wenn man nicht den geringsten Teil dessen empfängt, was man verdient.

Aus: Dialogues. – 10: Molière et un jeune homme. (Œuvres posthumes et œuvres inédites . . . par D.-L. Gilbert. Paris 1857)

## Gotthold Ephraim Lessing

Die Komödie will durch Lachen bessern; aber nicht eben durch Verlachen; nicht gerade diejenigen Unarten, über die sie zu Lachen macht, noch weniger bloß und allein die, an welchen sich diese lächerlichen Unarten finden. Ihr wahrer allgemeiner Nutzen liegt in dem Lachen selbst; in der Übung unserer Fähigkeit, das Lächerliche zu bemerken; es unter allen Bemäntelungen der Leidenschaft und der Mode, es in allen Vermischungen mit noch schlimmern oder mit guten Eigenschaften, sogar in den Runzeln des feierlichen Ernstes, leicht und geschwind zu bemerken. Zugegeben, daß der ›Geizige‹ des Molière nie einen Geizigen, der ›Spieler‹ des Regnard nie einen Spieler gebessert habe; eingeräumet, daß das Lachen diese Toren gar nicht bessern könne: desto schlimmer für sie, aber nicht für die Komödie. Ihr ist genug, wenn sie keine verzweifelten Krankheiten heilen kann, die Gesunden in ihrer Gesundheit zu befestigen. Auch dem Freigiebigen ist der Geizige lehrreich; auch dem, der gar nicht spielt, ist der Spieler unterrichtend; die Torheiten, die sie nicht haben, haben andere, mit welchen sie leben müssen; es ist ersprießlich, diejenigen zu kennen, mit welchen man in Kollision kommen kann; ersprießlich, sich wider alle Eindrücke des Beispiels zu verwahren. Ein Präservativ ist auch eine schätzbare Arzenei; und die ganze Moral hat kein kräftigeres, wirksameres, als das Lächerliche.                    (1767)

Aus: Hamburgische Dramaturgie, 29. Stück

Den zweiundvierzigsten Abend (Montags, den 13. Juli) war ›Die Frauenschule‹ von Molière aufgeführt.

Molière hatte bereits seine ›Männerschule‹ gemacht, als er im Jahre 1662 diese Frauenschule darauf folgen ließ. Wer beide Stücke nicht kennet, würde sich sehr irren, wenn er glaubte, daß hier den Frauen, wie dort den Männern, ihre Schuldigkeit gepredigt würde. Es sind beides witzige Possenspiele, in welchen ein Paar junge Mädchen, wovon das eine in aller Strenge erzogen und das andere in aller Einfalt aufgewachsen, ein Paar alte Laffen hintergehen; und die beide ›Die Männerschule‹ heißen müßten, wenn Molière weiter nichts darin hätte lehren wollen, als daß das dümmste Mädchen noch immer Verstand genug habe, zu betrügen, und daß Zwang und Aufsicht weit weniger fruchte und nutze, als Nachsicht und Freiheit. Wirklich ist für das weibliche Geschlecht in der ›Frauenschule‹ nicht viel zu lernen; es wäre denn, daß Molière mit diesem Titel auf die Ehestandsregeln, in der zweiten Szene des dritten Akts, gesehen hätte, mit welchem aber die Pflichten der Weiber eher lächerlich gemacht werden.

»Die zwei glücklichsten Stoffe zur Tragödie und Komödie«, sagt Trublet[1], »sind der Cid und die Frauenschule. Aber beide sind von Corneille und Molière bearbeitet worden, als diese

[1] Essais de Litt. et de Morale, T. IV. p. 295

Dichter ihre völlige Stärke noch nicht hatten. Diese Anmerkung«, fügt er hinzu, »habe ich von dem Hrn. von Fontenelle.«

Wenn doch Trublet den Hrn. von Fontenelle gefragt hätte, wie er dieses meine. Oder, falls es ihm so schon verständlich genug war, wenn er es doch auch seinen Lesern mit ein paar Worten hätte verständlich machen wollen. Ich wenigstens bekenne, daß ich gar nicht absehe, wo Fontenelle mit diesem Rätsel hingewollt. Ich glaube, er hat sich versprochen; oder Trublet hat sich verhört.

Wenn indes, nach der Meinung dieser Männer, der Stoff der Frauenschule so besonders glücklich ist und Molière in der Ausführung desselben nur zu kurz gefallen; so hätte sich dieser auf das ganze Stück eben nicht viel einzubilden gehabt. Denn der Stoff ist nicht von ihm; sondern teils aus einer spanischen Erzählung, die man bei dem Scarron unter dem Titel ›Die vergebliche Vorsicht‹ findet, teils aus den ›Spaßhaften Nächten‹ des Straparolle genommen, wo ein Liebhaber einem seiner Freunde alle Tage vertrauet, wie weit er mit seiner Geliebten gekommen, ohne zu wissen, daß dieser Freund sein Nebenbuhler ist.

»Die Frauenschule«, sagt der Herr von Voltaire, »war ein Stück von einer ganz neuen Gattung, worin zwar alles nur Erzählung, aber doch so künstliche Erzählung ist, daß alles Handlung zu sein scheinet.«

Wenn das Neue hierin bestand, so ist es sehr gut, daß man die neue Gattung eingehen lassen. Mehr oder weniger künstlich, Erzählung bleibt immer Erzählung, und wir wollen auf dem Theater wirkliche Handlungen sehen. – Aber ist es denn auch wahr, daß alles darin erzählt wird? daß alles nur Handlung zu sein scheint? Voltaire hätte diesen alten Einwurf nicht wieder aufwärmen sollen; oder, anstatt ihn in ein anscheinendes Lob zu verkehren, hätte er wenigstens die Antwort beifügen sollen, die Molière selbst darauf erteilte und die sehr passend ist. Die Erzählungen nämlich sind in diesem Stücke, vermöge der innern Verfassung desselben, wirkliche Handlung; sie haben alles, was zu einer komischen Handlung erforderlich ist; und es ist bloße Wortklauberei, ihnen diesen Namen hier streitig zu machen[1]. Denn es kömmt ja weit weniger auf die

---

[1] In der Kritik der Frauenschule, in der Person des Dorante: Les récits eux-mêmes y sont des actions suivant la constitution du sujet.

Vorfälle an, welche erzählt werden, als auf den Eindruck, welchen diese Vorfälle auf den betrognen Alten machen, wenn er sie erfährt. Das Lächerliche dieses Alten wollte Molière vornehmlich schildern; ihn müssen wir also vornehmlich sehen, wie er sich bei dem Unfalle, der ihm drohet, gebärdet; und dieses hätten wir so gut nicht gesehen, wenn der Dichter das, was er erzählen läßt, vor unsern Augen hätte vorgehen lassen, und das, was er vorgehen läßt, dafür hätte erzählen lassen. Der Verdruß, den Arnolph empfindet; der Zwang, den er sich antut, diesen Verdruß zu verbergen; der höhnische Ton, den er annimmt, wenn er dem weitern Progresse des Horaz nun vorgebauet zu haben glaubet; das Erstaunen, die stille Wut, in der wir ihn sehen, wenn er vernimmt, daß Horaz demohngeachtet sein Ziel glücklich verfolgt: das sind Handlungen, und weit komischere Handlungen, als alles, was außer der Szene vorgeht. Selbst in der Erzählung der Agnese, von ihrer mit dem Horaz gemachten Bekanntschaft, ist mehr Handlung, als wir finden würden, wenn wir diese Bekanntschaft auf der Bühne wirklich machen sähen.

Also, anstatt von der Frauenschule zu sagen, daß alles darin Handlung scheine, obgleich alles nur Erzählung sei, glaubte ich mit mehrerm Rechte sagen zu können, daß alles Handlung darin sei, obgleich alles nur Erzählung zu sein scheine.          (1767)

Aus: Hamburgische Dramaturgie, 53. Stück

## Jean-François de La Harpe

Das Lob eines Schriftstellers liegt in seinen Werken; man könnte sagen, daß das Lob Molières aus denen jener Schriftsteller spricht, die ihm vorangegangen oder ihm nachgefolgt sind, da ein so großer Abstand zwischen ihnen und ihm besteht. Männer von sehr viel Geist und Talent sind nach ihm am Werk gewesen, ohne ihm gleichen oder ihn erreichen zu können. Einige hatten Humor, andere haben sich aufs Versemachen verstanden. Mehrere haben sich sogar in der Sittenschilderung versucht. Doch die Schilderung des menschlichen Geistes war die Kunst Molières; dieses Wirkungsfeld hat er eröffnet und auch

71

wieder geschlossen. Weder vor noch nach ihm gibt es etwas von dieser Art.

Molière war von allen, die jemals geschrieben haben, derjenige, der den Menschen am besten beobachtet hat, ohne ausdrücklich zu sagen, daß er ihn beobachtete, und es sieht sogar mehr so aus, als habe er ihn in- und auswendig gekannt, denn eigentlich studiert. Wenn man seine Stücke liest und dabei nachdenkt, staunt man nicht über den Autor, sondern über sich selbst.

Molière ist niemals scharfsinnig: er ist tief; das heißt, wenn er seinen Pinselstrich hingesetzt hat, kann unmöglich darüber hinaus noch irgend etwas geschehen. Richtig aufgefaßt, könnten seine Komödien die Stelle der Erfahrung einnehmen, nicht weil er vorübergehende Lächerlichkeiten, sondern weil er den Menschen dargestellt hat, der sich nicht verändert. Sie setzen sich aus einer Folge von Einzelzügen zusammen, von denen der eine auf mich, der andere auf meinen Nachbarn paßt. Der Beweis für die gelungene Kopie wird dadurch erbracht, daß mein Nachbar und ich von Herzen darüber lachen, wenn wir als töricht, schwach oder anmaßlich hingestellt werden, aber wütend wären, wenn man uns auf eine andere Art auch nur die Hälfte von dem sagte, was Molière uns sagt. (ca. 1800)

Aus: Œuvres complètes de Molière ... par Félix Lemaistre, T. 1er. Paris
Übersetzung von Eva Rechel-Mertens

# Jean Paul

Dem Erheben der Niedrigen geht leider das Erniedrigen der Höheren zur Seite. So werden über die Speckgeschwülste und Leberflecken Rabelais', des größten französischen Humoristen, sogar in Deutschland dessen gelehrte und witzige Fülle und vorsternische Laune vergessen, so wie seine scharfgezeichneten Charaktere vom loyalen edlen Pantagruel voll Vater- und Religionsliebe bis zum originellen gelehrten Feiglinge Panurge.

So wird der prosaische und sittenwidrige Tartuffe von Molière erhoben, und seine genialen Possen werden einer Herablassung zum Gassenvolke angedichtet, anstatt daß man besser manche regelmäßigen Lustspiele einer Herablassung zum Hofvolke zuschriebe. Sein einziges ›L'impromptu de Versailles‹, worin er mit einem Wechselspiegeln anderer und seiner selber kräftig spielt, hätte August Schlegeln ein ebenso ungerechtes Urteil über ihn wie über Gozzi ersparen sollen, wenn er jemals anders loben könnte als entweder zuwenig oder zuviel.

(1803/04)

Aus: Vorschule der Ästhetik

## *August Wilhelm Schlegel*

Die französischen Kunstrichter und die durch sie herrschend gewordene Meinung erklären nur einen einzigen ihrer Lustspieldichter, den Molière, für klassisch, und alles seitdem Geleistete wird nur als mehr oder weniger unvollkommene Annäherung an dieses vermeintlich unübertreffliche, ja unerreichbare Muster geschätzt. Wir werden also zuvörderst diesen Stifter des französischen Lustspiels charakterisieren und alsdann einen kurzen Abriß von dessen fernerer Bearbeitung geben.

Molière hat Werke in so verschiedenen Gattungen und von so verschiedenem Werte hervorgebracht, daß man kaum denselben Urheber darin wiedererkennen sollte; und doch wird gewöhnlich, wenn man von seiner Eigentümlichkeit und seinen Verdiensten um die Fortschritte der Kunst redet, alles auf einen Haufen zusammengeworfen.

In geringem Stande geboren und erzogen, genoß er den Vorteil, das bürgerliche Leben aus eigner Erfahrung kennenzulernen und machte sich die Fertigkeit zu eigen, niedrige Sprecharten nachzuahmen. Nachher, als ihn Ludwig XIV. in seine Dienste nahm, hatte er Gelegenheit, wiewohl von einer untergeordneten Stelle aus, den Hof in der Nähe zu beobachten. Er war ein Schauspieler, und zwar, wie es scheint, besonders im übertreibenden und possenhaften Komischen stark; so wenig von Vorurteilen persönlicher Würde eingenommen, daß er sich allen Bedingungen unterzog, welche dies mit sich brachte, und immer bereit war, die auf der Bühne damals so häufigen Stockschläge auszuteilen oder zu empfangen. Ja sein mimischer Eifer ging so weit, daß er als der wirkliche Kranke in der Vorstellung des eingebildeten seinen Geist aufgab und im

73

eigentlichen Sinne ein Märtyrer fremden Gelächters wurde. Sein Gewerbe war, allerlei lustige Ergötzungen für den Hof auszusinnen und zur Erholung von Staatsgeschäften oder Kriegsunternehmungen ›den größten König der Welt‹ zum Lachen zu bringen. Man sollte denken, bei der gefeierten Rückkehr von einem glorreichen Feldzuge hätte dies auf eine feinere Art geschehen können als durch Darstellung der ekelhaften Zustände eines eingebildeten Kranken; allein Ludwig XIV. nahm es nicht so genau: er war mit den Bemühungen seines von ihm beschützten Lustigmachers sehr wohl zufrieden und tanzte sogar zuweilen in dessen Balletten in höchsteigner Person mit. Genug, diese äußere Lage Molières war Ursache, daß viele seiner Arbeiten als bloße Gelegenheitsstücke auf höheren Befehl entstanden sind und auch das Gepräge davon an sich tragen. Ohne außer Frankreich gereist zu sein, hatte er Gelegenheit, die Lazzis der welschen komischen Masken auf dem italienischen Theater zu Paris kennenzulernen, wo abwechselnd mit französischen geschriebnen Szenen improvisiert ward; an den spanischen Lustspielen studierte er die sinnreichen Verwicklungen der Intrige; Plautus und Terenz lehrten ihn das Salz des attischen Witzes, den echten Ton komischer Sittensprüche und feinere Charakteristik kennen. Alles dies verwendete er mit mehr oder weniger Geschick zu seinem augenblicklichen Gebrauch und zog noch allerlei seiner Kunst fremde Mittel herbei, um sein Schauspiel recht bunt aufzuputzen: die allegorischen Aufzüge der Opernprologe, musikalische Intermezzos, worin er sogar italienische und spanische Nationalmusik mit Texten in ihrer eignen Sprache anbrachte; bald prächtige, bald groteske Ballette, ja zuweilen bloße Luftspringereien. Von allem wußte er Vorteil zu ziehen: der seinen Stücken widerfahrne Tadel, die fehlerhaften Manieren mitwerbender Schauspieler, von ihm selbst und seiner Gesellschaft täuschend nachgeäfft, ja die Verlegenheit, nicht so schnell als es der König verlange, eine theatralische Unterhaltung herbeischaffen zu können, wurden für ihn ein Stoff der Belustigung. Seine aus dem Spanischen entlehnten Stücke, seine bloß für die Schaulust eingerichteten Pastoralen und Tragikomödien und außerdem noch drei bis vier eigentliche und zwar versifizierte, also sorgfältiger ausgearbeitete Lustspiele aus seiner frühern Zeit geben die Kritiker ohne weiteres Preis. Aber auch in den Possenspielen mit oder ohne Ballette und Intermezzos, worin das übertreibende Komische und oft das selbstbewußte und willkürliche der Lustigmacherei vorwaltet, hat Molière zwar eine unerschöpfliche gute Laune bewährt, vortreffliche Späße verschwenderisch ausgestreut und mit kecken und derben Strichen ergötzliche Karikaturen gezeichnet; jedoch alles dies ist schon vielfältig vor ihm geleistet worden, und ich kann nicht einsehen, wodurch er in diesem Fache einzig und als ein ganz origineller Kunstschöpfer dastehen soll. (. . .) Viele seiner Erfindungen sind mir als erborgt verdächtig und ich bin überzeugt, die Quelle würde sich nachweisen lassen, wenn man die Altertümer der possenhaften Literatur durchsuchte. (. . .)

Man hat eine Äußerung von Molière, nach welcher er über das Plagiat eben nicht gewissenhaft gesinnt war. Bei den Verhältnissen ohne Würde, worin er lebte, und worin alles so sehr auf einen blendenden Schein berechnet war, daß ihm nicht einmal sein Name von Rechtswegen gehörte, darf uns dies um so weniger Wunder nehmen. (. . .)

Wenn die Franzosen schon in den Lobeserhebungen auf ihre Tragiker aus Nationaleitelkeit und Unbekanntschaft mit fremden Geisteswerken sehr übertrieben sind, so überbieten sie sich vollends im Preisen Molières auf eine Weise, die aus allem Verhältnisse mit dem Gegenstande heraustritt. Voltaire nennt ihn den Vater des echten Lustspiels, und für Frankreich kann man dies gelten lassen. Nach Laharpe sind Molière und das Lustspiel zwei gleichbedeutende Namen, er ist der erste aller Moralphilosophen, seine Werke sind die Schule der Welt. Chamfort nennt ihn den liebenswürdigsten Lehrer der Menschheit seit dem Sokrates und meint, Julius Cäsar, der den Terenz einen halben Menander nannte, würde den Menander einen halben Molière genannt haben. Ich zweifle.

Welche Art von Moral überhaupt vom Lustspiel zu erwarten steht, habe ich weiter oben gezeigt: es ist angewandte Sittenlehre, Lebenskunst. Diese betreffend enthalten Molières höhere Lustspiele viele glücklich ausgedrückte und treffende Bemerkungen, die immer noch anwendbar sind; andere sind mit der Einseitigkeit seiner persönlichen Meinungen oder der geltenden seines Zeitalters behaftet. In diesem Sinne war schon Menander ein philosophischer Komiker, und wir dürfen wohl dreist seine übriggebliebenen Sittensprüche wenigstens neben die des Molière stellen. Allein aus bloßen Sentenzen baut man kein Lustspiel zusammen. Der Dichter soll ein Moralist sein, aber seine Personen sollen darum nicht beständig moralisieren. Hierin scheint mir Molière das Maß überschritten zu haben, er gibt uns in weitläufigen Erörterungen das Für und Wider der dargestellten Charaktere; ja er läßt diese zum Teil in Grundsätzen bestehen, welche die Personen selbst gegen die Einwendungen andrer durchfechten. Hier bleibt nichts zu erraten übrig, und doch besteht die größte Feinheit beim Komischen der Beobachtung darin, daß sich die Charaktere unbewußter Weise durch Züge kund geben, die ihnen unwillkürlich entschlüpfen. (...)

Darum schleicht die Handlung so sehr, die überdies nur dürftig erfunden ist, und, einige Szenen von leichter Beweglichkeit ausgenommen, sind es förmlich eingeleitete Unterredungen, deren Stockung nur durch die auf die Einzelheiten des Verses und Ausdrucks verwendete Kunst verkleidet werden kann. Mit einem Worte, diese Stücke sind zu didaktisch, zu ausdrücklich belehrend, statt daß der Zuschauer nur beiläufig, und als legte man es nicht darauf an, belehrt werden sollte. (...)

Wenn er sich zuweilen strengeren Gesetzen unterwarf, so verdanken wir es mehr seinem Ehrgeiz und der Lüsternheit, auch mit unter die klassischen Schriftsteller des goldnen Zeitalters gezählt zu werden, als einem innern immer wachsenden Triebe nach auserlesener Vortrefflichkeit. (...)

Nach allem Obigen halte ich mich berechtigt, gegen die herrschende Meinung zu urteilen, daß es Molière mit dem derben hausbacknen Komischen am besten geriet und daß ihn sein Talent wie seine Neigung ganz für die Possen hätte entscheiden sollen, dergleichen er auch bis an das Ende seines Lebens schrieb. Zu seinen ernsthafteren Stücken in Versen scheint er immer einen Anlauf genommen zu haben: man spürt etwas Zwanghaftes in der Anlage und Ausführung. Sein Freund Boileau teilte ihm vermutlich seine Ansicht von einem korrekten Spaß, von einem gravitätischen Lachen mit, und so entschloß sich Molière nach dem Karneval seiner Possen zuweilen zu der Fastendiät des regelmäßigen Geschmacks und versuchte miteinander zu vereinbaren, was seiner Natur nach unvereinbar ist, Würde und Lustigkeit. Jedoch finde ich schon in seinen prosaischen Stücken Andeutungen von jener didaktischen und satirischen Ader, die der komischen Gattung eigentlich fremd ist, z. B. in seinen beständigen Angriffen auf die Ärzte und Advokaten, in den Erörterungen über den wahren Weltton usw., womit er wirklich rügen, widerlegen, belehren und nicht bloß belustigen will.

Molières klassisches Ansehen erhält seine Stücke auf der Bühne (Wenn sie nicht im Besitze wären, so würde schon die Unanständigkeit mancher Szene verschiedne ausschließen, da das heutige Publikum, wiewohl vermutlich nicht weniger verderbt als das damalige, die sittsamen Bemäntelungen leidenschaftlich liebt. Wenn ein Stück von Molière aufgeführt wird, so ist das Haupttheater von Paris meistens eine wahre Wüstenei, wofern nicht irgendein besonderer Umstand die Zuschauer herbeizieht. Seit diese Vorlesungen gehalten wurden, hat man in Paris, zu großem Ärgernis der kritischen Zionswächter, den George Dandin ausgepfiffen; vermutlich nicht bloß der Unanständigkeit wegen. Was man auch sagen mag, um die Moral des Stückes zu retten, die Vorrechte der höheren Stände werden darin auf eine empörende Art geltend gemacht und es endigt mit dem schamlosen Triumph des Übermutes und der Verderbtheit über schlichte Rechtlichkeit), wiewohl sie im Ton und in den Sitten fühlbar veraltet sind. Diese Gefahr bedroht unvermeidlich den Lustspieldichter von der Seite, wo seine Darstellung nicht auf poetischem Grunde ruht, sondern durch die Prosa der äußern Wirklichkeit bestimmt wird. Zu den individuellsten Porträten Molières sind die Urbilder längst verschwunden. Der Lustspieldichter, der auf Unsterblichkeit Anspruch macht, muß in der Charakterzeichnung und Anlage des Planes hauptsächlich auf diejenigen Motive bauen, die immer verständlich bleiben, weil sie nicht bloß in den Sitten eines Zeitalters, sondern in der menschlichen Natur liegen.  (1809)

Aus: Vorlesungen über dramatische Kunst und Literatur, 22. Vorlesung

Wir kamen auf Molière. »Molière«, sagte Goethe, »ist so groß, daß man immer von neuem erstaunt, wenn man ihn wieder liest. Er ist ein Mann für sich, seine Stücke grenzen ans Tragische, sie sind apprehensiv, und niemand hat den Mut, es ihm nachzutun. Sein ›Geiziger‹, wo das Laster zwischen Vater und Sohn alle Pietät aufhebt, ist besonders groß und im hohen Sinne tragisch. (...)

Ich lese von Molière alle Jahr einige Stücke, so wie ich auch von Zeit zu Zeit die Kupfer nach den großen italienischen Meistern betrachte. Denn wir kleinen Menschen sind nicht fähig, die Größe solcher Dinge in uns zu bewahren, und wir müssen daher von Zeit zu Zeit immer dahin zurückkehren, um solche Eindrücke in uns anzufrischen.«

Aus: Gespräche mit Eckermann, 12. Mai 1825

»Ich tröste und stärke mich jetzt an Molière«, sagte ich. »Seinen ›Geizigen‹ habe ich übersetzt und beschäftige mich nun mit seinem ›Arzt wider Willen‹. Was ist doch Molière für ein großer, reiner Mensch!« – »Ja«, sagte Goethe, »*reiner Mensch*, das ist das eigentliche Wort, was man von ihm sagen kann; es ist an ihm nichts verbogen und verbildet. Und nun diese Großheit! Er beherrschte die Sitten seiner Zeit, wogegen aber unsere Iffland und Kotzebue sich von den Sitten der ihrigen beherrschen ließen und darin beschränkt und befangen waren. Molière züchtigte die Menschen, indem er sie in ihrer Wahrheit zeichnete.«

Aus: Gespräche mit Eckermann, 29. Januar 1826

»Wenn wir übrigens«, fuhr Goethe fort, »für unsere modernen Zwecke lernen wollen, uns auf dem Theater zu benehmen, so wäre Molière der Mann, an den wir uns zu wenden hätten. (...)

Ich kenne und liebe Molière seit meiner Jugend und habe während meines ganzen Lebens von ihm gelernt. Ich unterlasse nicht, jährlich von ihm einige Stücke zu lesen, um mich immer im Verkehr des Vortrefflichen zu erhalten. Es ist nicht bloß das vollendete künstlerische Verfahren, was mich an ihm entzückt, sondern vorzüglich auch das liebenswürdige Naturell, das hochgebildete Innere des Dichters. Es ist in ihm eine Grazie und ein Takt für das Schickliche und ein Ton des feinen Umgangs, wie es seine angeborene schöne Natur nur im täglichen Verkehr mit den vorzüglichsten Menschen seines Jahrhunderts erreichen konnte. – Von Menander kenne ich nur die wenigen Bruchstücke, aber diese geben mir von ihm gleichfalls eine so hohe Idee, daß ich diesen großen Griechen für den einzigen Menschen halte, der mit Molière wäre zu vergleichen gewesen.«

»Ich bin glücklich«, erwiderte ich, »Sie so gut über Molière reden zu hören. Das klingt freilich ein wenig anders als Herr von Schlegel!« (...)

»Einem Menschen wie Schlegel«, erwiderte Goethe, »ist freilich eine so tüchtige Natur wie Molière ein wahrer Dorn im Auge; er fühlt, daß er von ihm keine Ader hat, er kann ihn nicht ausstehen; (...) er fühlt wahrscheinlich, wie einer meiner Freunde bemerkte, daß er ihn selbst lächerlich gemacht haben würde, wenn er mit ihm gelebt hätte.

Es ist nicht zu leugnen, Schlegel weiß unendlich viel, und man erschrickt fast über seine außerordentlichen Kenntnisse und seine große Belesenheit. Allein damit ist es nicht getan. Alle Gelehrsamkeit ist noch kein Urteil. Seine Kritik ist durchaus einseitig, indem er fast bei allen Theaterstücken bloß das Skelett der Fabel und Anordnung vor Augen hat und immer nur kleine Ähnlichkeiten mit großen Vorgängern nachweiset, ohne sich im mindesten darum zu bekümmern, was der Autor uns von anmutigem Leben und Bildung einer hohen Seele entgegenbringt. Was helfen aber alle Künste des Talents, wenn aus einem Theaterstücke uns nicht eine liebenswürdige oder große Persönlichkeit des Autors entgegenkommt, dieses Einzige, was in die Kultur des Volkes übergeht.

In der Art und Weise, wie Schlegel das französische Theater behandelt, finde ich das Rezept zu einem schlechten Rezensenten, dem jedes Organ für die Verehrung des Vortrefflichen mangelt und der über eine tüchtige Natur und einen großen Charakter hingeht, als wäre es Spreu und Stoppel.«

Aus: Gespräche mit Eckermann, 28. März 1827

»Wir ergreifen diese Gelegenheit, um unsere Herzens- und Glaubensmeinung auszusprechen, daß, wenn einmal Komödie sein soll, unter denen, welche sich darin übten und hervortaten, Molière in die erste Klasse und an einen vorzüglichen Ort zu setzen sei. Denn was kann man mehr von einem Künstler sagen, als daß vorzügliches Naturell, sorgfältige Ausbildung und gewandte Ausführung bei ihm zur vollkommensten Harmonie gelangten. Dies Zeugnis geben ihm schon über ein Jahrhundert seine Stücke, die ja noch, obschon seiner persönlichen Darstellung entbehrend, die talentvollsten, geistreichsten Künstler aufregen, ihnen durch frische Lebendigkeit genugzutun.« (1828)

Aus: ›Französisches Schauspiel in Berlin‹. (›Kunst und Altertum‹ VI, 2)

## Ludwig Börne

(...) Gestern habe ich im Théâtre Français zwei Molièresche Stücke gesehen: ›L'étourdi‹ und ›Le malade imaginaire‹. Da darf man doch mit Ehren lachen und braucht sich den andern Morgen nicht zu schämen. Es ist wie ein Wunder, daß ein Blitz, der vor 170 Jahren die Wolken verlassen – so lange ist Molière tot –, noch heute gezündet! Wie lange wird man über Scribe lachen? Aber so sind unsere heutigen Komödiendichter. Sie zeigen uns die Mode-Torheiten; doch Molière zeigte uns die ewigen Torheiten der Menschen. Ich betrachtete mit Liebe und Andacht Molières Büste, die im Foyer der Büste Voltaires gegenüber stehet. Molière hat einen sanften durchwärmenden Blick, einen freundlich lächelnden Mund, welcher spricht: ich kenne euch, ihr guten törichten Menschen. Voltaire ziehet höhnisch die Unterlippe in die Höhe und seine heißen stechenden Augen sagen: ich kenne euch, ihr Spitzbuben! Um Molières Stücke recht zu fassen, muß man sie in Paris aufführen sehen. Molière spielte selbst, und was und wie er spielte, das hat sich bis auf heute so unverändert auf der Bühne erhalten als das gedruckte Wort im Buche. Seit ich hier Molière aufführen gesehen, bemerkte ich erst an seinen Komödien die Haken, die er angebracht, das szenische Spiel daran zu hängen, und die ich vor dieser Erfahrung gar nicht bemerkt. Und wie vortrefflich wird das hier alles dargestellt! Das beste Orchester kann nicht übereinstimmender spielen. Es ist etwas Rührendes darin, diese alten Kleider, diese alten Sitten zu sehen, diese alten Späße zu hören, und das unsterbliche Gelächter der Franzosen – ja, es ist etwas Ehrwürdiges darin! (...) Es war kein lebender Spaß, kein Spaß, wie er heute noch geboren wird; es war das Gespenst eines Spaßes, das einen erschrecken könnte. Der ›Malade imaginaire‹ ist gewiß ergötzlich zum Lesen; aber man kennt ihn nicht, hat man ihn nicht darstellen sehen. Dann wird das Spiel die Haupt-Schönheit, dem die Worte nur als Verzierungen dienen (...)                    (1831)

Aus: Briefe aus Paris. Hamburg 1832

## Charles Augustin de Sainte-Beuve

Es gibt in der Literatur eine Kategorie von ungewöhnlichen Männern, gering an Zahl selbst unter den besten, im ganzen vielleicht fünf oder sechs Köpfe stark; ihr Kennzeichen ist die Universalität, die Malerei des ewig Menschlichen und gleichzeitig der Sitten oder Leidenschaften einer Epoche. Sie vertrauen durchaus dem gesunden Verstand, dem Urteil der Menge, ohne sich über das Zufällige dabei minder klar zu sein als irgendeiner der die Menge verachtenden Dichter. Kurz gesagt, diese großen Persönlichkeiten scheinen mir den Genius der dichterischen Menschheit auszudrücken, ihre lebendige, sich fortsetzende Tradition, ihre unwiderlegbare Fleischwerdung.

Molière ist einer dieser hervorragenden Zeugen. (...) Molière gehört seinem Jahrhundert durch die Schilderung bestimmter Verschrobenheiten und durch die Verwendung des Gewandes seiner Zeit an. Dennoch gehört er allen Zeiten, er ist der Mann der allgemeinmenschlichen Natur. Man muß, um von allem Anfang an die Spannweite seines Genius zu erfassen, sehen, wie leicht er sich auf der einen Seite in sein Jahrhundert einfügt und gleichzeitig aus ihm herauslöst, wie genau er sich anpaßt und wie groß er sich hinaushebt. Die größten seiner Zeitgenossen, Boileau, Racine, Bossuet, Pascal, sind mehr und eigentlicher Menschen ihrer Zeit, des Jahrhunderts Ludwigs XIV. (...)

Molière, der Weise, der Arist des Anstandes, der Feind aller intellektuellen Auswüchse, alles Lächerlichen, der Vater jenes Philint, den Laelius, Erasmus und Atticus als einen der Ihren anerkannt hätten, konnte nichts von dem freigeistigen zynischen Geprahle eines Saint-Amant, Boisrobert und Des Barreaux besitzen. In gutem Glauben entrüstete er sich über die böswilligen Zweifel, die seit der ›Schule der Frauen‹ seine Feinde unermüdlich über seine Religion verbreiteten. Aber ich stelle fest, und das zeichnet ihn vor seinen großen Zeitgenossen aus, daß er im allgemeinen bloß die menschliche Natur an und für sich betrachtete, in ihrer ewigen Allgemeinheit, wie sie Boileau und La Bruyère in gleicher Weise oft sahen; aber Molière sah sie so, ohne eine Epistel über ›L'amour de Dieu‹ dazuzugeben wie Boileau oder eine Abhandlung über Quietismus wie La Bruyère. Er schildert die Menschheit, als wäre Christus nie gewesen, was für ihn freilich leicht war, da er ja in erster Linie ihre lasterhafte, häßliche Seite schildert. Im Tragischen ist's weniger leicht, vom Christentum abzusehen. Molière trennt Menschheit und Christus, oder vielmehr, er zeigt uns bloß die Menschen, ohne an irgend etwas anderes zu denken; und dadurch trennt er sich von seinem Jahrhundert. Er war es, der ohne Hintergedanken in der Szene mit dem Armen Don Juan sagen lassen konnte: »Du verbringst dein Leben im Gebet zu Gott und stirbst Hungers; hier dieses Geld, ich geb's dir um der Menschheit willen.« Ein Ausspruch, der einen solchen Sturm hervorrief, daß Molière ihn nachher zurücknehmen mußte. Die ganze Art der Wohltätigkeit und Philanthropie des 18. Jahrhunderts, eines d'Alembert, eines Diderot, eines Holbach liegt in diesem Wort. (...)

Molière war, nach meiner Meinung, wenn auch nicht ein Glaubensgenosse Don Juans oder Epikurs, so doch einer des Chremes bei Terenz: Homo sum. Man hat ernsthaft auf ihn ein Wort des ›Tartuffe‹ angewendet: »Ein Mensch, endlich ein ganzer Mensch.« Und dieser Mensch kannte die Schwächen, ohne sich darüber zu verwundern, er übte das Gute mehr praktisch, als er theoretisch daran glaubte; er rechnete mit dem Laster ab, aber seine glühendste Entrüstung endete im Lachen. Er sah in der Menschheit gern ein altes Kind, ein unheilbares Geschöpf, das man aufrichten und trösten müßte, indem man es unterhielt. (...)

All dies sage ich, um zu zeigen, daß, gleich Shakespeare, Cervantes und drei oder vier überragenden Genies im Verlaufe der Zeiten, Molière letzten Endes ein Schilderer des Grundes der menschlichen Natur ist, ohne sich dabei um Kultus, festes Dogma, formale Interpretation zu kümmern; indem er sich an die Gesellschaft seiner Zeit heranmachte, hat er das Leben dargestellt, das ja nichts anderes als das Leben der großen Masse ist, und indem er die Sitten einer bestimmten Zeit in ihrer Nacktheit geißelte, hat er, ohne es zu ahnen, für alle Menschen geschrieben.

Jean Baptiste Poquelin wurde in Paris am 15. Januar 1622 geboren, nicht, wie man lange dachte, unter den Bogen der Hallen, sondern, wie Herr Beffara entdeckte, in der Rue S. Honoré an der Ecke der Rue des Vieilles Etudes. Väterlicher- und mütterlicherseits entstammt er einer Tapeziererfamilie. Sein Vater war außerdem Kammertapezierer des Königs; er bestimmte seinen Sohn zur Nachfolge, und der junge Poquelin, der früh schon als Lehrjunge in die Werkstatt gesteckt wurde, konnte mit vierzehn Jahren gerade eben lesen, schreiben, rechnen, das heißt, was er für seinen Beruf brauchte. Aber sein Großvater mütterlicherseits, ein großer Theaterfreund, führte ihn bisweilen ins Hôtel de Bourgogne, wo Bellerose in der großen Komödie, Gautier-Garguille, Gros-Guillaume und Turlupin in der Farce spielten. Jedesmal bei der Heimkehr war der junge Poquelin trauriger, mit seinen Gedanken weniger bei der Arbeit, angewiderter durch die Aussicht auf seinen künftigen Beruf. Man stelle sich vor, was diese verträumten Vormittage am Morgen nach dem Theater für das heranreifende Genie sein mußten, vor dem in aller Neuheit der Erscheinung sich das Menschenleben wie ein ständiges Theater abrollte. So sprach er denn endlich offen mit dem Vater, und, unterstützt von dem Großvater, der ihn verzog, setzte er durch, seine Studien machen zu dürfen. So kam er denn wahrscheinlich in eine Pension, von der aus er als Externer das von Jesuiten geleitete Collège de Clermont, später Louis le Grand, besuchte.

In fünf Jahren konnte er seine Studien einschließlich der Philosophie beenden; daneben machte er für sein künftiges Schicksal bedeutsame Bekanntschaften. Der Prinz von Conti, ein Bruder des großen Condé, war sein Schulkamerad und vergaß es nie. Dieser Prinz – erst Geistlicher unter dem Einfluß der Jesuiten – liebte das Schauspiel und scheute dafür keine Kosten; als er sich später zum Jansenismus bekehrte und von seinen ersten Freuden so sehr abkam, daß er sogar gegen die Komödie schrieb, schien er den Schutz Molières bis zu dessen Lebensende einem großen Bruder zu übertragen. Auch Chapelle war ein Studienfreund Poquelins und vermittelte ihm die Bekanntschaft und den Unterricht Gassendis, seines Lehrers. An diesem Privatunterricht nahmen außerdem Bernier, der künftige Weltreisende, und Hesnault, bekannt durch seine ›Anrufung der Venus‹, teil. Diese Stunden müssen Molières Art, die Dinge zu sehen, beeinflußt haben, nicht so sehr durch die Einzelheiten der Unterweisungen als durch den diesen innewohnenden Geist, an dem alle die jungen Menschen Anteil nahmen. Es ist ganz auffallend, wie frei und unabhängig in ihrer Gesinnung alle waren, die aus dieser Schule kamen. Chapelle, dieser freiherzige Redner, der praktische ungehemmte Epikureer, der Dichter Hesnault, der Colbert in seiner Machtstellung angriff und die kühnsten Stellen Senecascher Tragödienchöre frischweg übersetzte, und Bernier, der die Welt durchzog und mit der Erkenntnis heimkam, daß unter den verschiedensten Kleidern der Mensch doch überall derselbe sei, der Ludwig XIV. auf die Frage, in welchem Lande es sich am besten lebte, erwiderte: »In der Schweiz«, und der schließlich in kleinem Kreise bei Mademoiselle de Lenclos und Mme. de la Sablière seine philosophischen Schlußfolgerungen aus allem zog. Man muß auch beachten, daß diese vier oder fünf Geister aus den Kreisen des Bürgertums und der Masse stammen: Chapelle, zwar der Sohn eines reichen Beamten, aber ein Bastard, Bernier, ein armer Junge, den man aus Mitleid zugelassen hatte, Hesnault, ein Pariser Bäckersohn, Poquelin, der eines Tapezierers, und ihr Meister Gassendi, durchaus kein Edelmann, wie man von Descartes behauptete, entstammte einfachem Dorfmilieu. In den Vorlesungen Gassendis kam Molière der Gedanke, Lukrez zu übersetzen; je nach den Stellen übersetzte er ihn in Vers oder Prosa. Aber leider ist das Manuskript nicht erhalten. Noch ein anderer beteiligte sich an diesen Lektionen: Cyrano de Bergerac, den einige Verse seiner ›Agrippina‹ der Gottlosigkeit *verdächtig* gemacht, der aber sicher des schlechten Geschmackes wirklich *schuldig* war. Molière hat später dem ›Angeführten Pedanten‹ Cyranos zwei Szenen entnommen, die ›Die Gaunereien des Scappino‹ durchaus nicht verunzieren: es war seine Gewohnheit, wie er bei diesem Anlaß sagte, sich sein Gut zu holen, wo er es fand, und damit hat er, wie Auger hübsch sagt, nur eine Schulgewohnheit weitergeführt, kraft derer Schüler ihre Spielgewinne vereinigen. Molière, großzügig, wie er war, hat diese Entschuldigung freilich nicht in Betracht gezogen. Nach Verlassen der Schule mußte Poquelin die Stelle seines alt gewordenen Vaters als Kammertapezierer unter Zusicherung der Nachfolge übernehmen. So folgte er zur Einführung in dies Amt Ludwig XIII. im Jahre 1641 nach Narbonne und war bei der Rückkehr Zeuge der Hinrichtung von Cinq-Mars und de Thou, dieser bitteren und blutigen Verhöhnung menschlicher Gerechtigkeit. In den folgenden Jahren scheint er, statt das vom Vater überkommene Amt auszuüben, in Orléans die Rechte studiert zu haben und als Advokat zugelassen worden zu sein. Aber die Lust am Theater siegte, und, nach Paris heimgekehrt, soll er, wie man sagt, die Buden am Pont Neuf besucht haben, alsbald ein treuer Gast bei den Italienern und Scaramouche gewesen sein, um dann selbst Leiter eines Liebhabertheaters zu werden, das sich schließlich in eine Berufsbühne verwandelte. Die beiden Brüder Béjart, deren Schwester Madeleine, Duparc, genannt Gros-René, gehörten dieser Wandertruppe des ›Illustren Theaters‹ an. Damals brach unser Dichter die Beziehungen zur Familie Poquelin ab und nahm den Namen Molière an. Molière durchzog mit der Truppe die verschiedenen Pariser Stadtteile und die Provinz. Angeblich soll er in Bordeaux eine ›Thébaïs‹, einen Versuch auf dem ernsten Gebiete, erfolglos auf die Bühne gebracht haben. Reichlich führte er Farcen, italienische Stegreifkomödien, Improvisationen auf, wie den ›Fliegenden Arzt‹ und ›Barbouillés Eifersucht‹, erste Skizzen des ›Arztes wider Willen‹ und ›Dandins‹ – sie sind erhalten –, dann die nur dem Titel nach bekannten ›Rivalisierenden Ärzte‹, den ›Schullehrer‹ und den ›Verliebten Doktor‹, dessen Verlust schon ein Boileau bedauerte. So zog er aufs Geratewohl dahin, gut aufgenommen vom Herzog von Epernon in Bordeaux, vom Prinzen von Conti, sooft er ihn traf, gelobt von d'Assoucy, den er empfing

und fürstlich bewirtete, gastfreundlich, freigebig, kameradschaft-
lich, oft verliebt, von allen Leidenschaften naschend, alle Stock-
werke der Gesellschaft durchstreifend, seine Jugend genießend
und in seinem Geiste einen Vorrat an originellen Charakteren
ansammelnd. Im Verlaufe dieses Wanderlebens gab er in Lyon
1653 den ›Wirrkopf‹, sein erstes regelmäßiges Stück; Molière
war damals einunddreißig Jahre alt. (. . .)

In Pézénas bewahrt man einen Stuhl, auf dem Molière
angeblich jeden Samstag in einem stark besuchten Barbierladen
Platz genommen haben soll, um hier die Kasse zu führen und
dabei Gesichter und Reden der einzelnen Kunden zu studieren.
Man denkt an Machiavelli, auch er ein großer Komödiendichter, der es nicht versäumte, mit Fleischern, Bäckern und anderen zu plaudern. Aber Molières Sitzungen bei dem Barbier
und Bader hatten wohl einen direkteren Bezug auf seine Kunst
als jene Gespräche des ehemaligen florentinischen Staatssekre-
tärs, der vor allem seines Geschickes spotten und über die
Langeweile der Zeit seiner Ungnade hinwegkommen wollte.
Diese Neigung Molières, stundenlang schweigsam zu beobachten, wuchs mit dem Alter, den Erfahrungen und Hindernissen
des Lebens. Sie fiel ja Boileau auf, der den Freund ›den Be-
trachter‹ nannte. (. . .)

In den fünfzehn Jahren von seinem ersten Auftreten in
Paris bis zur Stunde seines Todes, 1673, hat Molière ununter-
terbrochen schöpferisch gearbeitet. Für den König, für den Hof,
für bestellte Feste, für das Vergnügen der großen Masse des
Publikums und die Interessen seiner Truppe, für seinen eigenen Ruhm und die ernste Nachwelt – Molière vervielfacht
sich, erfüllt alle Ansprüche. Nichts Pedantisches, das an einen
Studierstubendichter erinnerte; als Werke eines echten Drama-
tikers bestehen seine Stücke aus Handlung, sind sie Theater.
Er schreibt sie sozusagen nicht, er *spielt* sie. Sein Leben als
Provinzschauspieler war ein wenig das des primitiven Volks-
dichters, des Rhapsoden, Spielmanns oder Passionsspielpilgers:
von diesen weiß man ja, wie einer den andern wiederholte,
einer dem andern Programme und Themen entlieh, sie erweiter-
te, wie sie sich selbst und ihre Eigenart vergaßen und von ihren
Stücken nicht einmal eine Abschrift bewahrten. (. . .)

Der ›Wirrkopf‹ und der ›Liebeszwist‹, die ersten regelmäßigen Stücke des Dichters, wurden erst zehn Jahre nach ihrem Erscheinen auf der Bühne veröffentlicht (1665). ›Die Preziösen‹ werden in unmittelbarer Ausnützung des Erfolges gedruckt, aber, wie es im Vorwort heißt, gegen den Willen des Dichters; und das ist nicht die Komödie sanfter Gewalt, wie sie nachmals so viele gespielt haben: die ganze Verlegenheit Molières, der gegen seinen Willen zum erstenmal ein Werk gedruckt sieht, ist in diesem Vorwort kenntlich. (...)

Das erste aus freiem Willen publizierte Stück ist die dem Herzog von Orléans gewidmete ›Schule der Ehemänner‹; von da an (1661) trat er in direkte Verbindung mit dem lesenden Publikum. Aber immer ist er nach dieser Richtung hin mißtrauisch; er fürchtet die Buchhändlerläden in den Galerien des Palais; er läßt sich lieber im Rampenlicht beurteilen, vom Standpunkt der Bühnenwirksamkeit, durch Beschluß des Publikums. (...)

Seine ganze Poetik, die des Dichters und Schauspielers, steht in der ›Kritik der Frauenschule‹ und im ›Vorspiel in Versailles‹, und hier gibt er sie in der Praxis, wiederum in der Komödie. Ist's nicht Molière selbst, der in der vierten Szene der ›Kritik‹ durch den Mund des Dorante spricht: »Ihr seid komische Käuze mit euren Regeln, durch die ihr den Dummen Verlegenheit schafft und uns immer anödet. Hört man euch sprechen, so könnte man meinen, diese Regeln wären die größten Mysterien der Welt, und dabei sind sie nur ein paar Betrachtungen des gesunden Menschenverstandes über Dinge, die dem dieser Art Dichtungen eigenen Vergnügen abträglich sein könnten; und derselbe gesunde Menschenverstand, der vormals diese Betrachtungen angestellt hat, kann sie täglich von neuem ohne Hilfe des Horaz oder Aristoteles wieder anstellen ... Geben wir uns willig den Dingen hin, die uns im Innersten packen, und verhindern wir uns nicht durch Klügeleien, daran Vergnügen zu haben.« Am Schlusse dieser Ausführungen über die Sorglosigkeit des Literaten Molière, einer Sorglosigkeit, die so sehr im Gegensatz zu seiner peinlichen Sorgfalt als Schauspieler und Theaterleiter steht, wollen wir nur noch sagen, daß zu seinen Lebzeiten keine Ausgabe seiner gesammelten Werke erschien; erst 1682, neun Jahre nach Molières Tod, sammelt und veröffentlicht sein Kollege La Grange das Gesamtwerk.

Molière, der schöpferischste und erfinderischste Geist, ist vielleicht auch der, der am meisten nachgeahmt hat. (...)

Seine Feinde warfen ihm vor, er stehle die Hälfte seiner Werke aus alten Schmökern. Erst lebt er von der italienischen und gallischen Überlieferung; dann seit den ›Preziösen‹ und der ›Schule der Ehemänner‹ wird er selbständig. Von da an steht er über den Objekten seiner Nachahmung, und ohne sich darin Beschränkungen aufzuerlegen, vermischt er sie mit seinem Kapital persönlicher Beobachtung. Auch jetzt führt der Fluß Holz aus allen Gegenden, aber seine Strömung wird immer mächtiger, sein Bett breiter. Riccoboni hat eine ziemlich vollständige, oft übervollständige Liste seiner italienischen, spanischen und lateinischen Vorbilder gegeben; Cailhava und andere haben sie noch ergänzt. Riccoboni hatte genug Verständnis, um zu sehen, daß die Größe Molières durch diese zahlreichen Beutezüge nicht gelitten hat. Im Gegenteil, die Bewunderung des Erklärers für seinen Dichter wächst entsprechend der Menge der Nachahmungen, die er in ihm entdeckt; sie kennt keine Grenzen, als er entdeckt, daß er im ›Geizigen‹, wie er sagt, fünf Nachahmungen gleichzeitig durchführt und dabei in diesem Aufeinanderprall von Reminiszenzen origineller ist als je. (...)

Jedes einzelne Molièresche Stück würde, wenn man es nach der Reihenfolge des Erscheinens vornähme, Anlaß zu ausführlichen und interessanten historischen Studien abgeben. Aber diese haben, allzugut bisweilen, schon andere besorgt, und man müßte fast nur wiederholen. Rings um die ›Schule der Frauen‹ (1662), später den ›Tartuffe‹, fanden Kämpfe statt wie vorher um den ›Cid‹ und später um ›Phädra‹; es war eine große Zeit für die dramatische Kunst. ›Kritik der Frauenschule‹ und ›Vorspiel in Versailles‹ belehren uns über das erste Treffen, das vor allem ein Streit über Geschmacks- und Kunstfragen war, wenn auch schon aus Anlaß der Ehegebote für Agnès die Religion in Betracht kam. Molières Bittschriften an den König und die Vorrede zum ›Tartuffe‹ kennzeichnen den zweiten Teil des immer wieder aufgenommenen heftigen Kampfes als moralischen und philosophischen. Hier will ich nur erinnern, wie Molière, von den Frömmlern angegriffen, von den Kollegen beneidet, von den Großen herangezogen, Kammerdiener des Königs und sein unentbehrlicher Helfer für alle Feste, dazu bedrückt durch Leidenschaft und häusliche Sorgen, gequält von ehelicher Eifersucht, krankend an Katarrh und Husten, unverwüstlich – bei Diät- und Milchkur – als Direktor und Schauspieler, fünfzehn Jahre lang alles vollführt, wie er, stets geistesgegenwärtig, alle Eventualitäten meistert und dabei noch Stunden eigener Inspiration und Initiative kennt. Zwischen den eiligen Pflichtleistungen für die Vergnügungen in Versailles oder Chambord und seinen Konzessionen an das Lachen des Bürgers findet er Zeit für wohlüberlegte und vor allen anderen unsterbliche Stücke. Immer findet ihn Ludwig XIV., sein Wohltäter, parat; in fünf Tagen wird die ›Liebe als Arzt‹ einstudiert und aufgeführt. In der ›Prinzessin von Elis‹ ist nur der erste Akt in Versen, der Rest in Prosa – nach den Worten eines geistreichen Zeitgenossen hat die Komödie nur Zeit gehabt, den einen Stiefel anzuziehen; aber sie erscheint auf die Minute, wenn auch der andere nicht geschnürt ist. ›Mélicerte‹ freilich ist unvollendet; dafür waren die ›Lästigen‹ in vierzehn Tagen fertig; und die ›Heirat wider Willen‹, der ›Sizilianer‹, ›George Dandin‹, ›Der Herr aus der Provinz‹, der ›Bürger als Edelmann‹, diese Komödien voll Verve, mit Zwischenspielen und Balletten, waren alle pünktlich vollendet. Um der Truppe willen mußte er oft genug sich sputen, so, wenn er seinem Theater einen ›Don Juan‹ liefert, weil die Truppe des Hôtel de Bourgogne, dann die Truppe von Mademoiselle schon einen hatten und weil die ›Wandelnde Statue‹ unentwegt Aufsehen erregte. – Aber all dieses Nebenbei ließ ihn auch noch an Boileau, an strenge Richter, an sich selbst, an die Menschheit denken, und so entstanden der ›Menschenfeind‹, der ›Tartuffe‹, die ›Gelehrten Frauen‹. Das Jahr, in dem der ›Menschenfeind‹ entstand, ist in dieser Hinsicht das denkwürdigste und bezeichnendste in Molières Leben. Kaum war er mit dem ernsten Meisterwerk fertig, das dem großen Publikum allzusehr ein ernstes zu sein schien, mußte er auch schon eiligst für die bürgerliche Lachlust mit dem ›Arzt wider Willen‹ sorgen und von dem Parterre der Rue St. Denis nach St. Germain wegeilen, um ›Mélicerte‹, das ›Komische Hirtenspiel‹ und jenes Tempetal zu inszenieren, auf dessen Wiesen schon M. de Benserade seiner harrte: und Molière genügte jeder dieser Anforderungen. (. . .)

Man hat Molière nach so viel Richtungen als Sitten- und als Menschenmaler gelobt, daß ich nur auf eine nicht genügend beleuchtete oder, besser gesagt, verkannte Seite hinweisen will. Molière entwickelte bis zu seinem Tode die ›Poesie des Komischen‹ zu immer größerer Vollendung. Der Fortschritt in der moralischen Beobachtung und dem, was man das große Komische, das des ›Menschenfeinds‹, des ›Tartuffe‹, der ›Gelehrten Frauen‹ nannte, ist ja offenkundig, und ich gehe darüber hinweg. Aber neben und zwischen dieser Entwicklung, an der ein immer schärfer werdender Verstand, eine immer reifere Beobachtung ihr Teil haben, muß man den stets wachsenden, aufbrodelnden Überschuß an komischer Verve, an ganz toller, reicher, unerschöpflicher Verve bewundern, die ich, wiewohl die Grenze nicht leicht zu ziehen ist, von der drastischen Farce, von dem an Scarron gemahnenden Bodensatz der ersten Zeit Molières scheiden will. Wie soll man's nur sagen? Es ist der Unterschied, der zwischen der Prosa von Scarrons ›Roman comique‹ und manchen Chören des Aristophanes oder einzelnen Eskapaden Rabelais' besteht. Auch die ironische, bissige Lustigkeit hat ihren Lyrismus, ihre reine Spaßhaftigkeit, ihr funkelndes, an der Realität nicht interessiertes Lachen, das sich wiederholt, indem es fast ohne Grund sich hinzieht wie eine lustige Flamme, die noch froh weitertanzt, wenn der eigentliche Verbrennungsprozeß vorbei ist – ein Lachen der Götter, ein äußerstes, unlöschbares Lachen. Und das hat auch mancher Mann von Geist und Geschmack wie Voltaire, Vauvenargues, andere noch, bei der Würdigung der letzten Farcen Molières nicht verstanden. Herr von Schlegel hätte es besser fühlen müssen; er, der mystisch die letzten Raketen Calderons verherrlicht, hätte auch gegenüber den mindestens gleichwertigen Raketen blendender Heiterkeit, dieser Morgenröte am anderen Pol der dramatischen Welt, nicht blind bleiben dürfen. Er hat wohl Molière den Genius des Burlesken zugestanden, aber in einem prosaischen Sinn, wie er's allenfalls für Scarron getan hätte, und ihm den phantastischen und poetischen Genius des Schauspielers Le Grand noch vorgezogen. Hat ihm Herr von Schlegel vielleicht die unschuldige Verspottung der Deutschen von damals, die Großinspektoren der Inschriften und Schilder durch die Figur des Pedanten Caritides nachgetragen? Was man auch eingewandt hat, ›Der Herr aus der Provinz‹ der ›Bürger als Edelmann‹, der ›Eingebildete Kranke‹ besitzen im höchsten Grad diese aufschnellende unvorhergesehene Komik, die in ihrer Art an Phantasie mit ›Sommernachtstraum‹ und ›Sturm‹ wetteifert. Pourceaugnac, Jourdain, Argan usw. sind Fortsetzungen von Sganarell, aber poetischer, losgelöster von der Farce des ›Beschmierten‹, weiter über die Wirklichkeit hinausragend. Molière, durch die Hoffestlichkeiten gezwungen, seine Komödien mit Balletten zu verbinden, gelangte schließlich dazu, in diesen auf Befehl geschriebenen Tänzen die drolligen, sprudelnden Chöre der Advokaten, Schneider, Türken, Apotheker zu entwickeln und zu entfesseln; so macht das Genie aus der Notwendigkeit eine Quelle der Inspiration. Kaum hatte die Erfindungskraft Molières diesen Ausweg gefunden, als sie sich auch darauf stürzte. Diese Ballettkomödien sind alles eher als Konzessionen ans große Publikum, direkte Aufforderungen an den Spießer, zu lachen, wenn auch dieses Lachen auf seine Rechnung kommt; nein, sie wurden aus Anlaß von Hoffesten erfunden. Dann aber gefiel sich Molière darin, vernarrte sich drein: aus eigenem Antrieb schuf er Ballette und Intermezzi für den ›Eingebildeten Kranken‹, ohne daß das Stück für den Hof oder den König bestimmt gewesen wäre. Mit Ironie und Herzensheiterkeit stürzt sich der große Mann darauf, mitten aus der Bitterkeit des Alltags, wie in einen herben, betäubenden Rausch. Er stirbt drin, mitten im schrillsten Ton dieses bis zum Delirium gesteigerten Aufsprudelns. Und nun setze man zwischen die beiden äußersten Punkte des ›Eingebildeten Kranken‹ und des ›Beschmierten‹ allmählich aufsteigend die reizende Einfalt (wie Boileau sie nennt) der ›Schule der Frauen‹, der ›Schule der Ehemänner‹, den vortrefflichen und tiefen Charakter des Geizigen, all die wahren, wirklichen, vielen gleichenden und doch nicht kopierten, sondern erfundenen Menschen, die kluge, würdevolle, beißende Bedeutung des ›Menschenfeinds‹, den ›Tartuffe‹, der alle Vorzüge in sich vereint, durch den ernsten Ton, das Menschlich-Bedeutsame des geschilderten Lasters und das Überzeugende der Situationen, die ›Gelehrten Frauen‹ endlich, das stilistisch Vollendetste in der Verskomödie, der dritte Hieb gegen die Kritiker der ›Frauenschule‹, diese Meute von Prüden und Preziösen; behält man alle diese Punkte im Auge, so hat man die gesamte Stufenleiter des erdenkbaren Komischen. Von der echten, anfangs etwas herben Farce hat man sich dann über das naive, ernste, tiefst Beobachtete zur höchsten Phantasie des Lachens in all seinem Prunk, zum heiteren Sabbat der Ausgelassenheit erhoben. (...)

Molière sagte vom großen Corneille: »Er hat einen Kobold, der von Zeit zu Zeit kommt, um ihm vorzügliche Verse einzublasen, der sich dann davonmacht und sagt: ›Nun wollen wir einmal sehen, was er allein fertigbringt.‹ Aber dann macht er nichts Vernünftiges, und der Kobold lacht.« Hat nicht im gleichen Sinne auch Richelieu Corneille den Vorwurf gemacht, er hätte keine Ausdauer? (Voltaire faßt den Ausspruch anders.) Ja, Corneille, Crébillon, Ducis, Schiller, der alte Marlowe sind abhängig von solchen Kobolden. (...)

War nun Molière, als er, vierzig Jahre alt, auf der Höhe seiner Kunst und des Ruhmes angelangt war, vom König geschätzt, von den Großen beschützt und geehrt, oft genug vom Bruder des Königs geholt, Molière, der bei Herrn de La Rochefoucauld ›Die gelehrten Frauen‹, beim alten Kardinal Retz den ›Bürger als Edelmann‹ vorliest, abgesehen von seinen häuslichen Mißhelligkeiten, wenn nicht glücklich, so doch wenigstens mit seiner Stellung in der Welt zufrieden? Man kann diese Frage mit Nein beantworten. Man versuchte die Tatsachen zu unterdrücken, zu verschleiern, zu maskieren, es blieb etwas in der Stellung Molières, woran er litt, trotz Talent und Gunst. Er litt daran, daß ihm dennoch nicht eine wirklich ernste, gehobene Wertschätzung entgegengebracht wurde; der Schauspieler schadete dem Dichter. Man lachte über seine Stücke, man schätzte sie nicht genug; in zu vieler Leute Augen, das fühlte er, war er nur der beste Spaßmacher seiner Szenen:

»Molière soll im ›Tartuffe‹ die Rolle spielen.«

Man ließ ihn kommen, um den guten alten Kardinal zu erheitern, ein bißchen aufzupulvern; in diesem Ton spricht Frau von Sévigné darüber. Chapelle nennt ihn einen großen Mann; aber seine angesehenen Freunde, Boileau voran, sehen mit Bedauern die Mischung mit dem Buffo. In einem Briefe an Grimarest sieht man De Visé nach Molières Tod ihm den Titel ›Monsieur‹ streitig machen; und bei seiner Beerdigung sagt eine Frau aus dem Volke auf die Frage, wen man da begrabe: »Ach, diesen Molière.« Eine andere Frau, die am Fenster stehend das Wort hört, ruft ihr zu: »Du Unglückliche, für dich ist er immer noch der Herr Molière.« – Molière, diesem klar blickenden, unerbittlichen Beobachter, entging nichts von den tausend Kleinigkeiten, die er mit Verachtung schlucken mußte. Manche Ehrungen entschädigten ihn ein wenig, ja sie waren eher ein bitteres Kompliment, meine ich, so, wenn er als ›Kammerdiener‹ das Bett Ludwigs XIV. aufschlagen durfte. Und wenn Ludwig XIV., um den Verleumdern den Mund zu schließen, mit der Herzogin von Orléans bei Molières erstem Kind Pate steht und über die Ehe des Komödianten seinen Lilienmantel breitet; oder wenn er bei einem anderen Anlaß ihn an seinem Tisch Platz nehmen heißt, ihm ein Stück seines Nachtessens vorsetzt und laut sagt: »Nun gebe ich Molière zu essen, den meine Offiziere nicht als standesgemäße Gesellschaft ansehen«, war da dieser stolze Beleidigte durch solche Genugtuung ebenso erschüttert wie durch die vorhergegangene Kränkung? In seinem Dialog zwischen Molière und einem jungen Manne hat Vauvenargues dem Dichter-Schauspieler in rührender, ernster Weise Worte über dieses Gefühl einer unzulänglichen Stellung in den Mund gelegt. Den Gedanken zu diesem Dialog wird er wohl einem wirklichen von Grimarest überlieferten Gespräch entnommen haben, in dem der Dichter einem jungen Mann, der ihn um Rat fragt, vom Theater abrät. (1844)

Aus: Literarische Portraits aus dem Frankreich des XVII.–XIX. Jahrhunderts, hrsg. v. Stefan Zweig. Stuttgart 1949

## Arthur Schopenhauer

Jetzt sind die Leute so roh geworden, daß sie im Theater nur *sehen,* nicht mehr *hören* wollen. Daher ist in den neuesten Komödien fast lauter *Handlung* und nur wenig *Dialog.* In den älteren guten Komödien, z. B. den Molièreschen, ist viel Dialog. (1847)

Aus: Arthur Schopenhauer Gespräche, hrsg. v. Arthur Hübscher, Stuttgart 1971

## Gustave Flaubert

Die Traurigkeit Molières kam ganz sicher aus der ganzen menschlichen Dummheit, die er in sich eingeschlossen fühlte. Er litt an den Diafoirus' und den Tartuffes, die ihm auf dem Weg über die Augen ins Gehirn drangen.     (1853)

Aus: Briefe, hrsg. v. Helmut Scheffel. Stuttgart 1964

## Charles Baudelaire

In Frankreich, dem Lande klaren Denkens und klarer Demonstration, wo die Kunst natürlich und direkt auf die Nützlichkeit abzielt, ist die Komik im allgemeinen signifikativ oder deutsam. *Molière* war in diesem Genre der beste Ausdruck des französischen Geistes; da aber der Grundzug unseres Charakters eine Entfernung von jeder extremen Sache, da eins der besondersten Diagnostika jeder französischen Passion, jeder französischen Wissenschaft und Kunst die Flucht vor dem Excessiven, dem Absoluten und Tiefen ist: so ist bei Molière dementsprechend wenig wilde Komik zu finden; und ebenso erhebt sich unsere Groteske selten bis zum Absoluten.

*Rabelais,* der französische Großmeister der Groteske, bewahrt inmitten seiner maßlosesten Phantasien etwas vom Nützlichen und Vernünftigen. Er ist direkt symbolisch. Seine Komik hat fast stets die Durchsichtigkeit einer Lehrfabel. In der französischen Karikatur, dem plastischen Ausdruck des Komischen, werden wir diesen Geist als vorherrschend wiederfinden. Man muß es zugeben: die wunderbare dichterische gute Laune, die eine Vorbedingung der wahren Groteske ist, findet sich bei uns selten in einer gleichmäßigen, anhaltenden Dosis. Von Zeit zu Zeit trifft man ja wohl auf diese Ader; wesentlich national ist sie aber nicht. In diesem Genre sind einige *Molière*sche Intermezzi zu erwähnen, die leider viel zuwenig gelesen und gespielt werden, unter anderen der ›Malade imaginaire‹ und der ›Bourgeois gentilhomme‹, und *Callots* karnevaleske Figuren.     (1855)

Aus: Werke, deutsch von Max Bruns, 3. Band. Minden o. J.

## Leo Tolstoi

Aus der neueren Kunst der höchsten Klassen Beispiele für die zweite Art, für gute weltliche Kunst von Weltgeltung zu nennen ist noch schwieriger, besonders was die Literatur und die Musik angeht. Es gibt zwar Werke wie ›Don Quichotte‹, die Komödien Molières, Dickens' ›Copperfield‹ und ›Die Pickwickier‹, die Erzählungen Gogols und Puschkins oder einige Sachen Maupassants, die ihrem inneren Gehalt nach zu dieser Art gerechnet werden könnten, aber diese Werke sind wegen der Exklusivität der vermittelten Gefühle, wegen des Übermaßes an besonderen Details der Zeit und des Orts und vor allem wegen ihrer inhaltlichen Armut im Unterschied zu den Werken der Kunst von Weltgeltung der Alten, wie beispielsweise die Geschichte vom schönen Joseph, nur Angehörigen eines bestimmten Volkes oder sogar nur eines bestimmten Kreises verständlich. Wenn Josephs Brüder ihn um die Liebe des Vaters beneiden, ihn den Kaufleuten verkaufen, wenn das Weib des Potiphar den Jüngling verführen will, dieser Jüngling das höchste Amt erreicht, sich seiner Brüder und seines Lieblings Benjamin erbarmt und so weiter, dann sind das alles Gefühle, die dem russischen Bauern ebenso verständlich sind wie einem Chinesen oder Afrikaner, dem Kind ebenso wie dem Greis, dem Gebildeten ebenso wie dem Ungebildeten; und all das ist so zurückhaltend geschrieben, so ohne überflüssige Details, daß die Erzählung in jedes beliebige Milieu verlegt werden kann und auch dann für jeden gleich verständlich und gleich rührend bleibt. Ganz anders ist das mit den Gefühlen Don Quichottes oder der Helden Molières (obwohl Molière vielleicht der volkstümlichste und daher vortrefflichste Vertreter der neueren Kunst ist) und in noch größerem Maße mit den Gefühlen Pickwicks und seiner Freunde. Diese Gefühle sind sehr exklusiv, sie sind nicht Eigentum der ganzen Menschheit, und um ihnen die Kraft zu verleihen, andere zu ergreifen, haben die Dichter sie mit einem Übermaß von Details der Zeit und des Orts umgeben. Das Übermaß dieser Details aber macht diese Erzählungen noch exklusiver, noch weniger verständlich für alle, die außerhalb des Milieus leben, das der Autor schildert. (1897/98)

Aus: Was ist Kunst? (Ästhetische Schriften, Gesammelte Werke, hrsg. v. Eberhard Dieckmann und Gerhard Dudek, Bd. 14. Berlin 1968)

## Marcel Proust

... Denn wenn man danach sucht, was die absolute Schönheit bestimmter Dinge ausmacht, der Fabeln La Fontaines, der Komödien Molières, dann sieht man, daß es nicht die Tiefe oder diese und jene Eigenschaft ist, die so hervorragend anmutet. Nein, es ist eine Art Verschmelzung, eine Art durchscheinender Einheit, in der alle Dinge, sobald sie ihre erste äußere Erscheinung verloren haben, sich in einer Art Ordnung nebeneinander reihen, von gleichem Licht durchdrungen, sich ineinander spiegelnd, ohne daß ein einziges Wort außerhalb bliebe und sich der Angleichung entzöge (ich fühle, wie ich mich nur schwer verständlich mache, weil ich es schlecht fassen kann, aber dieser Gedanke kommt mir zum ersten Mal, und ich weiß nicht, wie ich ihn ausdrücken soll). Vermutlich ist es das, was man den Firnis der Meister nennt ...

Aus: Briefe zum Werk (deutsch von Wolfgang A. Peters), Frankfurt am Main 1964

## Paul Léautaud

Wahrhaftig, wenn ich eine Molière-Aufführung sehe, bedauere ich fast, nicht zum Theater gegangen zu sein. (18. 3. 1910)

In Wirklichkeit sind Corneille und Racine Romantiker. Der einzige Klassiker ist Molière. (28. 1. 1944)

Aus: Literarisches Tagebuch 1893—1956, hrsg. und übersetzt von Hanns Grössel. Reinbek 1966

## Hugo von Hofmannsthal

Da war dieser Mensch Poquelin, genannt Molière, Hofbedieensteter, Tapezierer, Schauspieler. Er war ein Kind des Volkes. Er liebte den gesunden natürlichen Verstand und liebte nicht die Besonderheiten. Er konnte, was er wollte, und wollte nichts anderes, als was er konnte. Er hat sein Handwerk verstanden wie kein zweiter. Was das Wesen Molières, den Menschen anlangt, so hat er auf diesen nicht sehr aufgepaßt; er hat sich nicht überschätzt. Er war Schauspieldirektor, Gatte, Betrogener, Lustigmacher; dabei war er unsäglich einsam, aber natürlich fortwährend unter Menschen, umgeben von dem Haß unfähiger Literaten, schlechter Schauspieler, frecher Höflinge, frommtuender Intriganten. Aber er war ein tiefer Kopf, einer der tiefsten und stärksten Köpfe seines Jahrhunderts, nein, aller Jahrhunderte. Es war in ihm etwas, das einen Rousseau aufreizte, aber einen Goethe mit nie erlöschender ehrfürchtiger Liebe erfüllte. Was war dies? Ist es eigentlich in seinem dichterischen Werk enthalten? »War es genug«, hat man gefragt, »der Juvenal der Preziösen zu sein, der Verspotter schlechter Komödianten vom Hôtel de Bourgogne, der Satiriker der Ärzte, der Provinzialen, der affektierten Sprachreiniger, der Koketten und Hypochonder?« Musset hat es ausgedrückt, die Verse sind bekannt genug:

Ne trouvait-il rien mieux pour émouvoir sa bile
Qu'une méchante femme et qu'un méchant sonnet?
Il avait autre chose pour mettre au cabinet.

Ein Franzose, ein konservativer berühmter Kritiker, hat die Analyse seiner ›allgemeinen Ideen‹ gemacht und schließt das Kapitel mit den Worten: ›Ich würde nicht so weit gehen« – als ein anderer, der sehr weit in seiner Kritik geht – »aber ich würde sagen, daß eine Nation, die Molière zu ihrem Führer im Sittlichen genommen hätte und die seinen Vorschriften genau folgen würde, nicht sehr schlimm wäre – sie hätte immerhin, was man gesunde Vernunft nennt, und einen guten Geschmack –, aber sie wäre die platteste Nation von der Welt.« Welch ein Urteil! Aber diese Nation nennt ihn den größten Dichter, und er ist es: wir fühlen, daß er es ist. Es gibt also etwas in einem Dichter, das geistiger ist als seine Ideen, gewichtiger als seine Werke, dauerhafter als sein in Worte formulierter Ruhm. Hier rühren wir an das Geheimnis der Kunst und der Künstler.

Den Werken haftet etwas Bürgerliches an. Zwar, der ›Misanthrop‹ ist ein unvergängliches ernstes Lustspiel, und die ›Schule der Frauen‹ steht vielleicht noch darüber, man hat sie seinen ›Hamlet‹ genannt. Aber immerhin: hier ist nichts, das sich, was den geistigen Gehalt anlangt, neben den großen

Werken Goethes hielte, geschweige denn neben Calderon, neben Shakespeare, neben Dante. Die Franzosen selbst zögern, ihn ›Dichter‹ zu nennen; sie sind zurückhaltend und verstehen abzuwägen. Aber aus diesem ganzen dichterischen Werk sieht uns ein schmerzlich vergeistigtes, unendlich edles und überlegenes Gesicht an, die Lebensmaske eines vollkommenen Menschen. Wir erkennen kaum mehr darin die Merkmale einer Nation, und erkennen sie dennoch, aber zugleich etwas höchst Allgemeines, Europäisches, ja Menschliches. Alle Qual, alle Duldung, alles Verstehen ist darin reine geistige Kraft und Heiterkeit geworden. Wir stehen mit Ehrfurcht vor einer Figur, die mit keinen Maßen, die außer ihr lägen, zu messen ist – vor dem gültigen Repräsentanten einer der großen Nationen Europas.    (1922)

Aus: Worte zum Gedächtnis Molières. (Gesammelte Werke in Einzelausgaben, hrsg. v. Herbert Steiner, Prosa IV. Frankfurt am Main 1955)


## Thomas Mann

Es fragt sich sogar, ob Goethe mit den Allergrößten, den Genies der wunderbaren Ernte, wie Shakespeare und Molière, rangiert. Vielleicht war er zu gebildet dazu.    (1949)

Aus: Briefe 1948–1955 und Nachlese. Frankfurt am Main 1965


## Egon Friedell

Wollte man die drei großen Dramatiker jenes Zeitalters mit den drei großen griechischen Tragikern vergleichen, wobei natürlich nicht die dichterische Qualität, sondern nur das gegenseitige Verhältnis in Parallele gestellt werden soll, so würde dem in mancher Beziehung noch archaischen Corneille Aischylos entsprechen, dem weiblicheren und differenzierteren Racine Sophokles, dem problematischen und seelenkundigen Molière aber Euripides, der fast ebenfalls ein Komödiendichter war und einen ebenso zähen und vergeblichen Kampf gegen die ihm aufgezwungene Theaterform geführt hat. Denn die demokratischen und skeptischen Griechen um Perikles waren in Fragen der äußeren Form ebenso unerbittlich konservativ wie die ari-

stokratischen und dogmatischen Franzosen um Ludwig xiv.
Euripides, der reiche müde Erbe einer Kultur, die in Lebens-
weisheit, Ausdruckstechnik, Kunst des Sehens und Hörens nahezu bis an die letzten Grenzen gelangt war, sah sich genötigt,
seine psychologischen Differentialkalküle mit äußeren Mitteln
zur Darstellung zu bringen, die für einen Indianertanz oder
einen Dorfzirkus gerade noch fein genug gewesen wären; und
Molières zappelnde Lebendigkeit, misanthropische Zerrissen-
heit und opalisierende Laune wurde in einen langweiligen ver-
goldeten Salon gesperrt, unter Menschen, deren höchster Ehrgeiz es war, das Aussehen und Gefühlsleben einer Drahtpuppe
zu erlangen. Darum ist Molière, obgleich scheinbar der Lustigmacher unter den Dreien, in Wahrheit die tragische Figur unter
ihnen. Daß er auch der größte war, hatten schon einige seiner
urteilsfähigsten Zeitgenossen erkannt. Als Boileau von Ludwig xiv. gefragt wurde, wer der wertvollste Dichter des Zeitalters sei, antwortete er: »Majestät, das ist Monsieur Molière.«
»Das hätte ich nicht gedacht«, erwiderte der König, »aber Sie
müssen es ja besser wissen.«

Strindberg sagt im Nachwort zu ›Fräulein Julie‹: »Die Lust,
die Menschen einfach zu sehen, ist noch bei dem großen Molière vorhanden. Harpagon ist nur geizig, obwohl Harpagon
nicht bloß ein Geizkragen, sondern auch ein ausgezeichneter Fi-
nanzier hätte sein können, ein prächtiger Vater, ein gutes Ge-
meindemitglied.« Wiewohl diese Kritik im Prinzip vollkommen recht hat, tut sie Molière dennoch unrecht, indem sie
übersieht, daß dieser gar nichts anderes geben *durfte* als die
Gleichungen des Geizigen, des Hypochonders, des Heuchlers,
des Parvenus, der frechen Kammerzofe, des treuen Liebhabers.
Er mußte mit Schablonen malen, weil es die Kundschaft so
wünschte, und es ist doppelt bewundernswert, daß er mit dieser
groben und geistlosen Technik so abwechslungsreiche und pikan-
te, originelle und lebensprühende Muster zustande brachte. Er
mußte seine chaotische Zwiespältigkeit und Unruhe in Gestalten ausleben, die uns heute in ihrer künstlichen Primitivität
gespenstisch anmuten, denn er war der Hanswurst eines großen
Herrn, eines noch mächtigeren, selbstherrlicheren und eigen-
sinnigeren, als es selbst Ludwig xiv. war; er war der Hof-
narr des Zeitgeists! Er war aber doch noch etwas mehr: näm-

lich ein moralischer Gesetzgeber, wenn auch nur versteckt und sozusagen anonym. Dies ist im Grunde die Mission jedes genialen Komödiendichters: sie ist von Shakespeare so gut erfüllt worden wie von Shaw, von Ibsen so gut wie von Nestroy; sie alle waren heimliche Lehrer der Sittlichkeit und Sitte. (1928)

Aus: Kulturgeschichte der Neuzeit. München 1969

## Klabund

In Molière hat der französische Geist eine seiner großen Erfüllungen gefunden.

*Molière* hat die Menschen, die er schuf, nicht nur erlebt, er hat sie auch gespielt. Er trat in seinen eigenen Stücken auf und ließ sich als Sganarelle verprügeln. Während Corneille *Schemen* kommandiert, erscheinen bei Molière wirkliche Menschen. Im Mittelpunkt steht immer ein bis ins peinlichste genau geschilderter Charakter, der an sich und in sich komisch oder tragikomisch wirkt und der doch gleichzeitig ein Laster symbolisiert: den Geiz, die Heuchelei, den Hochmut (›Tartuffe‹, ›Der eingebildete Kranke‹, ›Der Geizige‹). Er verspottet auch, wie in den ›Preziösen‹, geistige Moden seiner Zeit. Der Heuchler ›Tartuffe‹ bildet den Höhepunkt des französischen Theaters. Schon Goethe hat den tragischen Zug in Molières Komödien festgestellt, der besonders im ›Misanthrop‹ und im ›Geizhals‹ die Komödie weinend übergrinst. Molières Tod ist selbst eine Tragikomödie. Er spielte den eingebildeten Kranken, eine seiner Lieblingsrollen: als aus dem Spiel unversehens Ernst wurde – und der verspottete Tod ihm den Puls zudrückte, den er sich ›im Spaß‹ gefühlt. (1929)

Aus: Literaturgeschichte. Wien 1929

## André Gide

*1. Juli*

Von allen Stücken Molières bevorzuge ich entschieden den ›Malade imaginaire‹; es scheint mir am neuesten, am kühnsten, am schönsten, und zwar weitaus. Wäre dieses Stück ein Gemälde – wie würde man über sein *Sujet* außer sich geraten!

Wenn Molière in Versen schreibt, zieht er sich mit Gewandtheit aus der Affäre; er kennt zahlreiche Tricks, um den Forderungen von Maß und Reim zu genügen. Aber trotz seiner großen Geschicklichkeit fälscht der Alexandriner ein wenig den Klang seiner Stimme. Vollkommen natürlich klingt sie dagegen im ›Malade‹ (und im ›Bourgeois gentilhomme‹). Ich kenne keine schönere Prosa. Sie gehorcht keinem präzisen Gesetz; aber jeder Satz ist so, daß man nicht ein einziges Wort ändern könnte, ohne ihn zu verderben. Jeden Augenblick erreicht sie eine wunderbare Fülle; muskulös wie Pugets Athleten oder Michelangelos Sklaven; wie geschwellt – ohne geschwollen zu sein – von einem Lyrismus des Lebens, der guten Laune und Gesundheit. Ich werde nicht müde, sie immer wieder zu lesen, und finde des Lobes kein Ende.

*2. Juli*

Gleich darauf lese ich den ›Bourgeois‹ wieder. So schön und weise gewisse Szenen sind, bringt einen doch ein gewisses willkürliches Strecken der Dialoge so weit, im Vergleich dazu das feine Gewebe des ›Malade‹, das so dicht ist, so gespannt, so griffig, noch mehr zu bewundern. Und welche Feierlichkeit, welches ›Schaudern‹ verleiht jeder Szene der geheime Kontakt mit dem Tod. Mit ihm wird alles gespielt; man spottet seiner; man läßt ihn mittanzen; dreimal fordert man ihn auf, ob das nun durch die kleine Louison geschieht, ob durch Argan selbst mit seiner Frau, dann mit seiner Tochter; man spürt ihn herumschleichen; man erblickt ihn unversehens; man trotzt ihm, und man hänselt ihn; bis zum Tode Molières selbst, der schließlich die Tragikomödie furchtbar endet. Und das alles erreicht, auf eine bürgerliche Art, eine Größe, die auf dem Theater niemals übertroffen worden ist. (1941)

Aus: Tagebuch 1939–1949. Stuttgart 1967

*Jacques Audiberti*
Der Stückeschreiber Molière

Molières Bestimmung war es, Stücke aufzuführen und zu spielen. Auf das Repertoire des Palais Royal hat er nicht weniger als fünfzehn gesetzt, die nicht von ihm waren und die im allgemeinen schlecht gingen . . . Doch wie sollte man diese knarrenden Tragödien lieben, die schon verrostet zur Welt kamen? Die Stücke, die er selber machen könnte, von ihnen war er einigermaßen sicher, daß sie ›tragen‹ würden, vermöge des lebendigen Feuers, womit er sie auszustatten wußte.

Diese Stücke, die er selber machen würde, die mußte er *schreiben.* So hat auch ein Komponist den wesentlichen Vorsatz, aufeinander abgestimmte Geräusche hörbar zu machen, Violine, Oboe, Cembalo. Zuvor jedoch muß er, bis ihm der Arm erlahmt, eine Menge Noten zu Papier bringen. Stumm, sichtbar, umsetzbar, verhalten diese Noten sich zur verlauteten, gelebten Musik ebenso wie, für Molière, die geschriebenen Buchstaben, Wörter, Sätze zum aufgeführten Stück.

Auf Grund dieser Stücke, die er vielleicht geschrieben und sicherlich signiert hat, soll nun Molière . . . als Schriftsteller, als großer Schriftsteller gelten. Auf der Oberschule hat man ihn uns so hingestellt. Schlimm genug für Molière . . ., dem so viel Kraft der Schauwirkung innewohnt, und noch mehr Wahrheit.

Am Ende hat sich uns (Schülern) die handwerklich schwache Seite Molières undeutlich in der bestürzenden Holprigkeit seiner Verse verraten. Niemand indessen hat sich die Mühe gegeben, uns klarzumachen, daß sie ursprünglich als Werkzeug vorgesehen waren für eine ganz andere Leistung.

Molière befaßt sich mit nichts als dem Theater. Sein Führer, Gegner und Bundesgenosse ist das Publikum, der ›absolute Richter‹, das Publikum, das es zu fesseln, das es zu unterhalten gilt.

Molière sieht, ergreift und wählt Themen, Figuren – gleich welcher Art. Die Linien des Spiels arbeiten sich in ihm heraus. Höchstes Ziel: zum Lachen bringen! Das gelingt um so besser, je mehr man die Gebärden mit blitzenden Worten verkauft. Aber die Sprache ist für das Spiel auf dem Theater nur eins von vielen Elementen.

Alles in allem, rechne ich Molière nicht zu den Dichtern, auch nicht zu den Schriftstellern, sondern zu den Schreibern. Der Dichter schreibt, weil er weiß oder glaubt, daß er berufen ist, die Gegenwart des Ewigen, um nicht zu sagen den göttlichen Geist, wie er ihn mit seinem ganz persönlichen Vorrat an Kenntnissen und Überlegungen sieht, mit den Mitteln der geschriebenen Sprache auszudrücken. Den Dichter, den größenwahnsinnigen Gaukler, dessen Schriften sich den Heiligen Schriften zugesellen, diesen Dichter scheint es zu Molières Zeit nicht oft gegeben zu haben. Nur Bossuet fällt mir ein, und der war Bischof, folglich aus dem Hause Gottes.

Der Schriftsteller zwingt sich, die Feder in der Hand, zu sagen, was er glaubt, sagen zu müssen, und es so gut zu sagen, wie er kann, ohne den Anspruch, daß seine Arbeit von einer übernatürlichen Inspiration diktiert ist. Racine ist ein Schriftsteller.

Was die Schreiber angeht, so vermischt sich ihre Schar ohne eine unterscheidbare Grenze mit der Masse derer, die nicht nur lesen, sondern auch schreiben können. Als eigentliche Schreiber bezeichnen wir aber nur die, deren Beruf im Schreiben besteht, Juristen, Philologen, Redakteure von Memoiren und Gesetzentwürfen, Minister, Hersteller enormer medizinischer, botanischer und thermodynamischer Nachschlagewerke. Ihre ehrbare Arbeit schmücken sie nicht einmal mit dem Schatten eines Gedankens daran, daß sie Apoll zu dienen hätten. Was sie schreiben, bezieht seine Schönheit, seinen Widerhall und seinen Wert nur aus der Exaktheit, mit der das gesteckte Ziel verfolgt wird. Ja, die Sachverständigen, die Notare, die Gelehrten sind, wenn sie sich, die Feder in der Hand, ausdrücken, Schreiber. Wenn sie schreiben, dann nicht deshalb, damit man sie rühmt, sondern damit Fregatten und Festungen entstehen.

In diesem Sinne ist Molière ein Schreiber. Das Schreiben ist für ihn nur ein notwendiges Verfahren, zu seinen Festungen und seinen Fregatten zu kommen: zu seinen Komödien. Er steht außerhalb der Literatur. Er wehrt sich mit aller Kraft, daß man ihn hineinsteckt. Er beweist, daß für das Theater schreiben darauf hinausläuft, zusammenhängende Texte herzustellen. Diese seine Texte, vor allem die, die so tun, als wären sie Verse, sprechen aller Literatur Hohn. Aber dann kommen die Verleger, stellen Forderungen und bringen demütig Bitten vor.

Was wollen sie?

Sie wollen diese Texte – noch ganz heiß! – drucken, heften, binden.

Grotesker Augenblick! Zwerchfellerschütternde Verdrehung!

Was geschieht? Etwas ganz Wahnwitziges und Doppeldeutiges: Ruhm stellt sich ein, übermäßiger Ruhm. Ganz sicher. Ruhm für heute, für morgen, für immer. Nur nicht abtreten, nur das nicht! Sie wollen, daß du ein Dichter bist. Witzbolde! Aber du, du weißt, daß du nur durch das Theater und für das Theater lebst. Du weißt, daß du keine Repliken und Monologe aneinanderreihen kannst, ohne hinter den Augen Armande, Madeleine, Béjart, la Grange und all die andern deiner Truppe in den Rollen, die zu ihnen passen, im Kopf zu haben. Ich bin als Kind rechtschaffener Eltern geboren, zweifellos. Ich halte mich für gut genug, in der Welt einen Platz einzunehmen, der recht passabel ist. Aber ich will mir keinesfalls einen Namen geben, den andere an meiner Stelle sich anmaßen würden.

Ich würde frei heraus sagen, ich bin kein Dichter, keineswegs. Aber sie lassen es sich nicht ausreden! Diese Menschenfresser! Und doch muß man sie unterhalten. Jean-Baptiste, tu so als ob! Tu so, als ob du dieser Dichter bist, den sie unbedingt aus dir machen wollen. Aber geh nicht zu weit. Gib dich geniert. Gib dich bescheiden, wie einer, den man für einen anderen hält.

Einen anderen? Was für einen anderen? Du bist es ja selber, Erzschuft! Du bist es selber, du allein. Mal stibitzt du was, und mal erfindest du Vorbilder für andere. Du bist es, der sie ersinnt, der sie zusammenstellt, diese großartige Ordensspange von Auftritten, Begegnungen und Späßen, die ein Stück zu einem Stück machen. Du bist es, der Autor! Mut, Molière! Eine schöne Komödie! (1954)

Aus: Molière. Paris 1954

## Jean Anouilh

Sicherlich werden die meisten Dummheiten zu Füßen eines Denkmals gesagt...

Vielleicht hat man dort ein unbestimmtes Gefühl von Straflosigkeit: die Toten sind ja so geduldig! Und die Lebenden sind immer einverstanden – ganz gleich wie die Ansprache ausfällt. Der Redner hört sich selbst zu – im allgemeinen ist er der einzige –, und seine Zuhörer reden miteinander. Mit leiser Stimme. Eine gewisse Rührung über den Verstorbenen, unterbrochen von kleinen, spitzen Bemerkungen, die sehr freimütig wirken sollen – ein besorgter, aber schließlich optimistischer Vergleich über das Befinden von Niere und Leber. – Wie alt war er eigentlich? – Oder, wenn die Rede lang ist – zu Füßen eines Denkmals wird man hungrig –, das ungenierte Geständnis, daß das Horsd'œuvre nachher willkommen sei …

Denn weise, wie die Lebenden sind, pflegen sie nur kurz vor dem Mittagessen über die Toten zu sprechen …

Trotzdem habe ich bei uns, die wir alle in annähernd richtigen Kostümen wieder einmal hier versammelt sind, zu Füßen dieses gehauenen Steins, der wahrscheinlich keine Ähnlichkeit hat, nicht das Gefühl, daß wir peinlich oder auch grotesk wirken.

Wie kommt es, daß sich in dieser jährlichen Gedenkfeier für Molière auch heute noch etwas seltsam Liebenswertes findet? Woran liegt es, daß jener, der am besten die kleinen Schwächen der Menschen zu durchschauen und mit vier Strichen zu gestalten verstand, wohl nicht über uns lächelt in diesem Augenblick? Am einzigen, was die Menschen schließlich immer wieder vor sich selbst bewahrt: an etwas Liebe.

Vielen von uns hier ist Molière gleichgültig, und sie sind nur wegen Paris gekommen; manche lehnen ihn sogar ab – sei es aus geistigem Hochmut, sei es aus Mangel an echter Beziehung zu Frankreich; es gibt viele intelligente Leute, die Molière nicht mögen – schon zu seiner Zeit war es nicht anders.

Es ist ein Irrtum, zu glauben, Oronte sei ein Dummkopf gewesen, und ihn so zu spielen. Vermutlich wirkte in der Gesellschaft des siebzehnten Jahrhunderts Oronte verständiger und vielleicht sogar intelligenter als Molière. Aber Sie sehen, wohin ihn das geführt hat: seit drei Jahrhunderten lachen an jedem Donnerstag die Schüler über ihn.

Unsere Göttin, die Intelligenz – dessen wird man sich einst auf Ruinen bewußt werden –, vermag allein nichts. Wäre Molière nur intelligent gewesen, wir hätten uns heute abend nicht um ihn versammelt.

Wir wären vielleicht nicht einmal hier, wenn er nur genial gewesen wäre. Auch Racine ehrt man jedes Jahr, doch nicht mit dieser zarten, fast kindlichen Geste all der kostümierten alten Kinder, die sich um ihn scharen.

Ich glaube, wir danken Molière vor allem dafür, heute abend und jedesmal, wenn wir in der Tiefe unseres Herzens an ihn denken, daß er ein Mensch gewesen ist.

Und man muß annehmen, daß dies eine bei einem Literaten ziemlich seltene Eigenschaft ist, da sie soviel Liebe, Treue und Staunen hervorrufen konnte.

Irgend jemand hat einmal gesagt – er dachte nicht an ihn –, der Mensch sei ein untröstliches und fröhliches Lebewesen. Und niemals hat jemand, der eine Definition für den Menschen suchte, zwei treffendere Worte gefunden, um Molière zu charakterisieren.

Das siebzehnte Jahrhundert, zutiefst männlich und christlich, war ein schwarzes Jahrhundert. Es hatte seine Abgründe, gab sie aber nicht bereitwillig den neugierigen Blicken frei, wie wir es heute tun, mit einer Lampe in der Hand. Es errichtete über ihnen ein Gebäude der Konvention, so harmonisch und – ganz bewußt – so falsch wie nur möglich.

Denn die Konvention, die den Schwachen als Zuflucht dient, ist stets eine Erfindung der Starken.

Molière hat in der Form der Komödie die schwärzesten Theaterstücke der Literatur aller Zeiten geschrieben.

Bei Shakespeare wird viel mehr getötet, scheinbar mehr Verrat geübt; aber all die Heimtücke, all diese Dolchstiche und Giftbecher schmücken sich mit Musik, mit seltsam opernhaftem Zauber, die das Böse selbst zu etwas Tröstlichem und Poetischem werden lassen. Die griechische Tragödie mit ihren ausgestochenen Augen und ihren Leichen wirkt beruhigend; man geht nach soviel Entsetzlichem nicht niedergeschlagen nach Hause, sondern stolz, noch so groß – wenn auch so klein – im Angesicht der Götter zu sein.

Molière hat das Tier Mensch wie ein Insekt aufgespießt und löst mit feiner Pinzette seine Reflexe aus. Und das Insekt Mensch zeigt nur den einen, immer gleichen Reflex, der bei der geringsten Berührung aufzuckt: den des Egoismus.

Versuchen Sie Argans Herz zu ergründen, hinter seiner Angst vor dem Tod und seiner Lächerlichkeit verbirgt sich ein rasender Egoismus. Versuchen Sie Arnolphes Herz zu ergründen: der Mann, der das unschuldige Lämmchen Agnès von Kindheit an aufgezogen hat, um es eines Tages selbst besser verspeisen zu können, ist ein Egoist. Orgon, mit seinem Gott, ist weiter nichts als ein Egoist, bereit, seine Familie für die einsame Freude zu opfern, sich als Heiliger zu fühlen. Und neben ihm erscheint der egoistische Tartuffe fast unschuldig, der zumindest seine armselige Haut verteidigt. Alceste ist ein Egoist – einer von der schlimmsten Sorte, von denen, die sich mit Tugend brüsten –, wenn er der egoistischen Célimène vorwirft, nur an sich statt an ihn zu denken. Dandin und Angélique sind zwei Egoisten verschiedener Herkunft, darin liegt ihr ganzer Konflikt. Herr Jourdain ist ein komischer Egoist, und Harpagon, einsam wie ein alter Hund mit seinem Knochen, ein tragischer. Und bei allen konnte sich die geballte Leidenschaft, die sie lächerlich macht, nur deshalb so ungeheuerlich entfalten, weil ihr Herz eine Wüste war, die sie allein bevölkerten. Selbst die sogenannten liebenswerten Personen, die kleinen Verliebten, denen die herkömmliche Sympathie gilt – man schenkt sie, ohne zu überlegen, der Jugend, dieser Häßlichkeit in Blüte –, die Gestalten wie Horace, Agnès, Isabelle, Lucile, Valère und Damis denken eigentlich alle, wenn man ihr Verhalten und ihre Worte auf die Waagschale legt, nur an ihr begrenztes, kleines Ich und seine albernen Befriedigungen.

Wer ist nun also gut bei Molière? Wer liebt? Wer schenkt einem anderen etwas, nicht nur sich selber?

Keine Antwort auf diese Frage. Molières Personen schauen sich verlegen an und schweigen.

Vielleicht nur der Schrecklichste unter ihnen, über den zu lachen wir keine Lust haben und der an die Gestalten Shakespeares heranreicht, einzig Don Juan – Molière eines Tages in der Eile einer Umbesetzung entschlüpft und sogleich wieder vom Spielplan abgesetzt – ist beinahe unschuldig und sympathisch. Sein Fall untersteht Gott.

Aber der Fall des Menschen, dem es lediglich gelungen ist, ein gewaltiges Lachen zu entfesseln, ein glückliches Lachen ohne Zähneknirschen, ein unschuldiges Lachen angesichts seiner Absurdität, seiner Kleinheit und seiner Häßlichkeit, wem untersteht er? Dem Menschen, seinem Bruder, der ihn prüft, abschätzt, laut auflacht und ihm dennoch die Hand hinstreckt.

Welch eine Bejahung in diesem männlichen und zärtlichen Lachen, und welch ein Verzeihen!

Wir können uns gegenseitig unter mehr oder weniger edlen Vorwänden verletzen, verraten, massakrieren, uns mit scheinbarer Größe aufblasen: wir sind komisch. Nichts anderes, wir alle, einschließlich derer, die wir unsere Helden nennen.

Mögen die langweiligen Philosophen der Verzweiflung, die in regelmäßigen Zeitabständen und ein wenig naiv immer wieder das Schreckliche der menschlichen Existenz entdecken und uns daran hindern möchten, uns im Theater zu amüsieren, sich in das Unabänderliche fügen: wir sind komisch!

Und das ist letzten Endes noch schrecklicher als die grauenvollen Schilderungen unseres Nichts.

Dank Molière ist das wahre französische Theater das einzige, in dem keine Messen gelesen werden. Vielmehr lacht man, wie die Männer im Krieg lachen – die Füße im Dreck, die warme Suppe im Bauch und die Waffe in der Hand –, lacht über unser Elend und unser Entsetzen.

Diese ›gaillardise‹ ist eine der großen Botschaften Frankreichs an die Welt.

Wir danken Ihnen dafür, Molière. (1959)

Diese Rede wurde am 15. Januar 1959, dem Geburtstag Molières, in der Comédie Française verlesen.
Übersetzung aus: Pol Vandromme, Jean Anouilh. München 1966

## Jules Romains

Man kann sicherlich nicht sagen, daß Molière jemals ein ›Verkannter‹ gewesen ist, nicht einmal am Anfang seiner Karriere. Sein langes Wanderleben in der Provinz trägt ihm freilich keine glänzenden Erfolge ein. Sobald er sich aber mit seiner Truppe in Paris niederläßt, gewinnt er die Gunst des Königs, der königlichen Familie und des Hofes sowie bewundernde Anerkennung von seiten der berühmtesten seiner Zeitgenossen oder derjenigen, die die berühmtesten geblieben sind und in der Sicht der Nachwelt jene Schule von 1660 bilden, die als der Gipfel unserer Klassik gilt.

Seit seinem Tode ist er nur immer noch größer geworden. Nicht lange wurde ihm der Rang des Ersten unter unseren Komödiendichtern streitig gemacht. Aber seit dem 18. Jahrhundert wächst sein Ruhm, und sehr viele gute Beurteiler in Frankreich und in anderen Ländern sind bereit anzuerkennen, daß er die vollendetste, die lebendigste Verkörperung des französischen Theaters in seiner Gesamtheit ist. Bei ihm herrscht eine Schlichtheit, ein Freimut, eine Unbefangenheit des Ausdrucks und sogar ein volkstümlicher Ton, den die Tragödie nicht erreicht, ganz zu schweigen von dem philosophischen Untergrund, den man bei einem Corneille oder Racine vergebens suchen würde.

Im ganzen betrachtet wird Molière allmählich für die folgenden Generationen nicht nur einer der vier oder fünf ausgeprägtesten Vertreter des französischen Genius, sondern der ausgeprägteste, der unvergleichlichste schlechthin.

Das ist ein Gesichtspunkt, den wir zu Unrecht außer acht lassen würden. Die europäische Kultur setzt sich aus fünf oder sechs Nationalliteraturen zusammen. Jede von ihnen strebt danach, eine oder zwei besonders hervorragende Vertreter aufzuweisen, denen sie einen Rang zuerkennt, durch den sie alle anderen beherrschen und gewissermaßen enthalten: Dante für Italien, Goethe und Schiller für Deutschland, Shakespeare für England und Cervantes für Spanien. Nun aber ergibt es sich, daß Molière über die Grenzen Frankreichs hinaus in seiner Art einzig dasteht. Er hat keine Rivalen, die seine Größe erreichen. Die Kritiker des Auslands geben es freimütig zu, wodurch sie unbedingt auch seiner relativen Bedeutung innerhalb der Geschichte der französischen Literatur zu erhöhtem Glanz verhelfen.

Natürlich konnte Molière selbst sich darüber keine Rechenschaft geben, wie sehr er sich auch seiner Stärke bewußt war. Aber wir hätten unrecht zu denken, er habe eine ganze Reihe von Werken, von denen mehrere Meisterwerke sind, nur unter dem Einfluß seines Instinkts und seiner Eingebung geschaffen. Tatsächlich hat er sehr wohl und sehr früh schon gewußt, welchen Gipfel seiner Kunst er zu erreichen gedachte. Schon in seiner Jugend verspürte er eine ausgesprochene Neigung für das Theater, sowohl von dem Standpunkt des Autors wie von dem des Schauspielers her gesehen, und zwar ganz besonders für das komische Fach. Ohne den traditionellen Vorstellungen allzu große Wichtigkeit beizumessen, mißachtet er doch nicht den

Unterschied in Niveau und Ton, ja sagen wir ruhig der Würde, der sich zwischen den drei Abstufungen des Lustspiels, zwischen der Handlungs-, der Sitten- und der Charakterkomödie herausgebildet hat. Er erkennt, daß das Genre in seiner Gesamtheit von zwei Gefahren bedroht ist: einerseits durch bloße Possenreißerei und in großem Abstand davon durch das, was man als Schulkomödie bezeichnen könnte. Die erste hat Italien, die zweite England als Wahlheimat ersehen. Die Posse, so gelungen sie auch sein mag, läuft Gefahr, in eine bloße mehr oder weniger groteske Situationskomik abzugleiten, die, jeweils von rohem Gelächter begleitet, nicht imstande ist, den gebildeten Zuschauer zum Nachdenken über die Verkehrtheiten der menschlichen Natur und der Gesellschaftsordnung, die die eigentlichen Gegenstände der Komödie sind, zum Nachdenken zu bringen. Die Schulkomödie hingegen nährt sich von Gelehrsamkeit, schwelgt in lehrhaften Zitaten und fordert wohlerzogene Menschen auf, über Aussprüche oder Situationen zu lachen, über die zuvor schon andere beim Lesen von Büchern sich erheitert haben.

Molière entdeckt sehr bald, daß eine Komödie auf ein Mindestmaß an Handlung nicht verzichten kann. Der Zuschauer soll sich fragen: »Was wird jetzt geschehen?« Der Gang der Handlung des Stückes hängt von einem Spannungsmoment ab, das zugleich einfach und wirkungsvoll sein muß. Dieses Spannungsmoment kann in einem zufälligen Spiel der Ereignisse, einem Zusammentreffen von Zufällen bestehen. Aber der Zuschauer ist durch Gewohnheit geschult, solche Kunstgriffe zu durchschauen. Außerdem lassen sich Kombinationen dieser Art nicht in beliebiger Zahl erfinden, und die Komödie erweckt dann schnell den Eindruck, alte Schablonen zu verwenden.

Erst wenn das fragliche Spannungsmoment sich aus der Entwicklung eines Charakters ergibt, gelangt das Lustspiel zu seiner höchsten und am wenigsten des bloßen Kunstgriffs verdächtigen Form. Die Beobachtung der Sitten dient dabei als Mittel. Durch Darstellung der Sitten, dadurch, daß er an ihnen herausstellt, was unnatürlich und widersinnig ist, versieht der Lustspieldichter seine Charakterschilderung mit jenem Mindestmaß an Bewegung, an Abwechslung, an verblüffenden Wendungen, die sie braucht, um lebendig zu bleiben.

Glauben Sie nicht, daß ich Molière allzu kunstvoll durchgeführte Bestrebungen unterstelle. Seine ersten Werke legen deutlich Zeugnis davon ab, welchen Werken seine Bewunderung galt und welche er an Qualität zu erreichen hoffte. Zum Beispiel steht außer Frage, daß er sich sehr stark durch das komische Theater Corneilles hat bestimmen lassen, das wir zu leicht vergessen. Er hat über das Beispiel nachgedacht, das ihm mit dem ›Menteur‹, mit ›La Galerie du Palais‹ vorgelegen hat, zumal letzteres Stück zu denen gehörte, die auf die geschickteste Weise Charakterschilderung, Darstellung einer Eigentümlichkeit der Sitten und Brillanz des Stils in sich vereinigten.

Mit besonderer Hellsichtigkeit hat Molière sich zudem gesagt: »Die Wurzeln des modernen Lustspiels sind nicht nur bei den großen Autoren, bei Aristophanes, Menander, Plautus, Terenz und anderen ihresgleichen zu suchen. Sie sind auch in der italienischen Posse vorhanden. Ich werde mein Ziel nur erreichen, wenn ich die gesamte Zuschauerschaft dazu bringe, ebenso unbefangen wie bei der Aufführung einer Posse zu lachen, zugleich jedoch über den moralischen oder philosophischen Gehalt des Stückes sich Gedanken zu machen.«

In seinen letzten Werken bevorzugt Molière bald das eine dieser Elemente, bald kombiniert er beide auf eine klug abgewogene Art. Niemals allerdings gibt er völlig das eine um des anderen willen auf, und wenn er fürchtet, das Gleichgewicht nicht richtig gewahrt zu haben, verliert er keine Zeit, es wiederherzustellen. Seine berühmtesten Werke lassen uns deutlich die Kurve dieser wachsamen Beobachtung in ihrem Verlauf erkennen. Die ›Précieuses ridicules‹, eine Sittenkomödie, stammen von 1665, eine erste Fassung des ›Tartuffe‹ von 1664. Mit dem ›Tartuffe‹ hat er bereits einen sehr hohen Standard auf dem Gebiet der Charakter- wie der Sittenkomödie erreicht. Ein Jahr darauf wagt er sich an eine noch höhere Aufgabe mit ›Don Juan‹, einer großen philosophischen Komödie, die uns bereits an Goethes ›Faust‹ denken läßt. Dann, da er einmal im Schwung ist, macht er sich im folgenden Jahr an den aus allem übrigen hervorragenden ›Misanthrope‹, eine philosophisch und soziologisch unterbaute Komödie, in die ihm aber auch ein kleines Farcenelement und einige Züge der Sittenkomödie einzuführen gelingt. Er hat deswegen Bedenken, er fragt sich, ob er nicht die Aufmerksamkeit des Publikums über Gebühr in Anspruch genommen hat, und verfaßt zwei Monate darauf, im August 1666, den ›Médecin malgré lui‹, in dem das rein Possenhafte wieder voll zu seinem Rechte kommt.

1671 bringt er die ›Fourberies de Scapin‹ heraus, eine Posse oder sogar eine ganze Folge von Possen, und führt damit in seine Ausdrucksform einen so großen Wechsel ein, daß Boileau ihm die beiden berühmt gewordenen Verse gewidmet hat:

»Dans le sac ridicule où Scapin s'enveloppe,
Je ne reconnais plus l'auteur du Misanthrope.«

Wenn wir ihn dennoch erkennen, ist das von unserer Seite kein besonders großes Verdienst.

Schon 1672 zeigten die ›Femmes savantes‹ die Rückkehr Molières zu einer Mischung aus Sitten- und Charakterkomödie an. Gleich darauf trat er mit dem ›Malade imaginaire‹ hervor, ganz als wolle er so schnell wie möglich für seinen neuerlichen Ausflug in das Gebiet der Komödie großen Stils um Verzeihung bitten. Der ›Malade imaginaire‹, dessen Hauptrolle er unbedingt selbst übernehmen wollte, war das Stück, bei dessen vierter Aufführung er starb.

Wie Sie sehen, hat das Théâtre Montasier nicht willkürlich den ›Misanthrope‹ und den dreihundertsten Jahrestag seiner Erstaufführung gewählt, um Molière zu huldigen. Dadurch, daß es gerade diesem Stück eine besondere Bedeutung beilegt, hat es den Wünschen seines Autors und seinem höchsten Ehrgeiz entsprochen, den ich folgendermaßen formulieren möchte: sein Bestreben war, den höchsten Typ der Komödie zu verwirklichen, ohne doch den Weg der echten Komik zu verlassen; Lachen zu erzeugen durch die packende Wirkung der Beobachtung; eine gewisse Würde des Stils zu erreichen, ohne Schlichtheit und Natürlichkeit zu opfern.

Man möge sich nicht wundern, wenn einige Tiraden einem etwas lang vorkommen und hier und da der Ton uns ein klein wenig geschwollen erscheint. Was seine Stücke bei alledem an Natürlichkeit – einer stilisierten freilich – besitzen, kommt ihnen dennoch zugute. Vergessen wir nicht, daß Molière dank seinem Genius die Möglichkeit besaß, nicht nur der größte Lustspieldichter, sondern auch, hätte er es gewollt, ein Autor von Tragödien zu werden. Was ihm selbst am besten gelegen hätte, wäre ein aus beidem gemischtes Genre gewesen, wie Shakespeare oder das moderne Schauspiel es häufig verwirklichen. (1966)

Ansprache, gehalten am 9. Mai 1966 im Théâtre Montasier zu Versailles anläßlich der Dreihundertjahrfeier des ›Misanthrope‹.
Übersetzung von Eva Rechel-Mertens

## Michail Bulgakow

»Euer Majestät«, sagte Armande, »man erlaubt mir nicht, meinen Mann, Herrn de Molière, zu beerdigen. Ich bitte Eure Majestät, helft mir!«

Der König antwortete: »Für Euren verstorbenen Mann soll alles getan werden. Fahrt bitte nach Hause und versorgt den Leichnam.«

Armande, schluchzend und Dankesworte stammelnd, entfernte sich. Gleich darauf sprengte ein königlicher Bote zum Erzbischof. Als dieser im Palast erschien, fragte ihn der König: »Wie habt Ihr über den toten Molière entschieden?«

»Majestät«, antwortete Champvallon, »das Gesetz verbietet, ihn in geweihter Erde zu bestatten.«

»Wie tief reicht die geweihte Erde?« fragte der König.

»Vier Fuß, Euer Majestät«, antwortete der Erzbischof.

»So werdet Ihr ihn in fünf Fuß Tiefe beerdigen, Erzbischof«, sagte Ludwig. »Aber Feierlichkeiten und Skandale sind zu vermeiden.«

In der erzbischöflichen Kanzlei wurde ein Papier aufgesetzt:

»Nach Erwägung der Umstände, die bei der auf unser Geheiß angestellten Untersuchung ermittelt wurden, erlauben wir dem Geistlichen der Pfarrkirche St.-Eustache, den Körper des verstorbenen Molière mit kirchlichem Zeremoniell zu bestatten, unter der Bedingung allerdings, daß diese Bestattung ohne jede Feierlichkeit von höchstens zwei Geistlichen bei Nacht vollzogen wird und daß weder in der erwähnten Kirche St.-Eustache noch in einer anderen ein feierlicher Gottesdienst für den Frieden seiner Seele stattfindet.«

Kaum hatte sich in der Pariser Tapeziererzunft herumgesprochen, daß der Sohn des seligen, hochangesehenen Jean-Baptiste Poquelin, der Komödiant und Hoftapezierer de Molière, verstorben war, kamen Vertreter der Zunft in die Rue de Richelieu und bedeckten den Leib des Komödianten mit der gestickten Innungsfahne. Damit wurde Molière in den Zustand zurückversetzt, aus dem er eigenmächtig ausgetreten war.

Zur selben Zeit wurde ein findiger Mann beim Großen Condé, dessen Vorliebe für Molière er kannte, vorstellig und sagte: »Eure Hoheit, gestattet, Euch eine Grabschrift zu überreichen, die ich für Molière verfaßt habe.«

Der Condé nahm die Grabschrift entgegen, blickte den Autor an und antwortete:

»Ich danke Euch. Aber es wäre mir lieber gewesen, wenn er Eure Grabschrift verfaßt hätte.«

Am 21. Februar gegen neun Uhr abends, als Molière zu Grabe getragen werden sollte, sammelte sich vor dem Haus des verstorbenen Komödianten eine anderthalbhundertköpfige Menge. Aus was für Leuten sie bestand, wissen wir nicht. Aber sie war erregt, man hörte laute Rufe und sogar Pfiffe. Die Witwe wurde ängstlich angesichts der vielen Fremden. Auf den Rat ihrer Freunde öffnete sie das Fenster und wandte sich mit folgenden Worten an die Versammelten:

»Meine Herrschaften, ich bitte Euch, stört nicht die Ruhe meines verstorbenen Mannes. Ich versichere Euch, er war ein guter Mensch und ist als Christ gestorben. Wollt Ihr ihm nicht die Ehre erweisen und ihn auf den Friedhof geleiten?«

Jemand steckte ihr einen Lederbeutel zu, und sie verteilte Geld. Nach einigem Lärm wegen des Geldes kam alles in Ordnung, und vor dem Haus erschienen Fackeln. Um neun wurde der Holzsarg aus dem Hause getragen. Vornweg schritten schweigend zwei Geistliche. Neben dem Sarg gingen Knaben im Chorhemd und trugen riesige Wachskerzen. Hinter dem Sarg her floß ein Strom von Lichtern, und in der Menge waren bekannte Leute zu sehen: der Maler Pierre Mignard, der Fabeldichter Lafontaine und die Dichter Boileau und Chapelle. Sie alle trugen Fackeln, und hinter ihnen gingen in Reih und Glied, ebenfalls mit Fackeln, die Komödianten des Palais Royal. Den Schluß bildete die auf etwa zweihundert Personen angewachsene Menge. In einer Straße, durch die der Zug kam, öffnete sich ein Fenster, eine Frau lehnte sich heraus und fragte laut: »Wer wird begraben?«

»Ein gewisser Molière«, antwortete eine andere Frau.

Dieser Molière wurde auf der St.-Joseph-Friedhof gebracht und in der Abteilung für Selbstmörder und ungetaufte Kinder beigesetzt. In der Kirche St.-Eustache machte der Geistliche eine kurze Notiz, daß am 21. Februar 1673, einem Dienstag, auf dem S.-Joseph-Friedhof der Tapezierer und Königliche Kammerdiener Jean-Baptiste Poquelin beigesetzt worden sei.

Seine Frau ließ eine Steinplatte auf das Grab legen und hundert Bündel Brennholz auf den Friedhof bringen, damit Obdachlose sich wärmen konnten. Schon im ersten Winter, der sehr streng war, wurde auf der Platte ein großes Feuer angezündet. Sie zersprang von der Hitze und fiel auseinander. Die Zeit trug die Stücke fort, und als hundertneunzehn Jahre später während der Französischen Revolution Kommissare erschienen, um die Gebeine Jean-Baptiste Molières zu exhumieren und in ein Mausoleum zu überführen, war niemand mehr imstande, genau anzugeben, wo er begraben lag. Zwar wurden menschliche Überreste geborgen und in das Mausoleum gebracht, doch kann niemand mit Sicherheit sagen, daß es die Gebeine von Molière waren. Wahrscheinlich wurde die Ehre einem Unbekannten zuteil.

So ging mein Held in die Erde von Paris ein und zerfiel in ihr zu Staub. Im Laufe der Zeit verschwanden auf rätselhafte Weise all seine Manuskripte und Briefe. Es hieß, die Manuskripte seien bei einer Feuersbrunst verbrannt, und die Briefe habe ein Fanatiker sorgfältig gesammelt und vernichtet. Kurzum, alles ging verloren außer zwei Blättern Papier, auf denen der Wanderkomödiant irgendwann einmal den Empfang von Geld für seine Truppe quittiert hat.

Aber der seiner Manuskripte und Briefe Beraubte verließ eines Tages die Erde der Selbstmörder und totgeborenen Kinder und erstand über der ausgetrockneten Brunnenschale. Da steht er! Das ist er, der königliche Komödiant mit den bronzenen Schuhschleifen! Und ich, dem nicht beschieden ist, ihn zu sehen, sende ihm meinen Abschiedsgruß.          (1932/33)

Aus: Das Leben des Herrn de Molière. Neuwied und Berlin 1971

*Molière
auf der Bühne*

Ha, wie alles lachte,
  Die Jungen und die Alten,
Auch der König mußte
Sich die Seiten halten.
                *Mercure Galant*

Der König lachte gern, doch
konnte er wohl, wie viele
Menschen, das nicht für bedeu-
tend halten, was ihn zum Lachen brachte.

                *Georg Hensel*

# Vorspiel
# in Versailles

*Komödie von Molière*
*Deutsch von Hans Weigel*

| | |
|---|---|
| MOLIÈRE | ein lächerlicher Baron |
| DER SCHAUSPIELER BRÉCOURT | ein Kavalier |
| DER SCHAUSPIELER DE LA GRANGE | ein lächerlicher Baron |
| DER SCHAUSPIELER DU CROISY | ein Dichter |
| DER SCHAUSPIELER LA THORILLIÈRE | ein lästiger Baron |
| DER SCHAUSPIELER BÉJART | ein Mann, der das Nötige tut |
| DIE SCHAUSPIELERIN DU PARC | eine affektierte Baronin |
| DIE SCHAUSPIELERIN BÉJART | eine Spröde |
| DIE SCHAUSPIELERIN DE BRIE | eine kluge Kokette |
| DIE SCHAUSPIELERIN MOLIÈRE | eine geistreiche Spötterin |
| DIE SCHAUSPIELERIN DU CROISY | eine lästige Überfreundliche |
| DIE SCHAUSPIELERIN HERVÉ | eine schöngeistige Zofe |
| VIER WICHTIGTUER | |

(Am Ende jeder Zeile sind auf dem Theaterzettel die Namen der Darsteller einzusetzen.)

Das Stück spielt im Theatersaal des Schlosses von Versailles.

## Erste Szene

*Molière, die Schauspieler Brécourt, la Grange, du Croisy,*
*die Schauspielerinnen du Parc, Béjart, de Brie, Molière, du*
*Croisy, Hervé*

MOLIÈRE Also, vorwärts, meine Lieben, macht mich nicht
wahnsinnig mit eurer Langsamkeit – wollt ihr nicht endlich
kommen? Donnerwetter noch einmal! He – Brécourt!

DER SCHAUSPIELER BRÉCOURT Was denn?

MOLIÈRE De la Grange!

DER SCHAUSPIELER DE LA GRANGE Was ist los?

MOLIÈRE Herr du Croisy!

DER SCHAUSPIELER DU CROISY Ja?

MOLIÈRE Du Parc!

DIE SCHAUSPIELERIN DU PARC Bitte?

MOLIÈRE Frau Béjart!

DIE SCHAUSPIELERIN BÉJART Was gibt's?

MOLIÈRE De Brie!

DIE SCHAUSPIELERIN DE BRIE Was wünschen Sie?

MOLIÈRE Frau du Croisy!

DIE SCHAUSPIELERIN DU CROISY Was haben Sie denn?

MOLIÈRE Hervé!

DIE SCHAUSPIELERIN HERVÉ Schon da.

MOLIÈRE Dieses Ensemble bringt mich noch ins Tollhaus; Him-
melherrgott, wollt ihr mich unbedingt wütend machen?

DER SCHAUSPIELER BRÉCOURT Was sollen wir denn tun? Wir
können unsere Rollen nicht, und Sie bringen uns in Weißglut,
wenn Sie uns so spielen lassen.

MOLIÈRE Einen sonderbaren Tiergarten hat man unter sich,
wenn man Schauspieler führt!

DIE SCHAUSPIELERIN BÉJART Wir sind ja da. Was wollen Sie
jetzt tun?

DIE SCHAUSPIELERIN DU PARC Was ist Ihre Absicht?

DIE SCHAUSPIELERIN DE BRIE Worum handelt es sich?

MOLIÈRE Ich bitte euch, kommt hierher. Und da wir schon alle
umgezogen sind und der König erst in zwei Stunden kommt,
benützen wir die Zeit zu einer Probe und einigen uns,
wie wir spielen werden.

DER SCHAUSPIELER DE LA GRANGE Wie sollen wir etwas spielen, was wir nicht können?

DIE SCHAUSPIELERIN DU PARC Ich für meine Person erkläre, daß ich von meiner Rolle nicht ein einziges Wort mehr weiß.

DIE SCHAUSPIELERIN DE BRIE Mir muß man meinen Text vom Anfang bis zum Schluß soufflieren.

DIE SCHAUSPIELERIN BÉJART Und ich werde wohl das Buch in der Hand halten.

DIE SCHAUSPIELERIN MOLIÈRE Ich auch.

DIE SCHAUSPIELERIN HERVÉ Ich habe ja fast nichts zu sagen.

DIE SCHAUSPIELERIN DU CROISY Ich auch nicht; aber ich kann trotzdem nicht versprechen, daß ich nicht hängenbleibe.

DER SCHAUSPIELER DU CROISY Fünfzig Taler gebe ich jedem, der mich von dieser Rolle befreit.

DER SCHAUSPIELER BRÉCOURT Und ich nehme zwanzig Peitschenhiebe, wenn ich sie loswerde.

MOLIÈRE Ihr habt leicht über eure Rollen schimpfen, aber was tätet ihr an meiner Stelle?

DIE SCHAUSPIELERIN BÉJART An Ihrer Stelle? Sie haben's ja gut; das Stück ist von Ihnen, da kann Ihnen nichts geschehen.

MOLIÈRE Habe ich nur zu fürchten, daß mich mein Gedächtnis im Stich läßt, wie ihr? Und die Angst vor einem Mißerfolg, der nur auf mich zurückfällt? Und denkt ihr, es ist so einfach, einem solchen Publikum etwas Komisches vorzuführen, Leute zum Lachen zu bringen, vor denen man Respekt hat und die nur lachen, wenn s i e wollen? Soll ein Autor vor einer derartigen Bewährungsprobe nicht zittern? Wär's nicht an mir, zu sagen, daß ich um jeden Preis dieser Aufgabe ledig sein möchte?

DIE SCHAUSPIELERIN BÉJART Wenn Sie davor zittern, hätten Sie eben vorsichtiger sein müssen und nicht binnen einer Woche eine Vorstellung herausbringen dürfen.

MOLIÈRE Was soll ich dagegen tun, wenn ein König es von mir verlangt?

DIE SCHAUSPIELERIN BÉJART Eine ehrerbietige Darlegung der Gründe, die das in der vorgeschriebenen Zeit unmöglich machen. Jeder andere an Ihrer Stelle hätte sich entschuldigt, hätte auf sein Ansehen Rücksicht genommen und sich keinem solchen Mißerfolg ausgesetzt wie Sie. Ich bitte Sie, was tun Sie denn, wenn die Sache schiefgeht? Was meinen Sie, was für ein Oberwasser Ihre Gegner dann gewinnen?

DIE SCHAUSPIELERIN DE BRIE Wirklich, man hätte sich beim König mit allem Respekt entschuldigen und um etwas mehr Zeit bitten müssen.

MOLIÈRE Mein Gott, liebe de Brie, die Könige schätzen vor allem den pünktlichen Gehorsam und mögen alle Arten von Widerstand ganz und gar nicht. Sie finden nur das gut, was zu dem von ihnen gewünschten Zeitpunkt stattfindet. Eine ihrer Lustbarkeiten verschieben, das heißt: ihr allen Reiz nehmen. Sie wollen Zerstreuungen, die nicht auf sich warten lassen, und je geringer die Vorbereitungen, desto größer pflegt das Vergnügen zu sein. Wir müssen uns selbst vergessen, wenn sie etwas bei uns bestellen. Wir sind nur da, um ihnen zu gefallen. Und wünschen sie sich etwas von uns, müssen wir diesem Verlangen auf der Stelle entsprechen. Besser das, was sie anschaffen, unvollkommen leisten, als es nicht rechtzeitig leisten. Zu der Kränkung, daß man nicht mit Gelingen am Werk war, hat man dann doch immerhin die Genugtuung, daß man den Befehl schnell befolgt hat. Aber wir wollen jetzt, bitte, mit der Probe beginnen.

DIE SCHAUSPIELERIN BÉJART Wie sollen wir das, wenn wir unsere Rollen nicht können?

MOLIÈRE Ich sage euch, daß ihr sie können werdet; und wenn ihr sie auch nicht Wort für Wort könnt, vermögt ihr denn nicht da und dort etwas aus eigenem zu ergänzen? Es ist ja ein Text in Prosa, und ihr kennt das Thema.

DIE SCHAUSPIELERIN BÉJART Ich bedanke mich; Prosa ist noch viel ärger als Verse.

DIE SCHAUSPIELERIN MOLIÈRE Wissen Sie was? Sie sollten eine Komödie schreiben, in der Sie ganz allein auftreten.

MOLIÈRE Schweigen Sie, Frau Gemahlin, Sie sind dumm!

DIE SCHAUSPIELERIN MOLIÈRE Danke vielmals, Herr Gemahl; ja, ja, so ist das: die Ehe verändert die Menschen, und vor eineinhalb Jahren hätten Sie mir das bestimmt nicht gesagt.

MOLIÈRE Schweigen Sie, bitte.

DIE SCHAUSPIELERIN MOLIÈRE Es ist schon merkwürdig, daß eine ganz kleine Zeremonie uns aller unserer schönen Eigenschaften beraubt. Ein Gatte und ein Bewerber sehen ein und dasselbe Wesen mit ganz verschiedenen Augen.

MOLIÈRE Dieses ewige Gerede!

DIE SCHAUSPIELERIN MOLIÈRE Meiner Seel, wenn ich eine Komödie schreiben sollte, dann darüber! Ich würde die Frauen in vielen Punkten von allen Vorwürfen freisprechen, ich würde den Ehemännern Angst machen vor dem Unterschied zwischen ihrem ungeschliffenen Benehmen und den Schmeicheleien der Bewerber.

MOLIÈRE Ach, lassen wir das doch, bitte! Wir sind nicht zum Plaudern hierhergekommen, wir haben etwas anderes zu tun.

DIE SCHAUSPIELERIN BÉJART Aber wenn man bei Ihnen ein Stück bestellt hat, das sich mit den Angriffen gegen Sie auseinandersetzt, warum haben Sie nicht Theater auf dem Theater gemacht? Davon haben Sie uns doch neulich erzählt. Das wäre doch ein glänzender Einfall und für den Zweck bestens geeignet, um so mehr als man ja auch Sie auf die Bühne gebracht und Ihnen damit Gelegenheit gegeben hat, die Gegenseite auf die Bühne zu bringen; und diese Porträts wären gewiß treffender ausgefallen als Ihr Porträt bei Ihren Gegnern. Denn wenn man einen Komödianten in einer komischen Rolle parodieren will, hat man nicht ihn zu zeichnen, sondern in seiner Art die Rollen, die er verkörpert, darzustellen, mit den gleichen Zügen, in den gleichen Farben, wie er sie für die vielfältige Galerie seiner komischen und lächerlichen Gestalten anwenden muß, die er naturgetreu nachahmt; aber einen Komödianten in ernsten Rollen parodiert man, indem man die Fehler darstellt, die ihm eigen sind, da solche Rollen weder lächerliche Gesten noch Reden erfordern, um glaubwürdig zu sein.

MOLIÈRE Stimmt; aber ich unterlasse das aus guten Gründen, und, unter uns gesagt, ich glaube, es wäre auch nicht der Mühe wert. Ferner hätte dieses Projekt mehr Zeit gekostet. Da ja die Leute, von denen wir reden, an denselben Abenden spielen wie wir, habe ich sie nur drei- oder viermal gesehen, seit wir in Paris sind. Ich habe von ihrer Art, den Text zu deklamieren, nur einige oberflächliche Eindrücke behalten und hätte sie viel eingehender beobachten müssen, um sie getreu darzustellen.

DIE SCHAUSPIELERIN DU PARC  Aber einige haben Sie einmal sehr treffend kopiert.

MOLIÈRE  Ja, ja, die Idee ist mir damals durch den Kopf gegangen, aber ich habe sie aufgegeben. Es war nichts, nur ein Spaß, der wahrscheinlich nicht sonderlich amüsant geworden wäre.

DIE SCHAUSPIELERIN DE BRIE  Wenn Sie's den anderen erzählt haben, erzählen Sie mir's doch auch.

MOLIÈRE  Dazu haben wir jetzt keine Zeit.

DIE SCHAUSPIELERIN DE BRIE  Nur zwei Worte.

MOLIÈRE  Ich habe mir eine Komödie ausgedacht; der Held ist ein Dichter, den hätte ich gespielt, und der wäre zu einer Schauspielertruppe gekommen, die eben von der Provinz nach Paris übersiedelt ist, und hätte ein Stück angeboten. »Haben Sie«, hätte er gesagt, »Schauspieler und Schauspielerinnen, die ein Stück gut zur Geltung bringen? Denn mein Stück, wissen Sie, mein Stück, das ist ein Stück ...« – »Doch«, hätten die Schauspieler gesagt, »doch, mein Herr, wir haben Herren und Damen, die man überall, wo wir aufgetreten sind, sehr anständig beurteilt hat.« – »Und wer spielt bei Ihnen die Könige?« – »Hier, dieser Herr versucht sich gelegentlich darin.« – »Was? Dieser hübsche Junge?! Das gibt es doch nicht. Ein König muß dick und fett sein, viermal so umfangreich wie die anderen, ein König, zum Donnerwetter, muß gehörig ausgestopft sein, von gewaltigem Umfang, daß er den Thron so richtig ausfüllen kann. Ein schlanker, gutgewachsener König, nein, das ist nichts! Das wäre also der erste Mangel; aber jetzt möchte ich ihn gern einige Verse sprechen hören.« Und dann hätte dieser Schauspieler zum Beispiel einige Verse des Königs aus ›Nicomedes‹ gesprochen:

»Ich sag es dir, Arasp – er diente mir zu gut,
Vergrößernd meine Macht ...«

so einfach und natürlich wie möglich. Und der Dichter: »Was? Das nennen Sie Versesprechen?! Das ist ein Witz! Man muß mit Emphase deklamieren, hören Sie!« *Er imitiert den ausgezeichneten Schauspieler Montfleury aus der Truppe des Hôtel de Bourgogne:*

»Ich sag es dir, Arasp – er diente mir zu gut,
Vergrößernd meine Macht . . .«

»Sehen Sie diese Stellung? Merken Sie sich das. Und die
letzte Zeile jeder Tirade recht hinausschmettern. Das erweckt
Zustimmung, dann gibt es Lärm im Saal!« – »Aber, mein
Herr«, hätte der Schauspieler geantwortet, »uns scheint, daß
ein König, der sich ohne Zeugen mit dem Aufseher seiner
Wache unterhält, so redet wie ein Mensch und nicht in dämo-
nischem Ton.« – »Sie verstehen nichts davon. Versuchen Sie
es, auf diese Art zu spielen, und Sie werden ja sehen, ob irgend jemand ruft: ›Oh! Ah!‹ Nehmen Sie zum Beispiel eine
Szene zweier Liebender, und dann hätte ein Schauspieler mit
einer Schauspielerin die Szene zwischen Camille und Curia-
cius gespielt:

»Geliebter, gehst du hin und bringst du am Altar
Der schnöden Ehre, sag, das Glück der Liebe dar?
– Weh mir, mein Herz, ich geh und weiß, ach, was mir
droht:
Sei's von Horazens Hand, sei es vor Schmerz der Tod.«

und das alles ganz so wie der erste, so einfach und so natürlich, als er ihnen möglich ist. Und der Dichter: »Hört mir auf
damit, das alles ist ja nichts wert, das muß man so aufsagen«
*Er imitiert die Schauspielerin Beauchâteau aus der Truppe
des Hôtel de Bourgogne:*

»Geliebter, gehst du hin und bringst du am Altar
Der schnöden Ehre, sag, das Glück der Liebe dar?
– Weh mir, mein Herz, ich geh und weiß, ach, was mir
droht:
Sei's von Horazens Hand, sei es vor Schmerz der Tod.
– Nein, besser kenn ich dich . . .«

»Merken Sie, wie natürlich und wie leidenschaftlich das klingt?
Bewundern Sie doch dieses lachende Gesicht, das sie selbst in
der äußersten Erregung behält.« – Ja, das war mein Plan;
es wären auch alle anderen Schauspieler und Schauspielerinnen drangekommen.

DIE SCHAUSPIELERIN DE BRIE Das ist doch eine reizende Idee –

und ich habe sie alle sofort beim ersten Vers erkannt. Bitte, weiter!

MOLIÈRE *den Schauspieler Beauchâteau imitierend:*

>>Ha, dieser Schicksalsschlag hat mich ins Herz getroffen,
Da er so grausam jäh, so unvermutet kam;
Nicht eher will ich ruh'n, als bis ich Rache nahm.<<

Und erkennen Sie diesen Pompeius? *Er imitiert den Schauspieler Hauteroche:*

>>O Herr, die Gegnerschaft, in der wir uns befinden,
Kann uns von dem Gebot der Ehre nicht entbinden.<<

DIE SCHAUSPIELERIN DE BRIE Ja, ich glaube, den kenne ich auch.
MOLIÈRE Und den? *Er imitiert den Schauspieler de Villiers:*

>>Polybios starb?
– Ja, Herr.
– Du kommst nach diesem größten
Und härtesten der Schläge, willst deinen König trösten?<<

DIE SCHAUSPIELERIN DE BRIE Ja, ja, ich weiß, wer das ist. Aber einige von ihnen werden Sie wohl kaum porträtieren können.

MOLIÈRE Mein Gott, es gibt doch kaum einen, den man nicht von irgendeiner Seite her fassen kann ... wenn ich sie richtig studiert hätte. Aber Sie stehlen mir unsere kostbare Zeit, meine Beste. Denken wir doch, bitte, an uns selbst und plaudern wir nicht länger. *Zu de la Grange* Bitte, spielen Sie Ihren Baron sehr sorgfältig mit mir.

DIE SCHAUSPIELERIN MOLIÈRE Immer Barone!

MOLIÈRE Ja, immer Barone. Woher soll man denn seine amüsanten Gestalten nehmen? Der Baron ist heutzutage die komische Figur der Komödie. Wie man in jeder antiken Komödie einen spaßigen Diener sieht, der die Leute zum Lachen bringt, so muß bei uns immer ein lächerlicher Baron das Publikum amüsieren.

DIE SCHAUSPIELERIN BÉJART Ja, auf den kann man nicht verzichten.

MOLIÈRE Was Sie betrifft ...

DIE SCHAUSPIELERIN DU PARC ... werde ich meiner Rolle viel

schuldig bleiben; ich verstehe nicht, daß Sie mich diese gezierte Person spielen lassen.

MOLIÈRE Das gleiche haben Sie über Ihre Rolle in der ›Kritik der Schule der Frauen‹ gesagt, und dann waren Sie großartig, und alles hat einstimmig festgestellt, daß man gar nicht besser sein könnte als Sie. Glauben Sie mir: diesmal wird es nicht anders sein, und Sie werden Ihre Rolle besser spielen, als Sie sich's jetzt vorstellen können.

DIE SCHAUSPIELERIN DU PARC Aber wieso denn? Es gibt doch keine Frau auf der Welt, die weniger geziert ist als ich!

MOLIÈRE Das stimmt schon; um so mehr bringen Sie aber zur Geltung, was für eine ausgezeichnete Schauspielerin Sie sind, indem Sie eine Gestalt verkörpern, die mit Ihrer wahren Natur in solchem Widerspruch steht. – Ihr alle müßt das Wesen eurer Rollen ganz erfassen und euch vorstellen, daß ihr die seid, die ihr spielt. *Zu du Croisy* Sie spielen den Dichter. Sie müssen sich ganz in die Rolle hineinversetzen, Sie müssen im Trubel der eleganten Welt die Miene des Literaten beibehalten, den belehrenden Ton, die überdeutliche Aussprache, die sich auf jede Silbe setzt und nicht einen Buchstaben der rigorosen Orthographie vernachlässigt. *Zu Brécourt* Sie spielen einen ehrenwerten Höfling, so wie neulich in der ›Kritik der Schule der Frauen‹, das heißt: würdiges Gehaben, natürliche Sprechweise, und möglichst wenig Gestikulation. *Zu de la Grange* Ihnen brauche ich nichts mehr zu sagen. *Zu Frau Béjart* Sie stellen eine Dame dar, die glaubt, daß sie sich, wenn sie nichts mit Männern anfängt, alles andere erlauben darf, eine Frau, die sich hinter ihrer Ehrbarkeit verschanzt, die alle Welt von oben herab betrachtet, die meint, daß die besten Eigenschaften der anderen nichts sind, verglichen mit ihrer armseligen Ehre, die auf niemanden Eindruck macht. Halten Sie sich diesen Charakter immer vor Augen, um das Getue ganz genau zu treffen. *Zur de Brie* Sie spielen eine Frau, die sich für das tugendhafteste Wesen der Welt hält, sofern sie den Anschein wahrt, eine jener Damen, die glauben, daß die Unmoral erst mit dem Skandal beginnt, die jede Verbindung mit einem Mann als ehrbare Zuneigung bezeichnen und das, was bei anderen Liebhaber heißt, als Freund ausgeben. Legen Sie sich diese

Rolle genau zurecht. *Zu Frau Molière* Sie spielen das gleiche wie in der ›Kritik‹, also ist weiter nichts zu sagen, und das gilt auch *zur du Parc* für Sie. *Zu Frau du Croisy* Sie stellen eine Dame dar, die aller Welt Wohltaten erweist, die immer im Vorübergehen ein wenig Gift verspritzt und sich ehrlich kränkt, wenn sie es einmal zugelassen hat, daß über jemanden Gutes gesagt wurde. Ich glaube, daß Ihnen diese Rolle liegt. *Zur Hervé* Und Sie sind die Zofe der schöngeistigen Dame, mischen sich gelegentlich in das Gespräch ein und schnappen, wo Sie können, Ausdrücke aus dem Wortschatz Ihrer Herrschaft auf. – Ich erkläre Ihnen allen die Charaktere, damit sie Ihnen ganz stark gegenwärtig bleiben. Beginnen wir jetzt mit der Probe, und sehen wir, wie die Sache läuft. Ah, da kommt so ein lästiger Mensch, der hat uns gerade noch gefehlt!

### Zweite Szene

*Der Schauspieler la Thorillière, Molière etc.*

DER SCHAUSPIELER LA THORILLIÈRE Guten Tag, Herr Molière.

MOLIÈRE Ihr Diener, mein Herr. – Der Teufel soll ihn holen!

DER SCHAUSPIELER LA THORILLIÈRE Wie geht's, wie steht's?

MOLIÈRE Danke, vortrefflich. Meine Damen, wir ...

DER SCHAUSPIELER LA THORILLIÈRE Ich habe soeben das Beste über Sie gesagt.

MOLIÈRE Ergebensten Dank. – Die Pest soll ihn befallen! – Darf ich Sie bitten ...

DER SCHAUSPIELER LA THORILLIÈRE Sie spielen heute ein neues Stück?

MOLIÈRE Ja, mein Herr. – Vergeßt, bitte, nicht ...

DER SCHAUSPIELER LA THORILLIÈRE Der König hat es schreiben lassen?

MOLIÈRE Ja, mein Herr. – Ich bitte euch, denkt daran, daß ...

DER SCHAUSPIELER LA THORILLIÈRE Wie nennen Sie das Stück?

MOLIÈRE Ja, mein Herr.

DER SCHAUSPIELER LA THORILLIÈRE Ich frage Sie, wie das Stück heißt.

MOLIÈRE Ach so, ja – ich weiß es noch nicht. Wenn ich Sie bitten darf, wir haben jetzt ...

DER SCHAUSPIELER LA THORILLIÈRE Wie werden Sie kostümiert sein?

MOLIÈRE So, wie Sie uns sehen. Ich bitte Sie ...

DER SCHAUSPIELER LA THORILLIÈRE Wann beginnen Sie?

MOLIÈRE Wenn der König kommt. – Zum Henker mit dem Kreuzverhör!

DER SCHAUSPIELER LA THORILLIÈRE Wann, glauben Sie, kommt er?

MOLIÈRE Mich soll der Schlag treffen, mein Herr, wenn ich es weiß.

DER SCHAUSPIELER LA THORILLIÈRE Und Sie wissen auch nicht ...

MOLIÈRE Ach, verehrter Herr, ich bin der unwissendste Mensch auf der Welt, ich weiß nichts von all dem, wonach Sie mich fragen könnten, das schwöre ich Ihnen. – Ich zerspringe vor Wut! Dieser Wicht kommt in aller Seelenruhe daher, fragt mich aus und kümmert sich nicht darum, daß wir ganz andere Sorgen haben.

DER SCHAUSPIELER LA THORILLIÈRE Meine Damen, ich bin Ihr Diener.

MOLIÈRE Ah, schön, jetzt kommt er von der anderen Seite.

DER SCHAUSPIELER LA THORILLIÈRE *zur du Croisy* Sie sind schön wie ein kleiner Engel. Spielen Sie alle beide heute mit? *Er betrachtet die Hervé.*

DIE SCHAUSPIELERIN DU CROISY Ja, mein Herr.

DER SCHAUSPIELER LA THORILLIÈRE Ohne Sie wäre die Komödie nicht halb so schön.

MOLIÈRE Könnt ihr diesen Menschen nicht vertreiben?

DIE SCHAUSPIELERIN DE BRIE Mein Herr, wir müssen noch ein wenig miteinander proben.

DER SCHAUSPIELER LA THORILLIÈRE Da möchte ich Sie auf keinen Fall aufhalten. Lassen Sie sich, bitte, nicht stören.

DIE SCHAUSPIELERIN DE BRIE Aber ...

DER SCHAUSPIELER LA THORILLIÈRE Nein, nein, ich möchte auf keinen Fall lästig sein. Tun Sie nur ganz ohne Scheu, was Sie zu tun haben.

DIE SCHAUSPIELERIN DE BRIE Ja, aber . . .

DER SCHAUSPIELER LA THORILLIÈRE Sie müssen nämlich wissen, daß ich nichts von übertriebenen Formen halte; proben Sie ruhig, was Sie proben wollten.

MOLIÈRE Mein Herr, die Damen scheuen sich, es Ihnen zu sagen: sie legen großen Wert darauf, daß niemand bei der Probe anwesend ist.

DER SCHAUSPIELER LA THORILLIÈRE Warum? Für mich besteht da keinerlei Gefahr.

MOLIÈRE Mein Herr, die Damen sind es so gewöhnt. Und Sie, mein Herr, haben dann auch mehr Vergnügen an dem Spiel.

DER SCHAUSPIELER LA THORILLIÈRE Gut, also gehe ich und sage, daß alles bereit ist.

MOLIÈRE Das nicht, mein Herr – bitte, beeilen Sie sich nicht zu sehr.

## Dritte Szene

*Molière, de la Grange etc.*

MOLIÈRE Ach ja, die Welt ist voll von Plagen! Und jetzt los – beginnen wir! Stellt euch also vor, daß die Szene im Vorzimmer des Königs spielt. Das ist ein Schauplatz, wo sich Tag für Tag die heitersten Dinge begeben. Man kann da bequem alle Leute auftreten lassen, wie man sie braucht, sogar einschließlich der Damen, die ich mitspielen lasse. Die Komödie beginnt mit der Begegnung zweier Barone. Vergeßt nicht, wie gesagt, diese gewisse Haltung ›von Welt‹, die Perücke kämmend, ein kleines Lied trällernd, la, la, la, la, la, la. – Ihr tretet zurück, ihr anderen, die beiden Barone brauchen Platz. Die sind nicht gewillt, sich in engen Räumen zu bewegen. Also . . .

DER SCHAUSPIELER DE LA GRANGE »Guten Tag, Baron.«

MOLIÈRE Aber, um Gottes willen, das ist doch nicht der Ton eines Barons. Das muß etwas lauter sein. Und die Mehrzahl dieser Herren hat eine ganz besondere Sprechweise, um sich von der kommunen Welt zu unterscheiden. »Guten Tag, Baron.« Noch einmal!

DER SCHAUSPIELER DE LA GRANGE »Guten Tag, Baron.«

MOLIÈRE »Oh, dein Diener, Baron.«

DER SCHAUSPIELER DE LA GRANGE »Was tust du hier?«

MOLIÈRE »Ach Gott, du siehst es ja, ich warte, bis diese Menge sich von der Türe verzogen hat, um dort mein Gesicht zu zeigen.«

DER SCHAUSPIELER DE LA GRANGE »Donnerwetter, diese Fülle! Ich habe kein Verlangen, mich da herumdrücken zu lassen, ich komme lieber mit den letzten.«

MOLIÈRE »Da sind ja fast zwei Dutzend, die glauben, daß sie nicht Einlaß finden, und die sich an der Türe breit machen und den Zugang verstellen.«

DER SCHAUSPIELER DE LA GRANGE »Rufen wir dem Türsteher unsere Namen zu, damit er uns anmeldet.«

MOLIÈRE »Ja, tu das nur, wenn du Lust hast; ich möchte nicht von Molière gespielt werden.«

DER SCHAUSPIELER DE LA GRANGE »Aber dich hat er doch schon in der ›Kritik der Schule der Frauen‹ gespielt.«

MOLIÈRE »Mich? Da bedanke ich mich. Das warst du höchst persönlich.«

DER SCHAUSPIELER DE LA GRANGE »Oh, du bist sehr gütig, daß du mir diese Rolle abtreten willst.«

MOLIÈRE »Donnerwetter, bist du generös, daß du mir gibst, was dir gehört.«

DER SCHAUSPIELER DE LA GRANGE »Ha, ha, ha, das ist lustig.«

MOLIÈRE »Ha, ha, ha, das ist drollig.«

DER SCHAUSPIELER DE LA GRANGE »Nein, so etwas! Du willst bestreiten, daß er als Baron in der ›Kritik‹ dich spielt?«

MOLIÈRE »Ja, ja, mich! Abscheulich! Ekelhaft! Scheußlich! Sterz! Das bin ich, natürlich, das bin ich!«

DER SCHAUSPIELER DE LA GRANGE »Ja, zum Donnerwetter, das bist du. Und wenn du noch so spottest! Bitte, wetten wir, dann werden wir ja sehen, wer gewinnt.«

MOLIÈRE »Und um wieviel willst du wetten?«

DER SCHAUSPIELER DE LA GRANGE »Dreihundert Taler, daß du's bist.«

MOLIÈRE »Dreihundert Taler, daß du's bist.«

DER SCHAUSPIELER DE LA GRANGE »Dreihundert Taler bar auf die Hand?«

MOLIÈRE »Bar. Zweihundertfünfzig zahlt dir mein Schuldner Amyntas, fünfzig auf die Hand.«

DER SCHAUSPIELER DE LA GRANGE »Gut.«

MOLIÈRE »Einverstanden.«

DER SCHAUSPIELER DE LA GRANGE »Dein Geld schwebt in großer Gefahr.«

MOLIÈRE »Dein Geld sieht einem großen Abenteuer entgegen.«

DER SCHAUSPIELER DE LA GRANGE »Und wen rufen wir zur Entscheidung an?«

MOLIÈRE »Bitte, sei Richter bei unserer Wette.«

DER SCHAUSPIELER BRÉCOURT »Und die ist?«


## Vierte Szene

*Molière, Brécourt, de la Grange etc.*

MOLIÈRE »Dieser Herr soll unser Richter sein. Erlaucht!«

DER SCHAUSPIELER BRÉCOURT »Was denn? Was denn?«

MOLIÈRE Jetzt redet der auch wie ein Baron! Nein! Habe ich Ihnen nicht gesagt, daß Sie in Ihrer Rolle ganz natürlich zu reden haben?

DER SCHAUSPIELER BRÉCOURT Ja, das stimmt.

MOLIÈRE Also. »Erlaucht!«

DER SCHAUSPIELER BRÉCOURT »Was denn? Was denn?«

MOLIÈRE »Wir streiten, wer der Baron in dem Stück ›Kritik der Schule der Frauen‹ von Molière ist. Er wettet, daß ich es bin, ich wette: er ist es.«

DER SCHAUSPIELER BRÉCOURT »Und ich wette, daß es keiner von beiden ist. Ihr seid ja närrisch, daß ihr euch etwas Derartiges anmaßt. Ich war unlängst Zeuge, wie Molière sich beklagt hat, als man ihm das gleiche zugemutet hat wie ihr beide jetzt. Für ihn ist nichts ärgerlicher als der Vorwurf, daß man in seinen Gestalten jemand bestimmten erkennt. Seine Absicht ist es, sagt er, ein Sittengemälde zu entwerfen, ohne Ansehen der Personen; alle Rollen, die er auf die Szene bringt, sind nur Luftgebilde, Phantome, die er nach seiner Phantasie ausstattet, um das Auditorium zu erfreuen, und er wäre sehr verärgert, wenn er dabei wen immer getroffen hätte, und wenn etwas ihm das Schreiben von Komödien verleiden könnte, wären es eben diese Ähnlichkeiten, die man immer wieder festzustellen glaubt und auf die seine Gegner die Gedanken immer wieder heimtückisch hinlenken, um immer wieder böses Blut bei gewissen Personen zu machen, an die er nie gedacht hat. Und ich finde: da hat er weiß Gott recht; denn warum, ich bitte euch, warum für alle seine Gesten und alle seine Worte Modelle suchen und ihm Unannehmlichkeiten bereiten, indem man sagt: ›Er spielt den Soundso‹, wenn es sich um Dinge handelt, die auf hundert Leute passen könnten? Es ist doch die Aufgabe der Komödie, alle Fehler der Menschen darzustellen und im besonderen die Fehler unseres Jahrhunderts; also ist es für Molière unmöglich, eine Rolle zu spielen, der nichts auf dieser Welt ähnelt; und wenn man ihm vorwirft, daß er alle Personen im Auge hat, bei denen sich die Fehler finden, die er zeichnet, dann darf er künftig keine Komödien mehr schreiben.«

MOLIÈRE »Meiner Seel, Erlaucht, du willst Molière verteidigen und unseren Freund hier schonen.«

DER SCHAUSPIELER DE LA GRANGE »Aber nein! Dich will er schonen, und wir müssen einen anderen Richter suchen.«

MOLIÈRE »Gut. Aber sag mir, Erlaucht, glaubst du nicht, daß dein Molière schon recht verbraucht ist und daß ihm kein Stoff mehr bleibt, um . . .«

DER SCHAUSPIELER BRÉCOURT »Kein Stoff mehr? Ach, armer Baron, wir werden ihm immer Stoff genug liefern; er mag tun und sagen, was er will, er wird uns dadurch ja doch nicht zur Vernunft führen.«

MOLIÈRE Wartet einmal. Man muß diese ganze Stelle stärker herausarbeiten. Hört einmal zu: ». . . und daß ihm kein Stoff mehr bleibt, um . . .« – »Kein Stoff mehr? Ach, armer Baron, wir werden ihm immer Stoff genug liefern; er mag tun und sagen, was er will, er wird uns dadurch ja doch nicht zur Vernunft führen. Glaubst du, daß er in seinen Komödien schon alle menschlichen Lächerlichkeiten erschöpft hat? Und ohne daß er darum den Hof verlassen müßte, findet er nicht noch zwanzig verschiedene Arten von Menschen, die er noch nicht verarbeitet hat? Zum Beispiel die, welche die größten Freundschaften der Welt zur Schau stellen und ihre Ehre dreinsetzen, einander hinterrücks zu vernichten. Die übertriebenen Bewunderer, die unermüdlichen Schmeichler, die ihre Lobsprüche ohne jede Prise von Salz verstreuen, deren Komplimente von so fader Süßigkeit sind, daß allen, die zuhören, schlecht wird. Die feigen Streber nach Gunst, die gemeinen Anbeter des Vermögens, die uns im Glück beweihräuchern und uns in der Not fallenlassen. Und die ewig mit dem Hof Unzufriedenen, ein Gefolge der Überflüssigen, der zudringlichen Plagegeister, die Leute, die in ihrer Lästigkeit ein Verdienst sehen und die wünschen, dafür belohnt zu werden, daß sie zehn Jahre lang den hohen Herrn gestört haben. Und dann die, die gleichfalls aller Welt schöntun, die rechts und links Artigkeiten verstreuen und die gleichen Umarmungen und Freundschaftsbezeugungen jedem aufdrängen, der ihnen in den Weg läuft. ›Ihr alleruntertänigster Diener, mein Herr. – Ich stehe voll und ganz zu Ihrer Verfügung, mein Herr. – Sehen Sie in mir Ihren ergebenen Anhänger, mein Lieber. – Rechnen Sie auf mich, mein Herr, als auf den glühendsten Ihrer Freunde. – Ich bin überglücklich, Sie umarmen zu dürfen, mein Herr. – Ah, jetzt erst sehe ich Sie, mein Herr! Erweisen Sie mir die Gnade, über mich zu verfügen. Seien Sie versichert, daß ich ganz und gar der Ihre bin. Keinen andern aus der großen Gesellschaft verehre ich mehr als Sie. Niemanden bewundere ich, wie ich Sie bewundere, glauben Sie mir das, ich beschwöre Sie. Ich flehe Sie an, meine Worte nicht zu bezweifeln. – Ergebenster. – Untertänigster Diener.‹ – Laß es gut sein, Baron. Molière wird immer mehr Stoff haben, als ihm lieb ist. Was er bisher verarbeitet hat, ist nur ganz, ganz wenig im Vergleich zu dem, was ihm noch bleibt.« So ungefähr muß man das spielen.

DER SCHAUSPIELER BRÉCOURT Ich verstehe.

MOLIÈRE Weiter.

DER SCHAUSPIELER BRÉCOURT »Da sind Climène und Elise.«

MOLIÈRE Daraufhin tretet ihr beiden auf. *Zur du Parc* Wiegender Gang, möglichst kokett und namenlos geziert, wenn ich bitten darf. Es wird Sie Überwindung kosten, aber da kann ich Ihnen nicht helfen. Man muß sich manchmal verstellen.

DIE SCHAUSPIELERIN MOLIÈRE »Verehrteste, ich habe Sie schon von weitem erkannt, denn an Ihrer Haltung merkte ich es gleich, daß es keine andere sein könnte als Sie.«

DIE SCHAUSPIELERIN DU PARC »Ja, ich warte hier an der Türe auf einen gewissen Herrn, mit dem ich ein Hühnchen zu rupfen habe.«

DIE SCHAUSPIELERIN MOLIÈRE »Ganz so wie ich.«

MOLIÈRE Hier, meine Damen, diese Kisten sind Ihre Fauteuils.

DIE SCHAUSPIELERIN DU PARC »Bitte, Verehrteste, nehmen Sie doch Platz.«

DIE SCHAUSPIELERIN MOLIÈRE »Nach Ihnen, Verehrteste.«

MOLIÈRE Schön. Nach einem kleinen stummen Zeremoniell hinsetzen und sitzend reden; die Barone nicht, die sind unruhig, stehen auf und setzen sich dann wieder. »Mein Gott, Erlaucht, dein Wams ist stark gealtert!«

DER SCHAUSPIELER BRÉCOURT »Wie das?«

MOLIÈRE »Es hat so viele Falten.«

DER SCHAUSPIELER BRÉCOURT »Ich bedanke mich für diesen köstlichen Scherz.«

DIE SCHAUSPIELERIN MOLIÈRE »Ach, Verehrteste, wie frisch und zart Ihr Gesicht wieder ist und wie überwältigend rot Ihre Lippen!«

DIE SCHAUSPIELERIN DU PARC »Oh, was sagen Sie da, Verehrteste?! Schauen Sie mich, bitte, bitte, nicht an, ich sehe heute so abscheulich aus wie noch nie.«

DIE SCHAUSPIELERIN MOLIÈRE »Ach, bitte, Verehrteste, lüften Sie doch Ihr Häubchen ein wenig.«

DIE SCHAUSPIELERIN DU PARC »Nein, pfui, ich bin häßlich, sage ich Ihnen, ich ekle mich vor mir.«

DIE SCHAUSPIELERIN MOLIÈRE »Sie sind so schön!«

DIE SCHAUSPIELERIN DU PARC »Keine Spur, keine Spur!«

DIE SCHAUSPIELERIN MOLIÈRE »Zeigen Sie sich doch.«

DIE SCHAUSPIELERIN DU PARC »Aber ich bitte Sie – pfui über mich!«

DIE SCHAUSPIELERIN MOLIÈRE »Bitte, bitte!«

DIE SCHAUSPIELERIN DU PARC »O Gott, nein!«

DIE SCHAUSPIELERIN MOLIÈRE »Doch, doch!«

DIE SCHAUSPIELERIN DU PARC »Sie bringen mich zur Verzweiflung.«

DIE SCHAUSPIELERIN MOLIÈRE »Nur einen kleinen Augenblick!«

DIE SCHAUSPIELERIN DU PARC »O weh!«

DIE SCHAUSPIELERIN MOLIÈRE »Sie müssen einfach! Man kann auf diesen Anblick nicht verzichten.«

DIE SCHAUSPIELERIN DU PARC »Mein Gott, Verehrte, was für ein erstaunliches Wesen Sie doch sind! Wenn Sie etwas wollen, wollen Sie es so leidenschaftlich!«

DIE SCHAUSPIELERIN MOLIÈRE »Aber, Sie, Verehrteste, nein, Sie riskieren nichts, wenn Sie sich bei Tageslicht zeigen, das schwöre ich Ihnen. Die Leute sind unverschämt, die behaupten, daß Sie etwas auflegen! Und ich kann diesen Leuten jetzt wirklich widersprechen.«

DIE SCHAUSPIELERIN DU PARC »Ach ja, ich weiß nicht einmal, was das heißt, ›etwas auflegen‹. Aber wohin gehen diese Damen?«


### Fünfte Szene

*Die Schauspielerinnen de Brie, du Parc etc.*


DIE SCHAUSPIELERIN DE BRIE »Gestatten Sie, meine Verehrteste, daß wir Ihnen im Vorübergehen die hübscheste Neuigkeit der Welt mitteilen. Herr Lysidas erzählte uns eben, daß ein Stück gegen Molière geschrieben wurde und demnächst zu sehen sein wird.«

MOLIÈRE »Ja, ja, man wollte es mir vorlesen; der Autor heißt Br . . ., Brou . . ., Brossaut.«

DER SCHAUSPIELER DU CROISY »Auf der Ankündigung steht der Name Boursaut; aber ich kann verraten, daß etliche Leute an diesem Werk gearbeitet haben; es heißt ›Das Porträt des Malers‹, und man darf sich viel davon erwarten. Da alle Schriftsteller und alle Schauspieler in Molière ihren ärgsten Feind sehen, haben wir uns zusammengetan, um ihn zu erledigen. Jeder von uns hat einen Pinselstrich zu diesem Porträt beigesteuert; aber wir haben uns gehütet, unsere Namen hinzusetzen, denn es wäre für ihn zu schmeichelhaft, wenn er vor aller Augen dem ganzen Parnaß erläge. Um die Niederlage schmählicher zu machen, haben wir ganz mit

Absicht einen Schauspieler ohne großen Namen als Autor ausgesucht.«

DIE SCHAUSPIELERIN DU PARC »Ich für meinen Teil muß gestehen, daß ich mich ganz ungeheuer freue.«

MOLIÈRE »Ich auch – Donnerwetter, Donnerwetter! – der Spötter wird verspottet, man wird ihm hübsch auf die Finger klopfen!«

DIE SCHAUSPIELERIN DU PARC »Das wird man ihm abgewöhnen, alles ins Lächerliche zu ziehen. Wie, dieser Unverschämte ist dagegen, daß Frauen geistreich sind? Er verdammt unsere gehobene Sprache und will, daß wir vulgär und kommun reden!«

DIE SCHAUSPIELERIN DE BRIE »Von der Sprache abgesehen – er kritisiert unsere Verbindungen, wie unschuldig sie auch sein mögen; und wenn man auf ihn hörte, wäre jeder Vorzug ein Verbrechen.«

DIE SCHAUSPIELERIN DU CROISY »Es ist unerträglich! Die Frauen können ja überhaupt nichts mehr tun. Warum läßt er unsere Gatten nicht in Ruhe, statt ihnen die Augen zu öffnen und sie vor Dingen zu warnen, die sie nicht merken?«

DIE SCHAUSPIELERIN BÉJART »Und das ist noch immer nicht alles. Dieser böse Spottvogel macht sich ja sogar über die tugendhaften Frauen lustig und nennt sie ›wohlgeborene Drachen‹.«

DIE SCHAUSPIELERIN MOLIÈRE »Er ist unverschämt. Man muß ihn züchtigen.«

DER SCHAUSPIELER DU CROISY »Die Aufführung dieser Komödie muß kräftig unterstützt werden, Verehrteste. Und die Truppe im . . .«

DIE SCHAUSPIELERIN DU PARC »Keine Angst! Ich verbürge mich für den Erfolg.«

DIE SCHAUSPIELERIN MOLIÈRE »Sie haben ganz recht, Verehrteste. Zu viele haben ein Interesse daran, das Stück gut zu finden. Es ist natürlich, daß alle, die sich von Molière getroffen fühlen, gern Gelegenheit nehmen werden, sich an ihm zu rächen, indem sie dieser Komödie applaudieren.«

DER SCHAUSPIELER BRÉCOURT »Gewiß, und ich persönlich verbürge mich für zwölf Barone, sechs Damen der Gesellschaft, zwanzig Lebedamen und dreißig betrogene Gatten, die gewiß Beifall klatschen werden.«

DIE SCHAUSPIELERIN MOLIÈRE »Ja, warum hat er auch alle diese Leute beleidigt, und ganz besonders die betrogenen Gatten, die doch die besten Menschen der Welt sind?«

MOLIÈRE »Himmeldonnerwetter noch einmal, ich höre, daß man es ihm fein besorgen wird, ihm und allen seinen Komödianten, und daß die Schauspieler und die Autoren, von den größten bis zu den kleinsten, maßlos erbittert gegen ihn sind.«

DIE SCHAUSPIELERIN MOLIÈRE »Geschieht ihm recht! Warum schreibt er bösartige Stücke, die ganz Paris sehen will und in denen er die Leute so gut porträtiert, daß jeder sich wiedererkennt? Warum schreibt er seine Komödien nicht wie unser Lysidas? Da wäre kein Mensch gegen ihn! Und alle seine Kollegen würden gut über ihn reden. Allerdings haben Stükke dieser Art keinen besonderen Zulauf, aber dafür sind sie immer gut geschrieben, niemand tadelt sie, und alle, die sie sehen, sind namenlos begierig, sie schön zu finden.«

DER SCHAUSPIELER DU CROISY »Gewiß, ich kann mich rühmen, daß ich mir keine Feinde mache und daß alle meine Werke von den Gelehrten gerühmt werden!«

DIE SCHAUSPIELERIN MOLIÈRE »Sie sind mit Recht stolz auf sich, denn das ist mehr wert als der Applaus im Saal und mehr als alles Geld, das sich mit den Komödien von Molière verdienen ließe. Was kümmert es Sie, ob Leute zu Ihren Stükken gehen, wenn nur Ihre Kollegen Sie schätzen?!«

DER SCHAUSPIELER DE LA GRANGE »Aber wann spielt man diese Komödie ›Das Porträt des Malers‹?«

DER SCHAUSPIELER DU CROISY »Das weiß ich nicht, doch ich werde rechtzeitig zur Stelle sein und rufen: ›Oh, das ist schön!‹«

MOLIÈRE »Ich auch, zum Donnerwetter!«

DER SCHAUSPIELER DE LA GRANGE »Und ich auch, so Gott will!«

DIE SCHAUSPIELERIN DU PARC »Was mich betrifft, so werde ich dort ganz gewiß zur Verfügung stehen; und ich garantiere für einen Sturm der Zustimmung, der alle gegnerischen Stimmen zerschmettern wird. Das ist wohl das Geringste, das uns zu tun aufgegeben ist: den Rächer unserer Sache mit Lob zu überschwemmen.«

DIE SCHAUSPIELERIN MOLIÈRE »Das war wunderschön gesagt.«

DIE SCHAUSPIELERIN DE BRIE »Und das ist und bleibt für uns alle bindend.«

DIE SCHAUSPIELERIN BÉJART »Ganz und gar.«

DIE SCHAUSPIELERIN DU CROISY »Völlig und gänzlich.«

DIE SCHAUSPIELERIN HERVÉ »Kein Mitleid mit diesem Spottvogel.«

MOLIÈRE »Meiner Seel, Erlaucht, dieser dein Molière wird sich verstecken müssen.«

DER SCHAUSPIELER BRÉCOURT »Der? Ich versichere dir, Baron, daß er vorhat, insgeheim zu kommen und mit den anderen über sein Porträt zu lachen.«

MOLIÈRE »Teufel, Teufel! Da wird er aber nur sehr bitter lachen können.«

DER SCHAUSPIELER BRÉCOURT »Na, was soll's, wer weiß, ob er nicht mehr Grund zum Lachen findet, als du ahnst. Man hat mir das Stück gezeigt; wirklich gut daran ist das, was an Ideen von Molière entlehnt ist, und die Zustimmung, die diese Ideen finden könnten, wird ihm gewiß nicht unangenehm sein. Der Angriff auf ihn aber wird niemandes Zustimmung finden, davon bin ich überzeugt. Und was alle jene betrifft, die er angeblich allzu ähnlich zeichnet und die gegen ihn aufgebracht werden sollen: ganz abgesehen davon, daß so etwas nicht eben vornehm ist, scheint es mir ebenso lächerlich wie unklug. Bisher hielt ich es nicht für tadelnswert, daß in Komödien die Menschen richtig dargestellt sind.«

DER SCHAUSPIELER DE LA GRANGE »Die Schauspieler haben mir gesagt, daß sie eine Antwort erwarten und daß . . .«

DER SCHAUSPIELER BRÉCOURT »Eine Antwort? Oh, da wäre er aber sehr dumm, wenn er sich die Mühe nähme, auf ihre Beschimpfungen zu antworten. Alle Welt kennt ja schon längst die Beweggründe dieser Leute; und seine beste Antwort ist eine Komödie, die ihm so gut gelingt wie alle seine anderen. So soll er es ihnen heimzahlen; und wie ich sie und ihre Humorlosigkeit kenne, bin ich sicher: ein neues Stück, das ihnen ihr Publikum abzieht, wird sie noch viel mehr ärgern als alle Satiren, in denen sie persönlich aufs Korn genommen werden.«

MOLIÈRE »Aber, Erlaucht . . .«

DIE SCHAUSPIELERIN BÉJART Verzeihung, daß ich die Probe unterbreche. Darf ich etwas sagen? Ich an Ihrer Stelle hätte das alles ganz anders angelegt. Man erwartet von Ihnen eine kräftigere Antwort; nach der Manier, in der Sie angeblich in dieser Komödie angefaßt werden, haben Sie das Recht, alles gegen diese Truppe zu sagen und auf niemanden Rücksicht zu nehmen.

MOLIÈRE Jetzt machen Sie mich aber wirklich böse; das ist doch echt weiblich: ich soll also auf diese Leute losgehen und nach ihrem Beispiel Gift und Galle verspritzen. Das würde mir viel Ehre machen und ihnen große Schande, was? Auf eine solche Fortsetzung lauern sie ja gierig. Und bei der Überlegung, ob sie ›Das Porträt des Malers‹ spielen sollen, auf die Gefahr eines Gegenschlages, haben da nicht etliche gemeint: »Er soll uns beleidigen, soviel er will, wenn wir nur Geld verdienen!?« Ist das nicht der Gipfel der Ehrlosigkeit? Und räche ich mich am besten, wenn ich ihnen das gebe, was sie haben wollen?

DIE SCHAUSPIELERIN DE BRIE Man hat sich besonders über einige Sätze in der ›Kritik der Schule der Frauen‹ und in den ›Lächerlichen Schwärmerinnen‹ beklagt.

MOLIÈRE Zugegeben, diese Sätze sind sehr beleidigend, und man beruft sich mit Recht auf sie. Aber, lassen wir's gut sein – es geht ja nicht darum. Das Allerärgste, das ich ihnen angetan habe, ist: ich war so glücklich, mehr Erfolg zu haben, als es ihnen gepaßt hat. Und ihr ganzes Vorgehen, seit ich mit euch nach Paris gekommen bin, zeigt ganz deutlich, was sie wirklich ärgert. Aber sie mögen tun, was ihnen beliebt, und nichts davon wird mich stören. Sie kritisieren meine Stücke; um so besser! Gott bewahre mich davor, eines zu schreiben, das sie anerkennen! Das wäre kein gutes Geschäft für mich.

DIE SCHAUSPIELERIN DE BRIE Es ist aber doch nicht angenehm, seine eigene Arbeit herabgesetzt zu sehen.

MOLIÈRE Was macht mir das aus? Habe ich nicht mit meiner ›Schule der Frauen‹ alles erreicht, was ich wollte, da sie den Beifall der allerhöchsten Herrschaften gefunden hat, denen angenehm zu sein ich mich bemühe? Kann ich mit dem Erfolg nicht zufrieden sein, und kommen nicht alle Einwände zu

spät? Was soll mir das alles jetzt noch, ich bitte euch?!
Wenn man ein Stück, das gefallen hat, schlecht macht, macht
man denn dadurch nicht den Geschmack jener, die es bejaht
haben, eher schlecht als die Kunst des Autors?

DIE SCHAUSPIELERIN DE BRIE Ja, aber ich hätte diesen Dichter-
ling aufs Korn genommen, der es wagt, gegen Leute zu schreiben, für die er Luft ist.

MOLIÈRE Unsinn! Dieser Mensch gibt doch nichts her, um den
Hof zu unterhalten! Ich möchte wissen, von welcher Seite
man ihn zeigen soll, um ihn dem Publikum schmackhaft zu
machen, und ob er, wenn man ihn auf der Bühne noch so
sehr hernimmt, das Glück hat, daß die Leute über ihn lachen. Es wäre zuviel Ehre für ihn, vor einer ansehnlichen
Corona dargestellt zu werden – das könnte ihm so passen.
Er greift mich ja eben darum an, um auf irgendeine Weise
aufzufallen. Er hat nichts zu verlieren. Und die Schauspieler haben ihn gegen mich aufgehetzt, um mich in eine alberne
Kontroverse zu verwickeln und um mich dadurch hinterlistig
von anderen Arbeiten abzulenken, die ich vorhabe. Ihr aber
seid einfältig genug, darauf hereinzufallen. Nun will ich
öffentlich erklären: ich denke nicht daran, auf diese Kritiken und Gegenkritiken zu antworten. Sie mögen allen Unrat
der Welt über meine Stücke ergießen – mir soll's recht sein.
Sie mögen sich nach uns über meine Komödien hermachen. Sie
mögen sie umwenden wie einen Anzug und sie auf ihre Bret-
ter bringen und von dem mäßigen Vergnügen, das sie dabei
erzeugen, und von dem bescheidenen Erfolg, der mir zuteil
wird, profitieren – mir soll's recht sein. Sie sind darauf ange-
wiesen, und ich will sie gern am Leben erhalten, sofern sie
sich mit dem begnügen, was ich ihnen großzügig gestatte.
Aber das Entgegenkommen hat Grenzen. Es gibt Dinge, über
die lacht weder das Publikum noch der, den sie betreffen. Ich
will ihnen herzlich gern meine Werke zur Verfügung stellen,
mein Gesicht, meine Bewegungen, meine Worte, den Ton
meiner Stimme, meine Art, auf der Bühne zu sprechen, sie
mögen damit anfangen und darüber sagen, was ihnen beliebt,
wenn sie daraus einige Vorteile ziehen können. Ich habe
nichts dagegen und bin entzückt, falls das alles den Leuten
Spaß macht. Aber da ich ihnen dies alles zur Verfügung

stelle, mögen sie gefälligst den Rest mir überlassen und gewisse Dinge nicht berühren, die, wie man mir sagt, in der bewußten Komödie Gegenstand ihrer kritischen Angriffe gegen mich sind. Darum bitte ich höflichst jenen ehrenwerten Herrn, der sich bereit findet, für diese Truppe zu schreiben, und das ist die einzige Antwort, die man von mir zu hören bekommt.

DIE SCHAUSPIELERIN BÉJART Aber immerhin . . .

MOLIÈRE Aber immerhin machen Sie mich wahnsinnig. Reden wir nicht mehr darüber. Da unterhalten wir uns, statt daß wir die Probe fortsetzen. Wo sind wir stehengeblieben? Ich erinnere mich nicht mehr.

DIE SCHAUSPIELERIN DE BRIE Sie waren bei der Stelle . . .

MOLIÈRE O Gott, ich höre etwas. Das ist bestimmt der König, der hierher kommt. Und ich sehe schon: es bleibt uns keine Zeit mehr, weiterzuproben. Das kommt von diesem ewigen Geplauder! Na, mit dem Schluß müßt ihr eben fertig werden, so gut es geht.

DIE SCHAUSPIELERIN BÉJART O Gott, o Gott, ich habe Angst, ich kann diese Rolle nie im Leben spielen, wenn ich sie nicht noch einmal ganz durchspreche.

MOLIÈRE Was? Sie können Ihre Rolle nicht spielen?

DIE SCHAUSPIELERIN BÉJART Nein.

DIE SCHAUSPIELERIN DU PARC Ich meine auch nicht.

DIE SCHAUSPIELERIN DE BRIE Und ich auch nicht.

DIE SCHAUSPIELERIN MOLIÈRE Ich genauso wenig.

DIE SCHAUSPIELERIN HERVÉ Ich auch nicht.

DIE SCHAUSPIELERIN DU CROISY Ich auch nicht.

MOLIÈRE Was fällt euch ein? Das kann doch nicht euer Ernst sein.


### Sechste Szene

*Der Schauspieler Béjart, Molière etc.*

DER SCHAUSPIELER BÉJART Der König ist gekommen und erwartet den Beginn der Komödie.

MOLIÈRE Mein Herr, Sie sehen mich in der allergrößten Verlegenheit und äußersten Verzweiflung! Diese Damen hier sind ganz außer sich und meinen, sie müßten ihre Rollen noch einmal repetieren, ehe wir beginnen. Wir bitten ergebenst um ein wenig Zeit. Der König ist gütig und weiß ja genau, wie hastig wir das alles vorbereiten mußten. Also, nehmt euch zusammen und habt keine Angst, ich bitte euch.

DIE SCHAUSPIELERIN DU PARC Sie müssen sich entschuldigen.

MOLIÈRE Was muß ich?


## Siebente Szene

*Die Vorigen ohne Béjart, vier Wichtigtuer*

EIN WICHTIGTUER Beginnen Sie doch schon!

MOLIÈRE Sogleich, mein Herr. Ich glaube, ich werde wirklich wahnsinnig, wenn das so weitergeht.

EIN ZWEITER WICHTIGTUER Beginnen Sie doch schon!

MOLIÈRE Im Augenblick, mein Herr. *Zu den Schauspielern* Los! Oder soll ich die Schande erleben . . .

EIN DRITTER WICHTIGTUER Beginnen Sie doch schon!

MOLIÈRE Ja, mein Herr, wir beginnen. Ach, wie viele Leute sich wichtigmachen und rufen »Beginnen Sie doch schon!«, ohne daß der König es ihnen befohlen hat.

EIN VIERTER WICHTIGTUER Beginnen Sie doch schon!

MOLIÈRE Ja, jetzt sind wir soweit. *Zu den Schauspielern* Soll ich wirklich diese Demütigung . . .


## Achte Szene

*Der Schauspieler Béjart, Molière etc.*

MOLIÈRE Mein Herr, Sie kommen, um uns zu sagen, wir mögen doch schon beginnen. Aber . . .

DER SCHAUSPIELER BÉJART Nein, ich komme, um zu melden, daß man den König von Ihrer Verlegenheit in Kenntnis gesetzt hat und daß er allergnädigst geruhte, Ihre neue Komödie auf ein andermal zu verschieben. Für heute begnügt er sich mit dem, was Sie aufführen können.

MOLIÈRE Ah! Oh, mein Herr, Sie geben mir das Leben zurück! Der König erweist uns die allergrößte Gnade und gibt uns Aufschub für das, was er bei uns bestellt hat. Wir alle wollen ihm für seine übergroße Güte innig danken.

Wien, April–Mai 1968
Alle Aufführungsrechte beim Diogenes Theaterverlag

*Mlle. Poisson-du Croisy*
## Molière auf der Bühne

Die Natur hatte ihm die fürs Theater, besonders für die tragischen Rollen erforderlichen äußeren Gaben versagt. Eine stumpfe, wenig geschmeidige Stimme, eine allzu flinke, die Deklamation überhastende Zunge benachteiligten ihn stark gegenüber den Schauspielern des Hôtel de Bourgogne. Er erkannte das und beschränkte sich auf die Gattungen, in denen seine Fehler erträglich waren. Auch da hatte er viele Schwierigkeiten und korrigierte diese Überhastung, die der schönen Aussprache hinderlich ist, durch fortwährenden Zwang; dies rief ein Schlucken hervor, das er bis zu seinem Tode behielt und aus dem er gewisse Wirkungen herausholte. Um die Einförmigkeit des Organs zu mildern, nahm er einige ungewöhnliche Töne an, derentwegen man ihn erst affektiert nannte, um sich später auch daran zu gewöhnen. Er gefiel nicht nur als Mascarille, Sganarell, Hali usw., sondern war hervorragend in den Rollen der großen Komödie als Arnolph, Orgon, Harpagon. Darin bezauberte er das Publikum durch die Wahrheit des Gefühls, die Verständigkeit seiner Ausdrucksform und alle Feinheiten der Kunst: man konnte die Rolle und den Mann, der sie darstellte, nicht mehr unterscheiden. Er nahm auch für sich immer die längste und schwerste Rolle.

Übersetzung aus: Sainte-Beuve, Literarische Portraits, hrsg. v. Stefan Zweig. Stuttgart 1949

## Jean Cocteau

(Einer von Molières Schauspielern spricht zu seinen Kollegen, nachdem er erfahren hat, daß auf Befehl Ludwigs XIV. die beiden Truppen zusammengelegt worden sind.)
    Der König hat soeben zwei Kräfte miteinander vereint, die, um weiterzuleben, nur auf diese Verbindung gewartet haben. Doch darf man von Leben sprechen? Ich wage kaum, das Wort in den Mund zu nehmen. Molière ist tot. Das Leben ist tot. Das ist das Drama, das für uns jetzt im Vordergrund steht. Es gibt noch ein anderes, aber diesmal gebt auf meinen Mund

nicht mehr acht, seht kaum auch nur meine Augen an! Ich stecke die Hände in die Taschen, wie man es uns auf der Bühne lehrt. Ich weise es von mir, euch durch Gebärdenspiel abzulenken. Ich verlange, daß ihr die Augen schließt, eure Ohren verstopft, daß ihr nur dem noch euch öffnet, was meinem Herzen entströmt.

Die Sprache, in der ich zu euch rede, ist die Sprache der Dichter, das heißt derer, die eine Wahrheit künden, von der der Mensch nur die äußere Kostümierung erkennt, die Sprache, die zu leichtflüssig und zu unmittelbar ist, als daß diejenigen, die sie vernehmen, die herrlichen Erschütterungen, die sie hervorbringt, verspüren. Auch wenn ich seinen Namen nicht nenne, wißt ihr, wer sie uns schenkt und immer wieder schenken wird: Molière. Er ist tot. Ist er wirklich tot? Nein.

Während er in dem Lehnstuhl sitzt, in dem sein Todeskampf beginnt, tritt uns auf der Bühne das Beispiel eines Mysteriums entgegen, für das die gesamte Natur uns den Beweis erbringt, das wir aber vergessen, weil uns der Tod gemeinhin in dem Gewande des Trauerzeremoniells erscheint, mit dem die Menschen ihn zu umkleiden pflegen.

Molière muß leben und muß in uns leben. Er muß seine Wandlung durchmachen. Er muß uns das Brot werden und der Wein. Das aber bewirkt der Tod.

Glaubt nicht, meine lieben Kollegen, der Tod könne diese Aufgabe ganz für sich allein erfüllen. Es wäre zuviel Arbeit für ihn. Er hat seine Mörder, seine Hehler, Kupplerinnen, Dueñas, Sbirren, seine Fallen und Fußangeln, die ihm dabei helfen. Erst nach dem, was wir als Tod bezeichnen, beginnt sein eigentliches Geschäft. Gewiß ist es hart für uns Überlebende, uns den Leidensweg vorzustellen, den unser Meister von diesem Lehnstuhl aus bis in sein kleines Gemach zurückgelegt hat. Aber wir müssen ihn vergessen, weil sein Ruhm es verlangt. Seine Substanz war auf seine Person beschränkt, auf seinen Schnurrbart, der so lebendig wirkte wie sein sprühender Blick, ein Zeichen tiefen Verstehens, auf die Locken seiner Perücke, in der sich die Intrigen zu knüpfen und zu verschlingen schienen, auf seine Stimme, die uns schalt oder ermutigte, auf die Tinte, mit der er schrieb und die uns seine Worte übermittelte. Er stirbt, er geht unter. Er taucht wieder empor. Er durchmißt einen düsteren Tunnel voller Finsternisse und tritt strahlend wie die Morgenröte wieder aus ihm hervor. Wo ist er, dieser Mann, der hier und da gewesen ist?

Seine Substanz ist endlich frei geworden. Er ist nicht länger hier und da, hier oder dort. Er ist überall, in dem Lehnstuhl des Eingebildeten Kranken, im kleinsten Möbelstück, in den aufgereihten Menschengesichtern unten im Parterre, in den Lampetten, dem Kronleuchter, dem Zuschauerraum, in den Kulissen, in unseren Garderoben, in unserer Schminke, in dem Bett, in dem wir uns schlaflos wälzen, ganz gleich, ob Erfolg oder Mißerfolg unser Teil gewesen ist. Was sage ich? Er lebt in unseren Adern. In ihnen fließt er, funkelt er, treibt er Goldkörner um, mischt er jenes Gold und Rot, ohne das ein Theater kein Theater ist.

Dieses Blut, das unsichtbar aus unserer Seele auf die Bühne strömt und dessen Spuren die Ehre unseres Berufes sind, ist noch immer sein Blut. Denn er konnte nicht die Welt bewohnen, befruchten, sich vervielfältigen, sich teilen, so daß jeder ihn besitzt, ohne die Eifersucht der anderen zu erregen, er konnte sich nicht auflösen und wieder sammeln bis in die Gestalt des Hauses hinein, aus dem seine Geschöpfe hervortreten, bis auf die kleinen Plätze, auf denen sie ihre Laster offenbaren, er konnte nicht derart wirkungsvoll aus unseren Fingern, unseren Beinen, unseren Augen und Kehlen Gestalt gewinnen, es sei denn auf dem Weg über jenen unheimlichen Eingriff, der uns mit Schaudern erfüllt. Begrüßen wir freudig den Tod Molières, und da der König uns eine Order erteilt hat, die die Ordnung selbst ist, und damit persönlich den Grundstein eines wohlfundierten Bauwerks zu legen geruht, laßt uns den alten traditionellen Spruch des Königtums für unseren Gebrauch abwandeln und gemeinsam rufen: Molière ist tot! Es lebe Molière!

Dieser Text wurde am 20. November 1946 bei der Einweihung der ›Salle du Luxembourg‹ von Julien Bertheau verlesen.
Übersetzung von Eva Rechel-Mertens

### Konstantin S. Stanislawski
## Langweilige Tradition

Wer kennt nicht die stereotype Molière-Einheitsform? Sie ist die gleiche für alle seine und ihnen ähnliche Stücke. Versuchen Sie sich die Aufmachung und Inszenierung eines seiner Werke ins Gedächtnis zurückzurufen, und Sie haben damit gleichzeitig die Inszenierung aller seiner Stücke in allen Theatern. Ihnen sind alle Orgons, Cléantes, Sganarelles gegenwärtig, die Sie je gesehen haben und die alle einander ähnlich sind wie Wassertropfen. Das ist ja gerade die geheiligte Tradition, die alle Theater zu wahren sich bemühen. Aber wo ist denn nun Molière eigentlich? Er ist in der Tasche der Uniform versteckt. Vor lauter Traditionen ist er gar nicht zu sehen. Aber lesen Sie indessen mal sein ›Vorspiel in Versailles‹, und Sie werden erfahren, daß Molière selbst gerade das sehr scharf verurteilt, was das Wesen der ihm zugeschriebenen Tradition ausmacht. Was kann langweiliger sein als Molière-Traditionen auf der Bühne? Das ist nun Molière ›wie immer‹, Molière ›wie er sich gehört‹, Molière ›allgemein‹. Ein fürchterliches und fürs Theater unheilvolles Wort, dieses ›allgemein‹! Das Schwerste für den auf der Bühne Stehenden ist, das, was auf ihr geschieht, wirklich zu glauben und es völlig ernst zu nehmen. Aber ohne Glauben, ohne diese Ernsthaftigkeit kann man keine Komödie, keine Satire spielen, besonders keine französische, klassische, molièresche.                                    (ca. 1924)

Aus: Mein Leben in der Kunst, deutsch von Klaus Roose. Berlin 1958

### Louis Jouvet
## Molière

Wenn ich das Bild einer kleinen mittelfranzösischen Volksschule inmitten von Hügeln und terrassenförmigen Gärten heraufbeschwören, von neuem jene Magenkrämpfe, die der Vieruhrhunger den Schülern bereitet, erleben, wenn ich noch einmal das Licht und den Geruch eines kleinen Klassenzimmers auf dem Lande, diese Mischung aus den Ausdünstungen von Gummischuhen, Äpfeln und roter Tinte verspüren, das heißt, wenn ich meine ganze Kindheit wiederfinden will, brauche ich mir nur mit geschlossenen Augen den Anfang der ›Ecole des Maris‹ oder die Szene zwischen La Flèche und Harpagon im ersten Akt des ›Avare‹ aufzusagen.

Zu der Zeit, in der ich diese ausgewählten Stücke auswendig lernte, war ich etwa acht Jahre alt ... Der Name Molière sagte mir noch nichts; wohl aber erinnere ich mich, daß ich schon mit jenen gewissen Büchern versorgt war, in denen Kreuzchen, Sternchen oder Zahlen an bestimmten Wörtern den noch unreifen Leser auf Anmerkungen verweisen, die ihn darüber aufklären, was ein ›rabat‹, ein ›haut-de-chausse‹, eine ›barrette‹ ist, gewisse Verben erläutern, Redewendungen übersetzen und damit in den jungen Gehirnen die Magie dieser ersten literarischen Eindrücke mit einer Dunstschicht umnebeln.

Ich sehe uns wieder im Schulhof, wie wir auf unsere Art das Erlernte aufgreifen und uns im Scherz an die Köpfe werfen. Der Sohn des Stellmachers, den wir beschimpfen und bedrohen, ruft uns zu: »Je parle à mon bonnet« ..., und der Bäckersprößling antwortet ihm: »Je pourrais bien parler à ta barrette! ... Qui se sent morveux! ... Qu'il se mouche! ...« So spielte Molière eine Rolle in unseren Unterrichtspausen, und ›pendards‹, ›maîtres-jurés filous‹, ›coquins‹, ›vrais gibiers de potence‹[1] wurden die ersten Schimpfwörter, die wir mit fröhlicher Unbekümmertheit verwendeten.

Dieses Privileg verdanke ich also Molière und der höheren Schulbildung durch die ›Université de France‹, denen ich mit Vergnügen hier meinen Dank ausspreche in der Gewißheit, daß auch die hier Anwesenden bei diesen meinen Bekenntnissen sich einiger ausgewählter Stücke aus einer in ihrer Kindheit gebräuchlichen Anthologie erinnern werden, die vermutlich eine ebenso unverwischbare Spur in ihnen hinterlassen haben.

Die Jugend in Frankreich gewinnt ihre ersten, unvergänglichen Eindrücke, die dann für ihre künftigen Geschicke richtunggebend werden, dadurch, daß sich in ihnen Geruchs-, Geschmackssinn und Erinnerungsvermögen eng mit den Namen La Fontaine, Corneille und Molière verbinden.

Jeder Franzose bringt schon bei der Geburt die Prägung

[1] etwa: ›Galgenvögel‹, ›Rechtsverdreher‹, ›Schelme‹, ›Teufelsbraten‹. (Anmerkung d. Übers.)

durch ein klassisches Erbe mit auf die Welt, und sobald er das nötige Alter erreicht, wird sein Gedächtnis mit den großen Autoren des 17. Jahrhunderts geimpft.

Von einem Jahrhundert zum anderen wiedererstehend, sind die Komödien Molières auf uns gekommen – etwas schadhaft, stark verstaubt, abgenutzt durch Schulaufgaben, Aufsatzthemen, Kommentare, Kritiken, pompöse Festvorträge, die unsere Jugendtage peinvoll belastet haben.

In tristen oder schmutzigen Dekorationen vor einem fast immer teilnahmslosen oder zu ernsten Publikum aufgeführt, dessen Freude sich häufig in Pedanterie verwandelt hat, verdüstert, verdumpft, fern und verjährt, finden sie heute, in der gegenwärtigen Generation zu ihrer anmutigen, ewigen Schönheit zurück.

Wie manchmal eine Pflanze in einem Herbarium wieder zu grünen beginnt, wie ein toter Opal seinen dahingeschwundenen Glanz in der Berührung mit einer neuen menschlichen Haut noch einmal wiederfindet, verlieren diese Komödien, nachdem man sie ihrer Erstarrung in Bibliotheken oder Museen entrissen hat, ihren faden Einbalsamierungsgeruch und gewinnen in wahrhaftem Ewigkeitsduft ihren Schimmer, ihre Unverwüstlichkeit und jene Ausstrahlung von Lebenskraft zurück, die Molière ihnen gegeben und durch die er sie unsterblich gemacht hat.

Das scheint mir ein glückliches Zeichen für unsere Epoche zu sein, in der sich meinem Empfinden nach gut leben läßt, weil das Theater seine Jugend dadurch manifestiert, daß es zu diesem großen französischen Dramendichter zurückgefunden hat.

Denn wenn uns Molière mit einem Zauber und einer Frische wieder vor Augen tritt, die wir in ihm nicht mehr vermutet hatten, so ist das unbestreitbar ein Zeichen dafür, daß unsere Zeit eine Zeit der Jugend und der Erneuerung ist.

In seiner beständigen zyklischen Wandlung, in dem steten Neuerstehen seiner Neigungen und Moden, erkennt der französische Geist heute noch einmal wieder den Sinn eines großen Lebenswerks, das er vor dreihundert Jahren begrüßt, erwählt, bewundert und umhegt hat.

Die Gelehrten haben die Welt in drei Reiche aufgeteilt: das Tierreich, das Pflanzenreich und das Mineralreich. Sie haben eines vergessen, eines, das ihren Apparaten wie ihren Methoden unzugänglich, aber ebenso augenscheinlich vorhanden, ebenso notwendig und beachtungswerter als die drei anderen ist: das Reich der dramatischen Kunst.

Dieses Reich wird im Buch der Genesis nicht in dem Katalog der Schöpfung erwähnt, denn seine Heimat liegt in einer Zwischensphäre zwischen den erschaffenen Dingen: im Reiche der Geister. Auf dieses Reich weist Shakespeare hin, wenn er durch Hamlets Mund verkündet:

»Es gibt mehr Dinge im Himmel und auf Erden, als eure Schulweisheit sich träumen läßt.«

Als Larven oder Phantome aus einer besonderen Art von Beschwörung hervorgegangen, die der Dichter oder Dramatiker vorgenommen hat, vereinigen sich diese Elemente zu einer Art von organischer Wesenheit, die wir ›Roman‹ oder ›Theaterstück‹ nennen. Das sind die beiden wesentlichsten Gruppen des Dramenreichs. Die Gelehrten oder Theoretiker, die sich mit dem Studium dieser speziellen Welt befassen, nennen sich ›Kritiker‹ oder ›Kommentatoren‹, aber keiner von ihnen hat bisher die Regeln und Gesetze dieses Reichs des Geistes zu erklären oder auch nur zu bestimmen vermocht. Keines der in diesen Laboratorien erfundenen oder verwendeten Instrumente hat an ihnen seinen Zweck erfüllt, und Chemie und Biologie des Dramas sind noch immer empirische Wissenschaften.

Was wir wissen, ist nur, daß ähnlich wie andere Geschöpfe auch das dramatische, das heißt, das Theaterstück, auf eine ihm eigene Art geboren wird, sich entwickelt und ein Eigenleben führt. Von einem Autor konzipiert, niedergeschrieben, dann vor einem Publikum aufgeführt, erlebt auch das Theaterstück eine Zeit, in der es ausgetragen, eine, in der es zur Welt gebracht wird, und eine weitere der Reife und schließlich des Alters. Der wesentliche Unterschied besteht nur darin, daß – erstaunlicher noch als hundertjährige Eichen oder Zedern, als Karpfen oder Papageien – im Reich des Dramas Wesen, das heißt Dramen existieren, die nach Erreichung des Alters, in dem die Stücke gemeinhin sterben, eine außergewöhnliche, ans Wunderbare grenzende Langlebigkeit erlangen und für unsere menschlichen Augen die ersten Zeichen der Unsterblichkeit an sich tragen.

Das ist das klassische Drama.

## Das Leben des Dramas

Alfred de Vigny hat irgendwo gesagt:

»Ein Theaterstück ist ein Gedanke, der sich plötzlich in eine Maschine verwandelt, deren Mechanismus mit großem Aufwand an Zeit, an Ideen, Worten, Gesten, bemalter Pappe, Leinwand und Stoffen aufgebaut wird; eine große Menge von Leuten erscheint, um sie zu bestaunen ... Wenn der bewußte Abend gekommen ist, zieht man an einer Schnur, der Vorhang hebt sich, und die Maschine läuft etwa drei Stunden lang von ganz allein. Die gleiche Person zieht nach Ablauf dieser drei Stunden an der gleichen Schnur, der Vorhang senkt sich, und die Maschine steht still. Alle gehen nach Hause, und damit ist Schluß. Nach einer gewissen Zahl von Abenden, an denen die Maschine ständig an Qualität, und die Menge, die sie anschaut, an Quantität verloren hat, endet plötzlich die Bewegung in tiefer Einsamkeit.«

Diese grillige Definition des Theaters ist ungenau. Vigny hat sie vermutlich unmittelbar nach einem Mißerfolg oder einem entmutigenden Erlebnis auf dem Gebiet der dramatischen Kunst verfaßt. Ein Stück stirbt nicht an einem solchen Publikumsschwund oder daran, daß die Schauspieler sich anderen Aufgaben zuwenden müssen. Seine Lebenskraft, sofern es eine solche besitzt, wohnt anderswo. Die Qualität der Darstellung kann sich bis zu völligem Verblassen vermindern, bis zu jenem Grad schäbiger Abnutzung, die an abgetragene Kleidungsstücke erinnert; die Quantität der Theaterbesucher kann bis zu einer Zahl absinken, die im Verhältnis zum Zuschauerraum geradezu lächerlich erscheint. Diese Symptome, diese Art von Agonie bedeuten im Reich des Dramas nicht unbedingt das Ende.

In der hallenden, beängstigenden Verlassenheit der Bühne, nachdem der Vorhang sich zum letzten Mal über einem Stück geschlossen hat, wenn alle Mitwirkenden, jeder auf seine

Art, die verstreuten, nunmehr unbelebten Elemente begraben haben, die für das Stück verwendet worden sind, empfindet in dieser allgemeinen Auflösung, dieser plötzlichen Öde, der wahre ›*Theatermann*‹ nicht nur Gleichgültigkeit gegen das Stück, das er gespielt hat, denn *in ihm ist es nicht tot!* An dieser seltsamen Stätte, an der die Dinge ganz naturgemäß ein übernatürliches Aussehen annehmen, fängt er nach Schluß der Vorstellung gern an, die so oft gespielte und mitempfundene Handlung noch einmal zu durchleben. Wie in einem Film läuft mit bemerkenswerter Leichtigkeit und Beschwingtheit die Handlung in seinem Geist noch einmal ab, und der Schauspieler, der auf einem Korb voller Kostüme sitzt, die ins Magazin verbracht werden sollen, und sich träumend noch einmal mit dem bereits zum Welken verurteilten Erlebnis beschäftigt, wobei ihn der den Umzug ins Werk setzende Maschinist freilich stört, erinnert an einen Reisenden, der noch auf dem Bahnsteig steht, nachdem der Zug schon abgefahren ist, und an den Freund denkt, der ihn soeben verlassen hat und den seine Abwesenheit noch schätzenswerter macht.

Diese Verlängerung des Festes, das über die Bühne gegangen ist, dieses Rückerinnern an den Erfolg, das den Schauspieler wie den Zuschauer noch am nächsten Tage verfolgt, dieses weiterwirkende Gedenken, das dem Stück nach einer gewissen Zeit eine Neuaufführung verschafft, ihm im Geist und Herzen des Publikums neue Freunde gewinnt, die Personen, die Gesten und ihre Aussprüche populär macht, diesen Puppenstand, den das Stück auch durch das Medium der Buchdruckerkunst erhält – das alles sind die ersten Symptome der Langlebigkeit, der Beginn jener übernatürlichen Phase, die es ermöglicht, daß gewisse hierfür vorbestimmte Stücke Unsterblichkeit erlangen.

Zwischen 1660 und 1683 und auch schon etwas vorher hat es in Frankreich eine ganze Reihe von Stücken gegeben, die nicht auf die Art, wie Vigny sie schildert, gestorben, sondern durch das eifrige Eintreten des Publikums und die Gunst der Kenner zu wahrer Unsterblichkeit vorgedrungen sind.

Dieser Weg zur Unsterblichkeit, dieser Übergang zum Klassischwerden ist schon oft erklärt und eingehend beschrieben worden. Es setzt einen Autor voraus, dessen Geistesart, dessen Tendenzen und Vorlieben gewisse Regeln anerkennen; es setzt auch ein Publikum voraus, vor allem aber erfordert es zwischen diesem Autor und diesem Publikum einen geglückten ersten Kontakt, eine vollkommene Harmonie, geboren aus jener besonderen Begnadung, die es dem Autor möglich macht, in seinem Publikum an die wesentlichen Vorzüge seines nationalen Erbes zu rühren.

Dieses ständige Unterhalten des im Autor wirkenden Urferments durch das Publikum, diese Bereitschaft des vom Nationalcharakter her bestimmten Geistes, sich der Seele und dem Herzen des Autors zu öffnen, macht dessen Werk erst eindrucksvoll und lebendig.

Lebendig! Was klassisch geworden ist, bleibt es länger als das meiste Geschaffene. Aber es ist auch zugleich das Opfer dieser Langlebigkeit, denn wie es kein Leben ohne Bewegung gibt, besteht auch keine Bewegung ohne Veränderung. Von einem Publikum geliebt, schon stolzer Nationalbesitz geworden durch seinen Erfolg, wird das klassische Werk erst vollends unsterblich werden, erst seine wahre Anerkennung und Vorzugsstellung erlangen, nachdem es eine Epoche der Erstarrung durchgemacht hat und in das Museum der Geschichte eingegangen ist, wo es zum Erbe und Besitz der Nation wird, wo jeder das Recht hat, seine Gestalt zu verändern, es umzugestalten, zu vulgarisieren, und wo sich Buchhändler und -drucker, Grammatiker, Moralisten, Pädagogen, vor allem aber Kommentatoren darauf stürzen und etwas daraus wird, das uns von Jugend auf in Form von Schulaufgaben vorgesetzt wird, Material der Comédie Française für das, was man ihr Repertoire nennt, die Mitgift der Kritiker, der offizielle Kodex des französischen Geistes, das Reservat der Professoren und auch, ganz offen gesagt, das Ideendepot für unzählige Denker.

Als klassischer Autor, meine Damen und Herren, stellt Molière uns vor zwei für uns ganz wesentliche Probleme, zunächst das seiner Geistesschöpfungen, dann aber auch vor das der Entstellungen, die sie über sich ergehen lassen mußten, das Problem seines Genies in seiner ewigen Jugend, seiner unaufhörlichen Erneuerung, das heißt seiner beständigen Fähigkeit der Anpassung, und das dieses selben Geistes in den Banden der Kritik, entweiht durch die Schauspieler ebensowohl wie durch den offiziellen Lehrbetrieb.

Fünfmal dem Messerschnitt ausgeliefert, der nach Aristoteles die Handlung durchtrennt, fünfmal durch den Lichtputzer unterbrochen, um der Bequemlichkeit des Lesers willen und weil es dem Herausgeber so gefällt, durch fünf Sperrsignale markiert, ist das klassische Stück auf uns in einem Zustand der Sterilität und der Stagnation seiner Säfte gelangt.

Seit drei Jahrhunderten haben die Kirche, die Sorbonne oder das Theater um die Wette Molière seziert, ihn als Einzelphänomen betrachtet, seine Vertiefung, die Ergründung seiner Absicht, seine Nutzbarmachung und seinen Nutzen im Auge gehabt, uns auf den Umfang seines Geistes, seine umfassenden Kenntnisse, sein treffendes Urteil, die Stärke seiner Beweisführung oder seiner Lunge, die Originalität seiner Ideen hingewiesen, und jede dieser Institutionen hat für sich, verschanzt hinter jenem Dickicht von Gewohnheiten, das man als Tradition bezeichnet, die Salbaderer noch übertroffen, die ihr vorangegangen waren.

Leute jeglichen Schlages und verschiedenster Provenienz, unermüdliche Wühler, die nach Lust und Laune sämtliche Ausgaben von Molière, besonders die im 19. Jahrhundert erschienenen, durch pädagogische Auslegungen oder die Entfaltung einer rein rationalen naturwissenschaftlichen Methode entstellt haben, aufmerksame Späher, die eher ein Sandkorn als ein Haus entdecken, die das Nordlicht durch die Phosphoreszenz einer Heringsart erklären, Gelehrte einer bestimmten Prägung, die sich darüber verwundern, daß das Fell der Katzen gerade an den Stellen zwei Löcher aufweist, an denen die Augen sitzen ... diese Leute haben das Werk Molières mit einem Überzug von Kritik versehen, der durch die Dauer unabwaschbar geworden wäre, wenn nicht die lebendige Substanz seiner Stücke dieser Übertünchung siegreich widerstanden hätte.

Infolge einer solchen Behandlung ist Molière zu klein für das Herz und zu groß für den Geist geworden. So gelesen, so gespielt, hat sich der Sinn seiner Worte schließlich abgenutzt und ist so fadenscheinig geworden, daß zu guter Letzt das, was sie besagen, nur noch dem flatternden Lumpenbündel gleicht, aus dem man Vogelscheuchen macht.

Es gibt da liebevoll zusammengetragene Sammlungen, in

aller Unschuld geschaffene Anthologien, deren Lektüre sich in eine abscheuliche Tantalusqual verwandelt, weil das Interesse an der Handlung und das Vergnügen, ihr zu folgen, unaufhörlich durchkreuzt, gehemmt, unterbrochen, überbetont oder vernichtet werden durch den Zwang, unten auf jeder Seite die lächerlichen Überlegungen – mikroskopisch, was den Druck anbelangt, jedoch gigantisch in ihrer Nutzlosigkeit – zur Kenntnis zu nehmen, die der Kommentator unter dem Text in großer Menge von sich gegeben hat und die unleugbar an Abfallhaufen erinnern.

»Enfin, pour engager un amant si rébelle ...«

Von dem Wort ›engager‹ unter 1) nach unten auf die Seite verwiesen, liest man:

»1) Engager ... Heute wird dieses Wort in Verbindung mit einem Objekt nur noch in der Wendung gebraucht: ›J'ai engagé une cuisinière‹, wobei noch darauf hinzuweisen wäre, daß fraglich bleibt, ob man eine Köchin engagiert oder einen Kochherd (ebenfalls ›cuisinière‹) im Leihhaus verpfändet hat ...«

Diese Anmerkung stammt von Paul Reboux und soll mir, wenn Sie erlauben, als Anlaß dienen, Ihnen zu zeigen, daß er mit seinem Spott das lächerliche Gebaren der Kommentatoren nicht übertrieben hat.

Schlagen wir doch ›Die Schule der Frauen‹ auf.

Anläßlich der Frage von Agnès, ob die Kinder, die man in die Welt setzt, »durchs Ohr gemacht« würden, hat Augé empört festgestellt, daß dieser Satz einen Verstoß gegen die Würde des Theaters sowohl wie gegen das Schamgefühl des Publikums bedeute und daß ein junges Mädchen, das darüber ebensowenig Bescheid wisse wie Agnès, beschämt sich vornehmen könne, der Sache nachzugehen, was, so schließt er allen Ernstes, nicht ganz ungefährlich sein würde.

Als Agnès sagt: »Das Kätzchen ist gestorben ...« und Arnolphe ihr antwortet: »Wie schade ... aber immerhin! Wir sind alle sterblich!«, findet Augé, Arnolphe habe ganz recht, wenn er sich hütet, die Nachricht von dem Tod des Tierchens ins Lächerliche zu ziehen und sich auf Agnès' Niveau begibt, indem er ernsthafte Überlegungen über das Ereignis anstellt. Zu der Stelle, wo Horace erzählt, Agnès habe ihn in hochfahrendem Ton vom Fenster verjagt und einen Pflasterstein nach ihm geworfen, bemerkt ein anderer Kommentator:

»Ich würde Molière gern fragen, ob er eigentlich weiß, daß das, was wir einen Pflasterstein nennen, zu schwer ist, als daß eine Frau es auch nur aufzuheben vermag, und man es infolgedessen, da man mit ihm einen Menschen auf der Stelle töten kann, nicht am hellen lichten Tag und zudem in einer Stadt, die der Autor als dicht bewohnt hingestellt hat, aus einem Fenster werfen dürfte.« Nach langen Erörterungen wird er endlich seiner Entrüstung Herr und gibt zu, daß es kleine und große Pflastersteine gibt und daß der von Agnès geworfene zweifellos überhaupt kein richtiger Pflasterstein war.

Aimé-Martin, ein anderer berühmter Molièreforscher, sagt, als er uns erklärt, was der Verfasser der ›Schule der Frauen‹ sich bei seinem Stück gedacht hat, Molière habe die Frauen warnen wollen, ihre Geschicke je mit denen eines Egoisten zu verknüpfen. Mit erhobenem Zeigefinger fügt er hinzu:

»Meine Damen, heiraten Sie keinen Mann, dessen Neigungen nicht Ihrem Alter entsprechen ...« Der Titel des Stückes bekommt nur insofern einen Sinn, behauptet er, als er »der Ausdruck eines hochentwickelten Gefühls für das von Natur aus Schickliche ist«.

Von Emile Augier werden wir erfahren, daß das, was ihn an Molière am lebhaftesten interessiert, mehr noch als der Dichter, der Philosoph und Soziologe ist. Seine ›Libertinage‹ – um den Ausdruck der damaligen Zeit zu benutzen – tritt ihm auf jeder Seite entgegen, und damit wird ihm zugleich offenbar, daß die Zeit gekommen ist, diesem großen Genius die Rolle zuzuerkennen, die ihm am Zustandekommen unserer Großen Revolution gebührt.

Aimé-Martin hingegen begeht Molière gegenüber etwas, was ich als Majestätsverbrechen bezeichnen möchte, nämlich die abscheuliche Indiskretion, noch die Westentaschen des Toten zu durchwühlen und sein Grab zu entweihen.

Über Arnolphe sagt Aimé-Martin:

»Um diese Rolle richtig zu erfasssen, muß man sich in die Lage Molières zu dem Zeitpunkt versetzen, zu dem er sie erstmals gespielt hat, selber damals zum Spielball einer jungen Kokette geworden und ganz von seinem eigenen Unglück beherrscht. Durch die Stärke seiner Gefühle erhebt er sich zur Höhe der Tragödie, greift aber dann infolge der Schwäche der Leidenschaft und seiner natürlichen Geistesveranlagung nur noch die albernsten Elemente der Komödie auf. (Molière schöpft die gesamte Moral seines Stückes aus dem Gefühl seines eigenen Elends.) Molière hat somit sich selbst nach der Natur porträtiert: er hat eine Szene aus seinem eigenen Eheleben auf die Bühne gebracht.«

Als Chrysalde die Regeln auseinandersetzt, die er in seinem eigenen Dasein als Ehemann befolgt, ruft Aimé-Martin aus:

»Das sind Verhaltensregeln, die Molière in seinem Unglück sich für seine Ehe zurechtgelegt hat. Es ist unmöglich, ihn in diesem Bild nicht wiederzuerkennen.«

Es folgen nun zahlreiche Zitate und eine Menge von Klatschgeschichten, mehr oder weniger apokryphen Ursprungs, um das Zerwürfnis nachzuweisen, das zwischen Molière und Armande Béjart bestanden habe. Alles das hätte einen gewissen Reiz, wenn es nicht statt auf Tatsachen auf bloßen Unterstellungen beruhte. Der Unfrieden zwischen Molière und seiner Frau hat erst nach der ›Princesse d'Elide‹ eingesetzt.

Meine Damen und Herren, eine solche Untreue der Wahrheit gegenüber kann nicht geduldet werden. Nicht durch das Leben eines Mannes erklärt man seine Werke, und als Antwort für Aimé-Martin möchte ich hier einen Satz von René Benjamin über die Rolle des Arnolphe zitieren, der nicht nur für seine Liebe zu Molière, sondern auch für einen hohen Grad des Verständnisses für sein Werk Zeugnis ablegt, einen Satz, um den ich ihn beneide.

»Molière«, sagt er, »hat man nicht in Arnolphe zu suchen, sondern in Agnès.«

Ich möchte Ihnen hier nicht von dem ›Dictionnaire de Morale et de Littérature par Molière‹ sprechen, dessen Verfasser unbekannt ist, das aber 1838 in Paris bei einem gewissen Rémi Brégeant zu finden war, den ich im Verdacht habe, mit dieser Veröffentlichung in irgendeiner Verbindung zu stehen. Das Buch ist in kleine Artikel aufgeteilt wie ›Liebe‹, ›Tugend‹, ›Vorwürfe‹, ›Kunstregeln‹, ›Sympathie‹, ›Amme‹,

>Verneinung‹, ›Frauenerziehung‹, ›Heuchelei‹, ›Freimut‹, ›Aristoteles‹.

Unter ›Aristoteles‹ zum Beispiel verzeichnet er:

»Aristoteles sagt sehr schöne Dinge. Oh, das war ein großer Mann, ein wirklich großer Mann.«

Und darunter findet sich der Hinweis auf – Sie haben es schon so gut erraten wie ich – ›Le Médecin malgré lui‹.

Unter ›Mystische Liebe‹ wird die Erklärung Tartuffes angeführt:

L'amour qui nous attache aux beautés éternelles
N'étouffe pas en nous l'amour des temporelles.

Unter ›Glück‹ werden zwei Verse aus der ›Ecole des Femmes‹ zitiert, die Herr Brégeant übrigens als ›L'Ecole des Maris‹ bezeichnet:

Un bonheur continu rendrait l'homme superbe,
Et chacun a son tour, comme dit le proverbe.

›Musik‹, ›Welt‹, ›Aderlaß‹, ›Laster‹, ›Gleichgültigkeit‹ behalten uns andere Überraschungen vor, die, indem sie Molières Verse auf eine andere Ebene der Literatur rücken, unverkennbar an Schlagzeilen erinnern, wie man sie auf Bonbonpapieren oder Haarwickeln antrifft ...

Ich habe auch nicht vor, hier auf den ›Citateur dramatique ou choix de maximes, sentences, actions, apophtegmes et proverbes en vers, contenus dans tout le répertoire du théâtre français et recueillis en 1825 par Léonard Gallois‹[1] einzugehen. Es handelt sich dabei um ein Geistesprodukt von gleicher Qualität wie das obengenannte ...

Die Geistesarmut dieser Werke hat glücklicherweise, meine Damen und Herren, Dimensionen erreicht, durch die sie heutzutage vollkommen unschädlich geworden sind.

Absichtsvoller und energischer tritt hingegen ein gewisser Herr Jauffret auf, der einen ›Molière für die Jugend‹ (›Molière de la Jeunesse‹) geschrieben hat. Durch einen ebenso glühenden wie redlich gemeinten Puritanismus inspiriert, hat Jauffret die Werke Molières für den Gebrauch der Internate überarbeitet. Das

---

[1] Zitatenschatz aus der Bühnenliteratur oder Sammlung von Maximen, Sentenzen, Kernsprüchen und Sprichwörtern in Versen, enthalten im gesamten französischen Theater und 1825 von Léonard Gallois zusammengestellt. (Anmerkung d. Übers.)

hat sich 1830 zugetragen. Den Komödien Molières wird in dieser Sammlung das Schicksal zuteil, das man früher in den geistlichen Schulen für Knaben den Stücken von Labiche widerfahren ließ, in denen man das junge Mädchen, nach dem der Jüngling seufzt, durch einen Tabakladen und das Wort ›amour‹ gemeinhin durch ›tambour‹ ersetzt hat.

Immerhin sei hier aus der Vorrede Herrn Jauffrets folgendes zitiert:

»Ein Familienvater, der die Werke unserer großen Theaterautoren liest, verspürt zugleich das Bedürfnis, diese Werke zu bewundern und sie der Neugier seiner Kinder vorzuenthalten. Man bedauert unwillkürlich, was diese Stücke an Tadelnswertem enthalten, da dadurch die Familien und die Internate um die so anziehende und so nützliche Lektüre alles dessen gebracht werden, was in ihnen interessant und moralisch von Nutzen wäre.«

Daraufhin greift er zur Feder und stellt eine von allen zweideutigen Redewendungen, von allen unmoralischen Szenen gereinigte Ausgabe her, in der er, wie er sagt, »nur hier und da, um die Lücken zu schließen, einen oder zwei Verse« eingefügt habe, »die häufig dem gleichen Autor entnommen sind«, was, wie er gleichfalls bemerkt, dem Publikum die Sicherheit bietet, daß die in dieser Sammlung vereinigten Stücke tatsächlich keinerlei Falsifikat darstellen.

Es versteht sich von selbst, daß in diesem ›Misanthrope‹ für die Jugend keine Célimène vorkommt, und daß die ›Femmes savantes‹ zu zwei mehr oder weniger sinnlosen Zwischenspielen zusammengeschrumpft erscheinen. Zum Ruhme des Autors will ich jedoch noch erwähnen, daß er immerhin die Frauen als solche beibehalten hat.

Ich gehe auf weitere Werke nicht ein, die Liste würde sonst zu lang. Als einzigen möchte ich indessen doch noch Julien Geoffrey, Professor am Collège de Navarre et de Mazarin, den Nachfolger Frérons beim ›Année littéraire‹ nennen, der lange Zeit an Internatsschulen als unumstrittene Autorität auf dem Gebiet der Kritik gegolten und der über die ›Ecole des Femmes‹ Einsichten niedergeschrieben hat, die zu lesen heute noch aufschlußreich ist.

»Dieses Stück«, sagt er, »befestigte das Ansehen, das Molière sich durch die ›Précieuses ridicules‹ erworben hatte, und verschaffte ihm seinen Platz unter den Dichterphilosophen, die die Menschen bessern, indem sie sie amüsieren . . .

Heute noch wird von Zeit zu Zeit um des Namens Molière willen ›L'Ecole des Femmes‹ gespielt; indessen haben die inzwischen eingetretenen Änderungen in den Sitten, der große Fortschritt der Aufklärung der Geister die in diesem Stück angegriffenen Lächerlichkeiten der Diskussion enthoben. Die ›Ecole des Femmes‹ ist ein Meisterwerk einer Komik, die sich auf ein Kuriosum gründet, das nicht mehr existiert. Heute sind alle anzüglichen Scherze über die Ehe und die in ihr möglichen Fehlschläge aufs strengste verpönt, Stillschweigen über dies heikle Thema wird dringend anempfohlen, und es wäre zu wünschen, die Komödie hätte niemals als Stoff für ihre witzigen Einfälle die Beziehungen und Pflichten gewählt, die das Fundament der Familie bilden und so unmittelbar das Wohl der Öffentlichkeit betreffen. Die Autorität der Ehemänner und die eheliche Treue sind die beiden festesten Stützen unserer Sitten . . .«

Etwas vorher zitiert er den Vers, mit dem Agnès die Frage beantwortet, die Arnolphe ihr stellt:

– Oui, mais que faisait-il étant seul avec vous?
– Il jurait qu'il m'aimait d'une amour sans seconde . . .

usw.

»Diese Verse«, sagt Geoffroy, »sind der naivste und positivste Ausdruck dessen, was in einem unschuldigen Herzen die Sprache galanten Werbens und der Leidenschaft weckt.«

Ich möchte dazu bemerken, daß diese Verse auf ganz die gleiche Weise wie die Julias, wenn sie zu Romeo spricht, die echte Sprache der Liebe sind.

Geoffrey schließt übrigens:

»Molière hat bei uns alles Ansehen eingebüßt; der gleiche Mann, der als ein kühner Neuerer galt, ist für uns nur noch ein altfränkischer Schwätzer, ein simpler Spießbürger, der, wenn man will, über einen gewissen gesunden Menschenverstand verfügt, keineswegs jedoch über Scharfsinn und Witz. Alles, was er uns heute sagt, kommt uns vor, als sei es irgendwelchen Ammenmärchen entnommen . . .«

Es gibt nur einen Grund, der meine Anwesenheit hier vor Ihnen rechtfertigt und mich autorisiert, von Molière oder seinen Kommentatoren zu sprechen, nämlich daß ich die Ehre habe, denselben Beruf auszuüben wie er.

Es ist kein ganz ungewichtiges Argument dafür, daß man von Molière zu sprechen wagt, wenn man es als Ausübender seines Metiers tun kann, denn mehr noch als ein Dramatiker und ein Dichter ist Molière in erster Linie Schauspieler gewesen, und ohne die geringste Befürchtung, ich könnte Monsieur Josse dadurch gleichen, möchte ich behaupten, daß man hier vielleicht zunächst einmal das Geheimnis seiner Kunst und seines Genies zu suchen hat.

Wenn man selber Schauspieler ist, kommt man Molière näher als irgend jemand sonst. Mit diesem Rechtsanspruch kann ein Komödiant vom Theater sprechen, denn Molière ist das Theater selbst, ein Mann des Theaters und seiner Tradition, das heißt der Intuition, ein Mann, der die Geheimlehre der Religion beherrscht, die wir alle ganz von selbst ausüben, ohne sie zu kennen, indem wir das Theater besuchen.

Gewiß mag es überheblich, ungewöhnlich oder sogar lächerlich scheinen, eigenes Denken von einem Mann zu verlangen, dessen Aufgabe alles in allem nur darin besteht, die Sätze zu deklamieren oder durch Handlung zu verdeutlichen, die der Schauspieler Leuten in den Mund legt, die lebendiger sind als er selbst. Es stimmt, daß der Beruf des Schauspielers kein Denken und keine Intelligenz in dem Sinne verlangt, in dem man gemeinhin diese Wörter versteht, und die Ausübung dieses Berufs läßt uns auch kaum Muße oder Gelegenheit zu tiefer Meditation.

Aber auch nicht auf Denken oder Intelligenz erhebt der Schauspieler Anspruch, sondern auf Einfühlungsvermögen.

Während der Aufführung selbst, in dem Augenblick, in dem der Schauspieler auf der Bühne die ihm übertragene Rolle unter einer Art von Zwang spielt, der zugleich quälend und wohltuend ist, in dem er zwischen den Erwartungen der Zuhörerschaft und den Anforderungen der Gestalt, die er darzustellen hat, zwischen der Notwendigkeit, auf den Brettern anwesend zu sein, und dem Bedürfnis, sich selbst in diese Gestalt zu flüchten, hin und her schwankt, findet etwas wie eine Persönlichkeitsspaltung statt, bei der sein Einfühlungsvermögen einen Grad von Leidenschaft und Bewußtheit erreicht, der ihm jenseits von allem Verstand eine erlesene und ganz spezielle Art von Intuition beschert. Von dieser Intuition nun will ich zu Ihnen sprechen.

Zwischen dem, der auf der Bühne agiert, und dem, der ihn handeln sieht, besteht eine Leere, die nur durch Einfühlung ausgefüllt werden kann. Zuweilen tritt dann in diesen Phasen erhöhter Sensibilität bei dem Schauspieler ein Moment der Besessenheit, das heißt der Intuition ein, der sich aus dem Kontakt ergibt, den er mit Leib und Seele mit etwas Realem erlebt und an sich erfährt, das für die anderen nur mit dem Geist zu erfassen ist. Es ist der Augenblick, in dem kraft eines zugleich durch das Publikum und den Autor zustande gekommenen Beschwörungsakts der Schauspieler eins wird mit der dargestellten Gestalt: er fühlt, wie diese Gestalt an seine Stelle tritt, und spürt, wo und wann er aufhört, er selber zu sein. Es ist das eine Minute der Verzückung, in der er in einem Gefühl namenloser Erfüllung glaubt, die innerste Wahrheit und das innerste Leben des Werkes erfaßt zu haben oder in einem aus innerer Spannung geborenen Wettstreit die dargestellte Person zu erreichen und noch zu übertreffen, während alles rings um ihn her in einer Art von Wundergeschehen und von Erlösung den Anschein eines Wahrtraums gewinnt. Dann endet sekundenlang die Qual, die das Bemühen um eine angemessene Diktion, einen ausgewogenen, sinngemäßen Vortrag, um richtig dosierte Atmung für ihn ist; sich selber mit einem Gefühl der Sicherheit lauschend, fühlt der Schauspieler die Gestalt, die er verkörpert, aus sich sprechen und sich selber genau, richtig und mühelos die Worte wiedergeben.

Dieses Phänomen der Entrückung, der Loslösung von sich selbst, hat etwas von dem körperlichen Rausch, den man erlebt, wenn man auf einer Schaukel plötzlich verspürt, wie nach Durchmessen einer großen Weite der Schwung sich plötzlich zur Fermate wandelt, und man im leeren Raum den Eindruck hat, man werde aus sich selbst herausgeschleudert. Dann wird der Schauspieler Bürger eines Reichs, zu dem es auf einem anderen

Weg keinen Zugang gibt. In dem kurzen Zwischenraum zwischen zwei Repliken spürt er, wie ein Gedanke und ein Gefühl von einer ganz ungewöhnlichen Wesensart auf ihn zukommen, ein erlesener Zustand seines Innern, in dem die Stille im Zuschauerraum, die Art der in ihm herrschenden Spannung, das Anbranden einer Replik, das heißt die seelische und menschliche Substanz, die sich in ihrem Klang enthüllt, ihm plötzlich durch den verborgenen Sinn der Intuition alles enthüllen und faßbar machen, was die Schule, die Professoren, die Nachsitzestunden, die Notwendigkeit einer Reifeprüfung, Überlegungen, Lektüre oder Lektionen ihm niemals wirklich haben nahebringen können. Auch der Schauspieler erlebt seinen ›Stand der Gnade‹, und wenn er sich darüber auszusprechen wüßte oder vermöchte, würde er sicherlich Dinge sagen, die noch niemals jemand zu sagen imstande gewesen ist. Dadurch, daß er sich über die Ebene der kritischen Vernunft hinauserhebt, um an die Regionen eines gewissen dramatischen Jenseits zu rühren, tritt er in eine unmittelbare Kommunikation mit der Eingebung des Autors ein.

Wenn der Schauspieler, schon kostümiert, die bereits beleuchtete Bühne betritt, wo man hinter dem Vorhang das Stimmengeraune des Publikums vernimmt, in diesem Augenblick des Aufbruchs, in dem auch er sich wie der Sportler vor dem Lauf, wie ein von Verantwortungsbewußtsein erfüllter Champion fühlt, erlebt man oft, daß er in dem Bedürfnis nach einer Ermutigung in den Kulissen nach dem Gesicht des Autors sucht und, wenn dieser nicht da ist, unruhig wird und sich erkundigt, wo er sich aufhalten könnte.

Molière ist tot. Aber im Kostüm des Alceste oder Arnolphe denkt der Schauspieler unfehlbar an ihn in dem Augenblick, in dem er jene bewundernswürdige Atemübung vollzieht, die der Verfasser des ›Misanthrope‹ oder der ›Ecole des Femmes‹ für seinen eigenen Gebrauch schriftlich anempfohlen hat, in dem Augenblick, in dem er die Gesten wiederholt, die jener als erster ausgeführt hat, in dem Augenblick, in dem er vor dem Lauf die von Gefühlen eingefaßte und durch die Bühnenvorgänge abgesteckte Bahn betritt, die eine Rolle für ihn ist. In diesem Moment eigentümlicher innerer Bewegung muß er eine Art von körperlicher Identifizierung von Gleichgestimmtheit, von unmittelbarer Filiation mit demjenigen schaffen, der die Rolle erstmals dargestellt hat. Jetzt, da er dieselben Gefühlsfunktionen nachvollziehen, dieselbe Zelebration vornehmen soll, spürt der Schauspieler in einem gleichen Rauschgefühl, das durch das Heben des Vorhangs noch verstärkt wird, mit einem Male, wie er selbst an einer übernatürlichen Welt des Dramatischen teilhat und sie kündet.

Auf Grund dieser durch seinen Beruf gegebenen Reinkarnation, dieser von ihm selbst geregelten Einfühlung, dieser selbst durchlebten Zeugnisablegung, müßte, ausgehend von seiner körperlich erlebten Ergriffenheit, die er in den Dienst der Logik des Dramas und damit auch des normalen Verstandes stellt, ein Schauspieler eines Tages eine Aussage machen und seinerseits erklären können, was er vom Theater weiß.

Ich habe nicht die Absicht, in dieser Plauderei hier dergleichen zu unternehmen, sondern will lieber auf dem Boden einer schlichten Mitteilung des Selbsterlebten bleiben.

Was mir heute am augenfälligsten erscheint, ist der tiefgreifende Unterschied, der die gedruckte Klassik – diejenige, die vom Buchhandel und von den Professoren in Umlauf gebracht – und ebenso die Klassik, wie sie daraufhin gelehrt wird, das heißt jener tote Begriff, jenes offizielle Gefühl, bei dem man nicht weiß, ob es mehr vom Respekt oder der Langeweile bestimmt ist, und dem besteht, was ich die gespielte Klassik nennen möchte, das heißt der Klassik in Aktion, derjenigen, die von den Schauspielern dargestellt und damit ihrer ersten Bestimmung wieder zugeführt wird. Wenn ich die wesentlichen Züge der Klassik Molières, so wie sie den Schauspielern erscheint, in einer kurzen Zusammenfassung darlegen, wenn ich in Gestalt von Ideen oder Formeln die Praxis seines Theaters zusammenfassen müßte, so würde ich als erstes sagen, daß die wesentliche Form, durch die man am besten eine Komödie Molières definieren könnte, die einer *Chronik* ist. Damit kann man seine Stücke wohl als Sitten- oder Situationskomödien bezeichnen, aber keinesfalls als Charakterkomödien, denn nicht in dieser Weise kann man sie studieren, wenn man sie spielen will, und immer nur vom Herzen und nicht vom Hirn her findet man am leichtesten Zugang zu seinen Gestalten. Vor allem aber sind seine Komödien nicht ›bürgerlich‹, denn abgesehen davon, daß diesem Wort neuerdings ein bedauerlich abträglicher Klang anhaftet, hat es den Nachteil, genau das Gegenteil von dem zu bezeichnen, was für das Werk Molières charakteristisch ist, da seine Stücke in keiner Weise realistisch oder naturalistisch sind und demgemäß der wesentlichste Zug seines Werkes immer die Poesie sein wird. Was an dem scheinbaren Realismus am wichtigsten ist, besteht in der poetischen Unterlage, der ersten Umhüllung, auf die dann jene Bilder der Wirklichkeit eingewebt oder aufgemalt sind, die den grundlegenden Irrtum in unserer Beurteilung hervorgerufen und dazu geführt haben, daß man in Molière anstatt eines Dichters den Photographen des 17. Jahrhunderts zu erkennen gemeint hat. Das, was in seinem Werk Bedeutung hat, ist die Wohlgelauntheit, die Liebenswürdigkeit und jene unvergleichliche Mischung aus Anmut und Vernunft, durch die er uns immer noch trotz der Öde berührt, in die unser Geist ihn verbannt.

Schließlich muß ich noch sagen, daß die Komödien Molières keinesfalls moralisierend in dem Sinne sind, in dem man dieses Wort zu verwenden pflegt, sondern daß man in ihnen ganz einfach die vollkommenste Form des französischen Geistes, eine neue Definition dessen zu sehen hat, was Rabelais Pantagruelismus genannt hat, eine Geisteshaltung, also etwas, was über eine Moral hoch erhaben ist.

Aus Redlichkeit, aus Neugier, aus einer Laune heraus, vielleicht auch aus Gewissenhaftigkeit habe ich neulich noch einmal eine jener zahlreichen ›Histoires de la Littérature Française‹ aufgeschlagen, die traurigerweise dazu bestimmt sind, die Jugend zu belehren und ihr die Erlangung von Reifezeugnissen zu ermöglichen.

Unter den bedeutsamsten Feststellungen, die ich in diesem Band angetroffen habe, findet sich eine über die Moral Molières; der Verfasser fragt sich, welche Moral sich aus seinen Stücken ableiten läßt! ... Daran hatten Sie zweifellos noch niemals gedacht.

»Es ist undenkbar«, sagt er, »daß nicht diese Komödien im Bewußtsein des Zuschauers irgendeinen Rat, einen Hinweis auf sein Verhalten im Leben hinterlassen.« – »Die Moral Molières ist nicht die christliche Moral.« – »Man kann nur bedauern, daß es dieser Moral an einer gewissen Dosis von Idealismus fehlt . . .«

Was die Frage nach der christlichen Gesinnung Molières betrifft, möchte ich als Antwort hier die großartige Betrachtung von Maurice Desbiens in seinem Werk über die Romantik anführen:

»Die Klassik neigt dazu, das Erhabene auf dem Weg über das Heldenepos zu suchen, und der Heroenkult ist die beste Art, in der Kunst Gott zu ehren.«

Was aber die Moral des Theaters angeht, so möchte ich ganz einfach sagen, daß ein Lustspiel weder eine Preisarbeit über die Moral noch die Homilie eines Pfarrers ist. Daß etwa die Stücke Molières ausdrücklich in der Absicht geschaffen worden sind, die Welt zu einer bestimmten Ordnung anzuleiten, auf die Sitten Einfluß zu nehmen, bewußt eine Philosophie zu lehren oder irgendeine Form der Moral zu proklamieren, ist etwas, was jeder selbst schöpferische Mensch auf das entschiedenste verneinen wird. Für ein Werk, wie für alle Dinge, die wir auf unserem Wege schaffen und hinterlegen, hat nur eines Bedeutung, nämlich, daß es ein Zeugnis der Wahrheit ist. Welcher Künstler würde sich an ein so gefahrvolles, ein derart an seinen Kräften zehrendes, so sehr sein Gefühl beanspruchendes Unternehmen wagen, wie die Kunst es ist, nur um den anderen eine Lektion zu erteilen?

Für jeden, der weiß, was es bedeutet, ein gutes Publikum zu unterhalten und am Abend, wenn die Einnahme feststeht, eine gute Kasse zu verbuchen, für jeden, der weiß, was es heißt, Theater zu spielen oder ein Theater zu leiten, gibt es, wenn er an diese Auffassung der dramatischen Kunst denkt, keine andere Wahl als die zwischen christlicher Nachsicht und stiller Heiterkeit.

Ein zwischen drei Arten von Beschränkungen, innerhalb deren er bauen darf, hin- und hergerissener Geist – das ist der Bühnenautor des 17. Jahrhunderts, wenn er, unter dem gebieterischen Zwang der drei Einheiten die Wirklichkeit von höherer Warte zu betrachten sucht, um die ihr innewohnende Wahrheit herauszuschälen, das heißt, um eine Komödie oder Tragödie zu schaffen. Ein Theaterstück nimmt zugleich Herz und Geist in Anspruch und ist ganz anders als Aussage und

Objektivierungsvorgang beim Romanschriftsteller, ein vielfach verschlungener Knoten von Geschehnissen, ein aus Tatsachen gewobenes Netz, ein vollkommen harmonisches Zusammenführen von Gestalten, die wahrer als die Natur, lebendiger als die Wirklichkeit sein sollen, mit Helden, die wie Larven von einem Kokon umgeben sind, ein ganz eigenartiger Organismus, in dem Situation, Personen und Tatsachen sich in wunderbarer Abhängigkeit voneinander befinden: das ist Klassik, und das ist auch die Poesie des Dramas.

Dabei fällt mir ein Satz Brunetières ein, der als eine Huldigung für den Genius Molières über die ›Ecole des Femmes‹ folgendes gesagt hat:

»›L'Ecole des Femmes‹ ist die erste Charakter-, die erste Sitten-, die erste Komödie, die auf einer Handlung basiert, das erste Thesenstück, die erste Komödie in fünf Akten, das erste bürgerliche Lustspiel des französischen Theaters.«

Mir persönlich kommt diese Erklärung ganz genauso vor, als wolle der, der sie abgibt, damit das erste Stück beschreiben, das zweihundert Jahre später Emile Augier schreiben wird.

Was einem gerade in allen diesen Stücken auffällt, ist die gewisse Unwirklichkeit oder Überwirklichkeit des Stoffs. In der Luft hängend wie ein Spinnennetz im Laub, wie ein Baldachin oder ein Betthimmel, auf Achsen gelagert wie eine Kutsche, einer im Kompaßgehäuse zitternden Magnetnadel ähnlich, leicht wie eine Stickerei oder ein Spitzenmuster, wird gerade durch diesen lockeren Schwebezustand der Gegenstand wahrer als die Natur. Stände er in Kontakt mit der Wirklichkeit, würde auf der Stelle seine innere, so ganz reine und so vielfältige Wahrheit, jene Wahrheit, die es erst ermöglicht, alles in einem Stück Molières zu finden oder wiederzufinden, verschwunden sein, um an seine Stelle ein wirkliches bürgerliches Drama treten zu lassen. Eine Komödie Molières ist eine unwirkliche Erzählung, eine sagenhafte Chronik, die durch die Zügel der Konvention, den Laufgürtel des Geistes und die französische Vernunft vor jeder Berührung mit Unreinheiten bewahrt, von jeder Realität ferngehalten wird und dank ihnen ihr Schillern, ihr Schwingen, ihr Weben im Innern und zugleich einen königlichen, edlen Charakter erhält.

Doch, wie man zu sagen pflegt: »Alles, was national ist,

gehört uns.« Daher hat denn auch die ganze Arbeit, die wir seit zweieinhalb Jahrhunderten an diese Nationalisierung der Literatur gewendet haben, von der Brunetière ebenfalls spricht, darin bestanden, das klassische Theater und besonders Molière zu verbürgerlichen, in einen Verismus einzuspannen, der zum ›Théâtre libre‹, das heißt zu jener Art von photographischer Wiedergabe geführt hat, bei der man an jene Vergrößerungen denkt, die ihren Handelswert der Gefühlsseligkeit der Familien verdanken, zu jenem Realismus, dessen konträres Gegenteil gerade die Klassik ist, und ihm auf diese Weise eine Tendenz, eine moralische, republikanische, radikale Einheitsgesinnung mit Überrock, Zylinderhut und Regenschirm zu unterstellen.

Die Stücke Molières, meine Damen und Herren, bleiben immer in einer Sphäre zwischen Himmel und Erde: die Wirklichkeit ist aus ihnen mit aller Sorgfalt verbannt, und das Stück mit seinen Begrenzungen und seinem festen Rahmen, mit den Zügeln, durch die es gelenkt wird und die aus den herkömmlichen Regeln des Theaters bestehen, ist ganz eigentlich ein liebevoll ausgeführtes Geistesprodukt. Die Poesie Molières beruht gerade auf dieser Art, den Gegenstand zu behandeln, zu sehen, nur für sich zu betrachten; was man den Realismus Molières nennt, ist seine Poesie, der nur ein falsches Etikett aufgeklebt worden ist.

Ich habe in jenem Band auch gelesen, Molière habe in Gestalten wie Gorgibus, Chrysale, Orgon oder Monsieur Jourdan den gesunden Menschenverstand verkörpern wollen . . .

Meine Damen und Herren, glauben Sie einem Mann, der seine Zeit damit verbracht hat, diese Gestalten zu erforschen, sie aus nächster Nähe zu betrachten, täglich mit ihnen Umgang zu pflegen, sie zu beobachten und sie durch alle ihm möglichen Untersuchungen auf ihren Wegen zu verfolgen; diese Gestalten haben mit dem gesunden Menschenverstand nichts zu tun, und wenn ich mir gestatten darf, sie zu charakterisieren, so möchte ich sagen, sie sind alle etwas verrückt. Wenn wir nicht davon ausgehen, können wir auf keine Weise in ihre Psychologie eindringen. Sie sind verrückt, wie die Dichter verrückt sind, und komisch wie – in einem erhabenen Sinne – die Narren und die Dichter – die einzigen interessanten Wesen übrigens, die es gibt.

Arnolphe, Orgon und Alceste auf andere Weise erklären zu wollen, würde eitel Torheit sein, denn die Unvernunft Alcestes ist nicht geringer als die Verrücktheit eines Don Quichott. Ihr Übermaß an Menschlichkeit ist daran schuld, eine bis zu einem ungewöhnlichen Grad gesteigerte Menschlichkeit, die sie auf eine vollendet poetische und lyrische Art aller Normalität entbebt. Die Gestalten Molières sind ebenso groß, ebenso gigantisch wie die Gestalten in den Tragödien Corneilles und Racines oder im Rolandslied. Sie sind das Gegenteil von jenen bürgerlichen Typen, die Pädagogen, Psychologen, Kommentatoren und auch Schauspieler auf unser Niveau und unser Alltagsmilieu haben herabdrücken und vermenschlichen wollen. Als Nachtwandler, Mondsüchtige, die sie sind, erscheinen sie uns komisch wie Gulliver den Bewohnern von Liliput. Wir lachen über sie, weil wir kleiner sind, weil sie uns mit ihren Fehlern groß erscheinen und weil Molière sie gewisserweise vergöttlicht hat. In dieser Absolutheit liegt ihre Poesie. »Die Posse«, sagt Claudel, »ist der höchste Ausdruck der Lyrik.«

Die Gestalten Molières sind verrückt, aber es handelt sich bei ihnen nicht um die Art von Verrücktheit, mit der die Psychiater sich beschäftigen, sondern um jene erhabene Unvernunft, jene Extravaganz, jenes Absolute, durch das die Menschen herausgehoben werden und eine gewisse Zahl von ihnen oberhalb des Normalen ihr einsames Dasein in einer Zone führt, in der man nur Helden, Dichtern und Heiligen begegnet. Denn Molière, den man als den Mann der Vernunft abgestempelt hat, ist der Mann, der am tiefsten empfunden und am besten begriffen hat, worin die Unvernunft besteht, und sein Theater, das seinen Kommentatoren als ein Triumph der Vernunft erscheint, ist in Wirklichkeit das Reich jener wundervollen Unvernunft, die man Poesie nennt.

Und sollte es nötig sein, noch eine weitere Definition der Poesie im Theater Molières anzuführen, so würde ich sie den Gestalten entnehmen, die so verblüffend durch ihre Tiraden, so überaus ungebunden in ihren Reden sind und die man im französischen Theaterstil als ›raisonneurs‹ (etwa ›Klugschwätzer‹) bezeichnet. Ob es sich nun um Cléante im ›Tartuffe‹ oder um Chrysalde in der ›Ecole des Femmes‹ handelt, deren Redeweise die Schauspieler gern gewichtig und behäbig-bürgerlich und im Sinne einer breitausgespielten, saftigen Komik wiedergeben, wäre es eine hoffnungslose Albernheit und würde dem Menschengeist zur Unehre gereichen, sie weiterhin so zu verstehen, das heißt sie mit den Augen der Literaturinterpreten zu sehen, mit deren Hilfe man sich für das Abitur vorzubereiten pflegt. Nicht, was sie sagen, ist wichtig, und ihre Reden etwa wörtlich nehmen zu wollen, wäre geradezu grauenhaft. Wenn Chrysalde zu Arnolphe, um ihn über eventuelle Erfahrungen von ehelicher Untreue zu trösten, sagt:

Mettez-vous dans l'esprit qu'on peut du cocuage
Se faire en galant homme une plus douce image;
Que des coups du hasard aucun n'étant garant,
Cet accident de soi doit être indifférent,
Et qu'enfin tout le mal, quoique le monde glose,
N'est que dans la façon de recevoir la chose . . .,

und wenn er sogar in seinem Übermut so weit geht, zu dem Schluß zu gelangen, daß

Le cocuage n'est que ce qu'on le fait;
Qu'on peut le souhaiter pour de certaines causes
Et qu'il a ses plaisirs comme les autres choses . . .,

so ist das Spott, Schelmerei von einer bestimmten Art, in einer bestimmten Absicht vorgebracht, die man jedoch richtig verstehen muß und die nur Toren nicht verstehen. Diese Spötterei ist keine Moral, sie ist etwas Besseres, ein geistiges Verhalten.

Diese Spötterei hängt ganz und gar von dem Sinn, den Molière in sie hineingelegt, sowie in dem Ton ab, in dem der Schauspieler sie vorzutragen hat. Hierzu braucht es wahrhaft gute Laune und jene Art von Weisheit, in die sich ein Gran verrückter Überheblichkeit mischt. Es bedarf dazu der Ironie, die im Charakter der Franzosen der geistigen Bravour benachbart ist und für mein Gefühl zu der Aufforderung jenes Obersten der leichten Kavallerie paßt, der, als er den Angriffsbefehl erhielt, sich auf dem Pferd umdrehte, bevor er dem Tod entgegenritt, und sich an seine Schwadron mit den Worten wendete:

– Meine Herren Chevauxlegers, bitte setzen Sie die Hüte fester auf, wir haben jetzt die Ehre anzugreifen!

In diesem Sinne hat die große Rede Chrysaldes etwas von der Hochgemutheit, die dem französischen Charakter innewohnt.

Die Geisteshaltung, die Gemütsart, die Poesie der Gestalten Molières, das, was mit einem Wort den ›Molierismus‹ ausmacht, ist ganz einfach eine Nachfolge des ›Pantagruelismus‹, den Rabelais ausdrücklich so definiert: »Eine gewisse Heiterkeit des Gemüts, die sich zur Verachtung aller Zufälle des Daseins verdichtet hat.«

Diese heitere Gemütsart der ›Klugschwätzer‹ Molières ist auch die der lächelnden Heiligen des Mittelalters und der Helden unserer Geschichte, es ist die von Panurge, von Gil Blas und von Figaro.

Mein Staunen war nicht zu überbieten, als ich bei der Lektüre dieser Sammlung auch vor mir sah, was ich über die Lösung des Knotens der Handlung bei Molière gelernt hatte, und ich verstehe jetzt, daß ich dreißig Jahre gebraucht habe, um den bestimmenden Einfluß dieser Lektüre und die Erinnerung daran abzustreifen.

»Für Molière«, sagt der Verfasser dieses Handbuchs, »ist die Handlung niemals das entscheidende Element, und sogar die Schlußlösungen sind unwahrscheinlich und rein konventionell. Man muß sich zu der Einsicht entschließen, daß in den Augen Molières die im Stück vorkommenden Geschehnisse von keinerlei Interesse sind.«

Es zeugt von Torheit und einer gewissen dreisten Überheblichkeit, wenn man von den dürftigen Schlußlösungen bei Molière spricht. Diese Lösungen entsprechen der vollkommensten und unverfälschtesten Theaterkonvention. In der ›Ecole des Femmes‹ wird vom ersten Akt an die Lösung des Knotens mit striktester Präzision vorbereitet und ist nicht nur eilig und unüberlegt angefügt. Die gefälligen Schlußsituationen, die nicht gebracht zu haben man Molière zum Vorwurf macht, diese Endlösungen für ein Publikum, das sich Realistik wünscht, für jene Armen im Geiste, die keinerlei Sinn für das Zeremoniell der Bühne haben, Lösungen, die sogar der Film nur mit Umsicht verwendet, sind Lösungen, die nur Dummköpfe befriedigen.

Die Lösung des Knotens, dieses letzte, jähe Farbenspiel, in

dem das Stück noch einmal aufschimmert, sollte bei Molière nichts anderes sein. Alles fügt sich in seinen Stücken harmonisch zusammen, der Schluß ist ebenso vollkommen wie der Anfang, und die Endlösung nichts anderes als der letzte Wellenkreis, den im Wasser der Fall jenes ersten Steins bewirkt, dem man den Beginn seiner Stücke vergleichen könnte.

Die freie Erfindung, der ein Werk seine Entstehung verdankt, muß in ebendiesem Werk unter dem Anschein größter Wahrscheinlichkeit immer gegenwärtig sein. Was man an Molière aussetzt, kritisiert man nur, weil man es nicht begriffen hat, weil unser Geist nicht richtig die Dinge erfaßt, weil man etwas hineinlegen möchte, weil man im Banne eines sehr menschlichen Anthropomorphismus, dem Gott sogar erlegen ist, alles versucht, ihn auf irdischere und leichterzunehmende Maße zurückzuführen.

Man hat Molière zu Handbüchern für Pädagogen verarbeitet. Man hat am Rande seines gesamten Werkes allen Unrat abgelagert, den der Menschengeist hervorzubringen vermag; man hat ihn allen Stimmungsumschlägen ausgesetzt; man hat aus ihm Gedächtnisübungen für Kinder, Sprichwörtersammlungen, Wörterbücher, moralische Betrachtungen, grammatische und syntaktische Übungen herausgezapft ... Jeder hat ihn sich irgendwie zunutze gemacht. Die Philosophen und Ästheten haben ihre Theorien aus ihm abstrahiert, Literaturforscher ihre Systeme auf seinen Werken aufgebaut. Darüber, daß er für uns ein Hilfsmittel der Jugenderziehung, der Moral oder für die Erteilung von Schulaufgaben geworden ist, haben wir den genialen Komödianten vergessen, der sein ganzes Herz und seine ganze Menschlichkeit in sein Werk gelegt hat. Wir lieben ihn nicht mehr.


### Liebe zu Molière

Mir ist das Glück zuteil geworden, eine der runzligsten, ältesten, liebevollsten, schalkhaftesten und vernünftigsten Großmütter seit Menschengedenken zu haben. Ganz klein, vom Alter gekrümmt, fast blind, ist sie die wichtigste Gestalt meiner Kindheit gewesen. Wenn ich mich noch einmal in die riesige Küche zurücktaste, in der sie herrschte, an jene Stätte, die mir heute noch wie ein Paradies erscheint wegen ihres Lichts, ihrer Weiße, ihrer Düfte, wegen des wundervollen Behagens, das man in ihrer Nähe an jeder einzelnen Stelle empfand, mich zurücktaste bis in die Nähe des Fensters, wo ihr Lehnstuhl stand, an den großen Tisch aus weißgescheuertem rohem Holz neben dem Feuer, sehe ich sie wieder vor mir mit dem Rosenkranz in der Hand, wie sie sich voller Sicherheit in ihrem Reich bewegt, einen Schrank öffnet, ein paar Gegenstände hin- und herrückt und mit lautlosem Schritt umhergeht wie ein unstoffliches Wesen. Sie kam mir so alt, so merkwürdig verschieden von den anderen Wesen vor, die selber wiederum so ganz anders waren als ich selbst, daß ich ihr eines Tages meine Gedanken mitteilen mußte.

– Großmutter, sagte ich zu ihr, warum bist du so alt?

Nach kurzem Schweigen antwortete sie mir in dem undurchdringlichen, schalkhaften Ton, in dem sie immer sprach:

– Mein Kleiner, weil man mir Kummer bereitet hat!

Diese Erklärung ist mir lange in Erinnerung geblieben, ohne daß ich ihren Sinn verstand. In Gedanken an Molière erst habe ich sie in ihrer Tiefe, ihrer Wahrheit und ihrem leisen Anflug von versteckter Ironie verstanden.

Meine Damen und Herren, wenn uns Molière so alt vorkommt, so deshalb, weil wir ihm viel Kummer bereitet, weil wir ihn immer wieder schlecht behandelt, ihm entgegengewirkt, ihn verkannt, vernachlässigt und schließlich vor allem deshalb, weil wir ihn verfälscht haben.

Daß Liebe gewissermaßen dazu führt, sich mit jemand anderem zu messen, ist für Molière zum Verhängnis geworden. Wir haben seine Stimmung, seine Schönheit, seine Poesie nicht begriffen. Wir haben es so weit getrieben, daß er aus Kummer darüber gealtert ist.

Er ist der fröhlichste, der poetischste, der moralischste unserer Ahnen, der kundigste, der weiseste, der tiefste in diesem in sich abgeschlossene Kunstbereich, in dem die heitere Weisheit des Lachens und Lebens sich entfaltet; aber man muß sich ihm auf dem Wege der Heiterkeit, des Herzens und der Liebe nähern. Wir haben aus Molière einen traurigen Autor gemacht wegen des Mitleids, das wir mit uns selber haben, wegen der Gefühlsschwelgerei, die einzig aus unserem Egoismus entspringt. Die Traurigkeit besteht nur in unserem Gefühl, selbst verhöhnt zu werden, und der berühmte Vers von Musset:

Cette mâle gaité si triste et si profonde
Que lorsqu'on vient d'en rire, on voudrait en pleurer

hat nicht wenig dazu beigetragen, unser Verständnis und unsere Erziehung seit Jahren zu verfälschen.

Die erste Idee eines komischen Stücks ist wie bei allen auf Beobachtung gegründeten Komödien immer mehr oder weniger traurig, und der Anfang hat immer etwas Mitleiderregendes, sei es wegen der törichten Ausgangssituation, sei es wegen des grundlegenden Irrtums, in dem sich die Personen zu Beginn der Handlung befinden. Aber dieser Ausgangspunkt und die törichte Situation sind auch geeignet, Freude und Lachen zu erzeugen, und darin ganz besonders ist Molière von vornherein liebenswert. Deswegen entwickeln sich die Komödien Molières von italienischer bloßer Drastik zu Extravaganz und extremem Spiel, zu jenem ›wohlabgemessenen Übermaß‹, das der Ausdruck einer spezifisch französischen Epoche ist.

Es gibt einen Abschnitt bei Charles-Auguste Sainte-Beuve, den Sie alle in der Schule durchgenommen haben und der mich manchmal morgens bis in meine Klasse am ›Conservatoire‹ verfolgt: er ist ausgezeichnet, was die Diktion anbelangt (ich bin froh, daß meine Schüler sich nicht in diesem Saal befinden).

## Was es heißt, Molière zu lieben

Wenn man Molière liebt, das heißt, ihn aufrichtig und von ganzem Herzen liebt, so bedeutet das ... Ist es Ihnen bewußt? ... daß man in sich einen Schutz gegen viele Fehler, Verkehrtheiten und Entartungen des Geistes besitzt.

Molière lieben, das bedeutet für immer, wo nicht von niedriger, nichtswürdiger Heuchelei, so doch von dem Fanatismus der Unduldsamkeit und der Härte geheilt zu sein, die Acht und Bann verhängt und Lästerung nicht verschmäht.

Molière lieben bedeutet gleichermaßen von jenem anderen, dem politischen Fanatismus sich meilenweit entfernt und vor ihm in Sicherheit zu befinden, jenem kalten, grausamen Fanatismus, der nicht lacht, nach Sektierertum schmeckt und unter dem Vorwande des Puritanismus Mittel und Wege findet, Galle jeglicher Art zu verarbeiten und zusammenzubrauen und allen Haß, allen Groll und allen Jakobinismus aller Zeiten in einer Doktrin der Bitterkeit zu vereinen.

Molière lieben bedeutet die Gewißheit, daß man sich nicht an die einfältige, grenzenlose Bewunderung einer Menschheit verliert, die sich selbst vergöttert und die vergißt, aus welchem Stoff sie gemacht ist, daß die doch immer nur, was sie auch unternimmt, schwächliche Menschennatur bleiben wird.

Molière lieben und verehren heißt jedem Manierismus der Sprache und des Ausdrucks ablehnend gegenüberstehen; es bedeutet, daß man kein Vergnügen an gezierten Spielereien, gesuchten Finessen des Stils, einer geleckten Pinselführung, am Schwulst, an einer schillernden, gekünstelten Formgebung findet und sich nicht damit abgibt. Kurz gesagt bedeutet Liebe zu Molière, daß man einen gesunden, richtigen Gebrauch des Geistes bei anderen und bei sich selber liebt.«

Wenn ich den ersten Satz dieses Aufsatzes lese, der mir vielmals und gleichsam löffelweise verpaßt worden ist, werde ich von Skrupeln befallen, deren Echo in meinem Innern ich gewissenhaft Gehör geschenkt habe. Mit einigem Wohlwollen habe ich mir zubilligen können, daß ich eigentlich nicht mehr Fehler, Verkehrtheiten und Entartungen des Geistes aufzuweisen habe als mein Nächster, und da ich mich dadurch bereits berechtigt fühlte, den Titel eines Molièreliebhabers für mich in Anspruch zu nehmen, fuhr ich in meiner Lektüre fort.

Beim zweiten Satz hat mich gerechte Empörung erfaßt, begleitet von einem Gefühl der Selbstachtung und des Vertrauens auf mein Ich.

Ein Heuchler – nein! Das bin ich nicht, habe ich mir innerlich zugerufen. Ich bin tolerant, ich bin durchaus kein Sektierer und berge in mir keine Härte, die mir Verdammung oder Verfluchung zuziehen könnte. Was aber Fanatismus, Puritanismus oder Jakobinismus betrifft, so hoffe ich zu Gott, daß keine dieser schmachvollen Krankheiten mir jemals Sorge machen wird.

Ich habe in einer Art von boshafter Rührung bei der Vorstellung gelächelt, ich könne einfältigerweise die mit Gebrechen behaftete Menschheit bewundern, die sich selbst vergöttert –

weiß ich doch nur zu gut, aus welchem Stoff die anderen gemacht sind; ein berechtigter Stolz, eine aus der Tiefe aufbrechende Freude hat mich bei dem Gefühl meiner persönlichen Überlegenheit förmlich überströmt. Was ferner die Liebe zu der Gesundheit und dem rechten Gebrauch des Geistes betrifft, so hätte ich mit klopfendem Herzen Sainte-Beuve am liebsten auf beide Wangen geküßt, wie man es sonst nur am 1. Januar tut.

Das sind im Laufe dieser Lektüre meine Gefühle gewesen. Bei weiterem Überlegen hat sich dann allerdings meine Meinung gewandelt. Und nun, meine Damen und Herren, weiß ich nicht, wie Sie sich entschieden haben: ich meinerseits jedoch lehne es energisch ab, jener ›Gesellschaft der Freunde Molières‹ beizutreten, zu deren Begründer und Präsidenten Sainte-Beuve sich aufgeworfen hat, indem er diese bewundernswerten Zeilen schrieb: eine so niedrige Schmeichelei, eine derart dümmliche Selbstbeweihräucherung, für die Molière den Vorwand bildet, kommen mir keineswegs wie ein Produkt der Kunst zu lieben vor ... Denn Molière zu lieben bedeutet, dieser Erklärung zufolge, wenn ich recht verstanden habe, sich selbst an seine Stelle zu setzen. Diese Unterschiebung der eigenen Person, diese Entrechtung des Schriftstellers ist aber gerade das, worunter die Schöpfer von Meisterwerken im allgemeinen am meisten zu leiden haben, ganz besonders aber Molière.

Nein, meine Damen und Herren, möge Sainte-Beuve mir verzeihen, aber nicht das bedeutet, daß man Molière wirklich liebt.

Molière lieben bedeutet, daß man darauf verzichtet, ihn zu kommentieren, daß man sich ebenso von der kindischen Alternative fernhält, entweder sein Leben an Hand seines Werkes zu vergöttlichen oder aber sein Werk herabzusetzen, indem man es auf das Bild unseres Menschentums zuzuschneiden versucht. Molière lieben bedeutet, daß man ihn für jemanden hält, der recht hat; daß man nicht klüger sein will als er, nicht an ihm herummäkelt, ganz, als ob man selber es besser machen könnte, vor allem aber, daß man das Buch seines privaten Lebens nicht aufblättert, nicht mit aller Macht seine Gestalten aus einer Biographie erklären will, von der man im übrigen gar nicht viel weiß. Ein wunderbares Zeichen warnt uns davor: wir besitzen von ihm nichts anderes als seine Werke, keinen Brief, kein Schriftstück; nur gerade zwei Unterschriften sind uns eine Gewähr dafür, daß Jean-Baptiste Poquelin überhaupt existiert hat ... Lieben wir ihn also so, wie er selbst es sich gewünscht haben würde, das heißt auf jener außerzeitlichen Ebene, auf die er seine Werke gestellt hat. Verstehen wir ihn durch das Herz und den Geist, durch die Vorzüge unseres französischen Volkscharakters als jemanden, der überall recht hat und überall liebenswert ist, den man mit Liebe im Herzen aufsuchen und dem man bei der Lektüre mit Freundschaft begegnen muß.

Man beweist nur, wie ärmlich man selber ist, wenn man sein Wissen und sein unwiderlegliches Urteil benutzt, um Molière zu erklären, indem man auf seine angeblichen Quellen zurückweist oder sich an sein Privatleben hält. Ich für meine Person will gar nicht wissen, ob Molière ein guter Vater und ein guter Ehemann war: ich begnüge mich mit dem, was er uns hinterlassen hat ...

Und wenn man doch noch von den berühmten Quellen Molières sprechen sollte, so würde ich sagen, daß sie weder in seinem Privatleben, noch in den italienischen Erzählern, noch in anderen Autoren zu finden sind, daß sie sich weder aus gelegentlichen Entlehnungen noch aus seinen persönlichen Erlebnissen herleiten lassen, sondern aus der Tradition des Theaters ergeben, aus seinem Gefühl für das Metier, das ein in hohem Maße Berufener hervorragend ausgeübt hat, ein Mann, der jene innere Formung, jene schöpferische Begabung besaß, die nicht gestatten, daß man in Gegenwart eines Genies von Quellen oder Entlehnungen spricht, denn das Genie läßt sich nicht definieren.

Man erklärt einen Autor weder durch Vergleich mit den von ihm geschaffenen Gestalten noch durch den Begriff der Verdrängung oder durch Psychoanalyse; alle aber, die von Molière sprechen, tun es mehr oder weniger, um sich selber zu analysieren und sein Porträt oder seine Biographie nach dem Bilde derjenigen zu gestalten, die sie selbst haben möchten.

Gewissermaßen, um das Thema der Kommentatoren damit abzuschließen, möchte ich als Nachruf jenen Satz aus dem

Vorwort zu den ›Fâcheux‹ anführen, in dem Molière kühnlich behauptet, daß auch für ihn vielleicht die Zeit kommen könnte, da er seine Anmerkungen über die Stücke, die er geschrieben hat, dem Druck übergeben werde.

»Ich gebe die Hoffnung nicht auf«, schreibt er, »eines Tages wie ein großer Autor zu zeigen, daß ich Aristoteles und Horaz zu zitieren verstehe. Bis zu dieser Prüfung, zu der es möglicherweise nicht kommt, gebe ich mich mit den Entscheidungen zufrieden, die die Menge fällt.« – »Suchen wir doch keine Vernunftgründe, die uns hindern könnten, Vergnügen zu verspüren«, fügt er noch hinzu.

Und etwas später erklärt er:

»Ich bewundere die scharfsinnigen Beobachtungen gewisser Leute über Dinge, die wir aus eigener Kraft fühlen müssen. Ich betrachte alle von der Seite, von der man sie mir zeigt, und drehe sie nicht um, um das zu sehen, was man gar nicht sehen soll.«

Geschaffen, um der Menge zu gefallen, sind die Stücke Molières durch alle Arten von Interpreten, die geglaubt haben, die Klassik gehöre ihnen, zweckentfremdet worden. Man hat den Komödienschreiber ausgeplündert, um mit der Beute die Speicher der Universitätswissenschaft anzufüllen. Angesichts der Art, wie das Publikum um das ihm Zugedachte betrogen worden ist, muß der Schauspieler dieses Erbe wieder hervorholen, zurückerobern, wieder zu dem zugleich einfachen und komplizierten Mechanismus des Dramatischen vordringen, durch den ein geniales Werk ursprünglich in Gang gesetzt worden ist, für den Gebrauch aller Zuschauer sein Intrigenspiel, die Frische seines Wortschatzes, kurz alles das wiederfinden, was das Publikum und die Schauspieler, die es das erste Mal auf der Bühne dargestellt haben, entzückt hat, und man könnte noch hinzufügen, daß es auch an ihm ist, in einem richtigen Sinn aus der alten Tradition Neues zu machen, denn das *Neue* im Bereich der *Tradition* bedeutet eine legitime Nachfolge des Vergangenen, die Weiterentwicklung unserer natürlichen, nationalen Landschaft, es bedeutet, wie Claudel sagt, »Neues, das genau dem Alten gleicht«.

Man muß sich über die Komödien Molières ein Urteil beim Rampenlicht bilden und nicht nach den Büchern der Kommentatoren, man muß sogar, wenn man sie in der Stille seines Arbeitszimmers liest, sich vorstellen, daß ihr Autor für die Menge geschrieben hat.

Zu lieben ist nicht Sache des Kritikers, denn um etwas gut beurteilen zu können, muß man über nüchterne Sinne und einen glänzenden Geist verfügen. Der beste Kritiker ist leider oft derjenige, der keine Rücksicht auf seine Rührung nimmt.

Lieben heißt dienen wollen, das aber ist das, was den Schauspieler adelt.

Lieben heißt sich unterwerfen, es ist die vornehmste Eigenschaft für jeden, der den Zugang zum Arcanum finden will.

Lieben heißt schließlich, sich auf das Niveau des Dichters selbst begeben.

### Die Schauspieler und die Klassik

»Kann man ein klassisches Stück denn wirklich ohne Kommentar verstehen?« werden Sie mich fragen. Dieses Problem stellt sich allerdings!

Soweit es den Schauspieler angeht, sage ich ja.

Hier wie bei allen Dingen ist in erster Linie nötig, der Wahrheit selber so nahe wie möglich zu kommen, zu wissen, aus welchen Fernen und auf welchem geheimen Weg sie zu uns gelangt ist.

Der Student ist zu bedauern, dessen Geist, sobald er dieses Dickicht, diesen Urwald von Kommentaren betritt, bereits mit so vielen Auffassungen, Ansichten und Hypothesen belastet wird, wie nötig sind, um den lebendigen Stoff eines Kunstwerks einzukapseln, auszuleeren und schließlich mit persönlicher Eitelkeit anzufüllen! . . .

Arnolphe, Argan, Célimène, Alceste werden dann zu beinahe auswechselbaren Gliedern einer literarischen Gleichung, bei der das Genie des Komödienschreibers für ihn – ohne daß er es leider weiß – die wahre Unbekannte bleibt.

Die Kathedrale, die Statue, die Symphonie sogar behaupten sich ohne fremde Hilfe. Einer solchen Invasion gegenüber, kann die Zeit nichts anderes für sie tun, als sie durch eine Vertiefung der Perspektive noch größer werden zu lassen. Sie beharren in dem unverrückbaren und unvergänglichen Gleichgewicht ihres Umfangs oder ihrer Klänge. Da aber das Kunstwerk des Bühnenschriftstellers, das Theaterstück, leider auf den Lippen der Menschen entstanden und von ihrem Körper untrennbar, mit seiner Substanz verbunden ist, lebt es weiter nur unter ständiger Gefährdung seiner Lebenskraft, seines unaufhörlich blockierten und behinderten Daseins!

Da für das Theater der Zwang besteht, immer wieder neu übersetzt, jedesmal einer anderen Interpretation durch die Aufführung unterstellt zu werden, findet es sich beim Neuerwachen nie als das gleiche wieder.

Gerade diese Zerbrechlichkeit aber bewegt mich und gibt mir den Mut zu sprechen, weil ich selbst sie empfunden habe, weil ich sie erraten zu haben glaube.

Das in einem Buch niedergelegte Werk ist nicht in diesem Sinne lebendig.

Ein Theaterstück läßt sich nicht erklären, es wird gespielt.

Der Autor muß mit dem Schauspieler und mit dem Publikum in lebendiger Verbindung stehen. Das Theater hat nötig, daß man ihm jedesmal von neuem die Grundbedingung der Poesie, die Freiheit zugesteht.

Wer kann der Welt von einer in einem Buche eingesperrten Komödie die Originalfassung wiedergeben? Wer vermag es zu neuem Leben zu erwecken? Ich bitte um Verzeihung, meine Damen und Herren, wenn ich selbst hier erkläre, daß nur der Schauspieler es vermag.

Molière ist ein unvergängliches und unerschöpfliches Thema. Andere bereits haben es vor mir bewiesen. Ich möchte nicht, indem ich es nochmals beweise, von Ihnen belächelt werden. Was diese Plauderei an Kritik und Ablehnung enthält, mag ihnen nicht zu unrecht etwas billig erscheinen, und vielleicht hatten Sie nicht erwartet oder gewünscht, daß ich diese Dinge hier erwähne. Gleichwohl hat nicht Gefallen am Spott oder Neigung zur Ironie mich bestimmt, sondern vielmehr die Überzeugung, daß es nötig ist, den Werken des Geistes ihr inneres Leben, ihren freien und geheimen Einfluß und dadurch ihre Wirkungskraft zu belassen. Auf ihrer Oberfläche hat sich eine solche Unmenge von Überlegungen angesammelt, sie sind so sehr mit fremden Ideen übertüncht, so verkrustet durch zahlreiche Generationen, die Ablagerungen, die sie bedecken, sind so schwer und so undurchdringlich geworden, daß mir scheint, man solle sich nicht scheuen, die schärfsten Ätz- und Lösungsmittel zu benutzen, um sie zuerst einmal zu reinigen.

Sollte man aber vielleicht auch diesen Ausführungen Mangel an Ideen, an positiver Haltung, an Folgerichtigkeit oder an einer klaren Definition vorwerfen, so wird es auch deshalb sein, weil ein Werk zu definieren oder zu erklären nicht nur zwecklos, sondern bedenklich, wo nicht gefährlich ist, denn jede Definition schaltet die Möglichkeit aus, es kennen und verstehen zu lernen; ein Werk definieren bedeutet gewissermaßen, es stellenweise und auf lange Sicht abzutöten, entweder zum Zweck einer vorübergehenden geistigen Genugtuung oder um einiger Augenblicke neuer Anregung willen.

Ein klassisches Werk zu definieren oder zu kommentieren ist das gleiche, als ob man, um sich ihm besser nähern zu können, den brennenden Busch auslöscht, den jedes lebendige Werk darstellt, und so die aktive ständige Bewegtheit und wohltuende Wärme mindert, die es uns schenkt.

Es wird berichtet, in Griechenland seien in einem bestimmten Zeitabschnitt die Manuskripte des Äschylus, Sophokles und Euripides in Schreinen verwahrt worden, und es sei verboten gewesen, Abschriften davon zu besitzen. Die Manuskripte wurden nur für die alljährlich stattfindenden öffentlichen Festlichkeiten hervorgeholt. Es wäre wünschenswert, daß man mit Molière in gleicher Weise verführe und daß auf Grund eines wohlverstandenen Zehnjahresplans alle die Meisterwerke des Theaters betreffenden Erklärungen, Kommentare und Auslegungen samt und sonders fristgemäß verbrannt würden, damit jede Generation die Freiheit behielte, sich in der Berührung mit ihnen aufs neue zu bewähren. Kritik und Interpretation dienen nur dazu, entgegengesetzte Meinungen zu verfechten; der Kommentator, ob seiner Natur nach eher den Säuren oder den Basen verwandt, ob in seinem Verhalten konstruktiv oder negativ, übt stets eine neutralisierende Wirkung aus.

»Der Zweck der Kunst«, hat ein Philosoph gesagt, »ist nicht, durch Ideen definiert zu werden, sondern Ideen zu erzeugen.«

Hiermit, gleichsam um mich selbst zu entschuldigen, schließe ich diese Ausführungen, in denen ich vielleicht allzuviel Zeit an die Schilderung des Verfalls der Meisterwerke Molières gewendet habe, weil meine Beredsamkeit nicht ausreicht, um ihre Jugendfrische gebührend zu verherrlichen.

Vortrag vom 16. Februar 1937.
Aus: Conferencia, Journal de l'Université des Annales, No. XVIII, 1937.
Übersetzung von Eva Rechel-Mertens

## Bertolt Brecht
## Wie soll man Molière spielen?

Wie soll man Molière spielen? Wie den ›Don Juan‹? Ich denke, die Antwort muß sein: So, wie er nach möglichst genauer Prüfung des Textes unter Berücksichtigung der Dokumente von Molières Zeit und seiner Stellung zu dieser Zeit gespielt werden muß. Das heißt, man darf ihn nicht verdrehen, verfälschen, schlau ausdeuten; man darf nicht spätere Gesichtspunkte über die seinen stellen und so weiter. Die marxistische Betrachtungsweise, zu der wir uns bekennen, führt bei großen Dichtwerken nicht zu einer Feststellung ihrer Schwächen, sondern ihrer Stärken. Diese Betrachtungsweise räumt mit den Restaurierungen, Verfälschungen und Entstellungen auf, die in Verfallsepochen durch das Eingehen auf schlechteren Geschmack oder durch (bewußte oder unbewußte) Versuche der herrschenden Klasse, sich durch eine selbstgefällige und selbstherrliche ›Interpretierung‹ von Meisterwerken [zu vergnügen], diese beschädigt haben.

## Zur Bearbeitung

### 1. Notizen zur Inszenierung

1. Als Szenerie vorzüglich die originale Bühne Molières mit ihrer magnifizenten Perspektive, Salonlüstern, sparsamen Andeutungen: die Welt als dekorative Fischgründe der großen Herren.
2. Das Spiel in vollkommenem Ernst, das heißt, diese Gesellschaft nimmt sich verteufelt ernst.
3. Der große Verführer läßt sich nicht zu besonderen erotischen Kunstgriffen herab. Er verführt durch sein Kostüm (und diese

Art, es zu tragen), seine Stellung (und die Unverschämtheit, sie zu mißbrauchen), seinen Reichtum (oder seinen Kredit) und seinen Ruf (oder die Sicherheit, die ihm seine Berühmtheit bei sich selbst gewährt). Er tritt auf als sexuelle Großmacht.

4. Gewisse Vorgänge können durch die Musik Lullys untermalt werden. Die Unterredungen mit Donna Elvira im ersten und letzten Akt verlieren durch die Musik den tragischen und gewinnen einen schicklicheren melodramatischen Charakter. Zu dem Auftritt des rächenden Bruders (Don Alonso) im dritten Akt paßt sehr gut das Hörnerhalali.

### 2. Zur Figur des Don Juan

Don Juan ist kein Atheist im fortschrittlichen Sinn. Sein Unglaube ist nicht kämpferisch, indem er menschliche Aktionen fordert. Er ist einfach ein Mangel an Glauben. Da ist nicht eine andere Überzeugung, sondern keine Überzeugung. – Don Juan glaubt vielleicht sogar an Gott, er will nur nichts von ihm hören, da dies sein Genußleben stören würde. – Er benutzt jedes Argument – ohne eines davon zu glauben –, das die Dame legt, wie jedes, das ihn von der Dame befreit.

Wir befinden uns nicht auf der Seite Molières. Dieser votiert für Don Juan: der Epikureer (und Gassendischüler) für den Epikureer. Das Gericht des Himmels verspottet Molière, es würde zum Himmel passen, dieser dubiosen Einrichtung zur Abtötung der Lebensfreude. Gegen Don Juan läßt er nur gehörnte Ehemänner und so weiter sein. – Wir sind gegen parasitäre Lebensfreude. Leider haben wir als Lebenskünstler nur den Tiger vorzuweisen!

## Bessons Inszenierung des ›Don Juan‹ beim Berliner Ensemble

Als Shakespeare von deutschen Truppen im siebzehnten Jahrhundert gespielt wurde, handelte es sich um einen verballhornten, aufgedonnerten, rohgemachten Shakespeare. Erst die Klassik reinigte wieder die Texte und entdeckte die Bedeutung dieser Werke. (Man täuscht sich aber, wenn man annimmt, es gäbe demnach eine echte Shakespeare-Tradition, aus der zu schöpfen wäre, denn bald erstarrte wieder das in schönen großen Fluß Gekommene und wurde zu Klischee und Schablone.) Mit dem Molière wurde die bürgerliche deutsche Bühne fertig, ohne die Texte zu demolieren, sie kriegte ihn unter, indem sie ihn ›tiefer auffaßte‹, ›vermenschlichte‹, ›dämonisierte‹. Der Geizhals wurde ein ›fast‹ tragischer Mensch, einem dämonischen Trieb der Gier ›ausgeliefert‹. Dandin, der Hahnrei aus Snobismus, wurde eine Art Woyzeck, dem der Adlige die Frau wegnimmt. Don Juan wurde der »vielleicht sogar tragische Wüstling«, der »nie zu sättigende Sucher und Begehrer«.

Nichts in dem Text, der vorliegt, ermuntert eine solche Auffassung, die auch von einer völligen Unkenntnis der Zeit zeugt, in der Molière lebte, und der Stellung, die er zu ihr einnahm. Es gibt heute eine eigentümliche Meinung vom Fortschritt, die das Theater bei der Wiedererweckung großer Werke aus der Vergangenheit sehr hindert. Der Fortschritt bestand nach dieser Meinung darin, daß das Schaffen immer weniger primitiv und naiv wurde, je mehr die Zeit fortschritt. Diese Meinung ist auch im bürgerlichen Lager weit verbreitet und gehört dorthin. Als der englische Schauspieler Olivier Shakespeares ›Heinrich v.‹ verfilmte, begann er den Film mit der Darstellung der Premiere an Shakespeares Globetheater. Die Spielweise war als pathetisch, steif, primitiv, nahezu albern dargestellt. Dann ging die Spielweise in eine ›moderne‹ über. Die rohen alten Zeiten waren überwunden, es wurde differenziert, elegant, überlegen gespielt. Kaum ein anderer Film hat mich so geärgert. Welch eine Meinung, die Regie Shakespeares könnte so viel dümmer und roher gewesen sein als die des Herrn Olivier! Ich bin natürlich nicht der Meinung, daß das vorige Jahrhundert oder auch das unsere nichts Bedeutendes, Neues in der Darstellung menschlichen Zusammenlebens und in der Zeichnung von Menschen hervorgebracht hätte. Aber es geht in keiner Weise an, diese Fortschritte den älteren Werken ›zugute kommen‹ zu lassen, sofern sie Meisterwerke sind. Wir dürfen nicht den Marloweschen Faust mit Zügen des Goetheschen versehen; er würde dadurch nicht goethisch und wäre nicht mehr marloweisch. Die alten Werke haben ihre eigenen Werte, ihre eigene Differenziertheit, ihre eigene Skala von Schönheiten und Wahrheiten. Sie gilt es zu entdecken. Das bedeutet nicht, daß man Molière so spielen soll, wie er 170mal gespielt wurde; es bedeutet nur, daß man ihn nicht so spielen sollte, wie er 1850 gespielt wurde (und 1950). Gerade die Vielfalt der Erkenntnisse und Schönheiten seiner Werke erlaubt es, Wirkungen aus ihnen zu holen, die unserer Zeit gemäß sind. Molières ›Don Juan‹ ist für uns in der älteren Auffassung wertvoller als in der neueren (ebenfalls alten). Wir haben von der (Molière näheren) Satire mehr als von der halbtragischen Charakterstudie. Der Glanz des Parasiten interessiert uns weniger als das Parasitäre seines Glanzes. Leipziger Philosophiestudenten, welche die Aufführung Bessons diskutierten, fanden die Satire auf die feudale Auffassung der Liebe als einer Jagd noch so aktuell, daß sie mit vielem Gelächter über die heutigen Herzensbrecher berichteten. Ich bin überzeugt und hoffe, daß etwa dämonische Seelentöter sie weit weniger interessiert hätten.

In der Tat ist die Inszenierung des ›Don Juan‹ durch Benno Besson in zweifacher Hinsicht von Bedeutung. Er stellt die Komik der Don-Juan-Figur wieder her – übrigens gerechtfertigt durch die erstmalige Besetzung im Theater Molières mit dem Komiker, der für gewöhnlich die komischen Marquis spielte –, indem er die sozialkritische Aussage des Stückes wiederherstellte. In der berühmten Bettlerszene, die bisher dazu benutzt wurde, Don Juan als Freigeist und damit fortschrittlichen Typ hinzustellen, zeigte Besson lediglich einen Libertin, zu arrogant, irgendwelche Verpflichtungen anzuerkennen, so daß sichtbar wurde, wie die herrschende Clique sich auch über den staatlich konzessionierten und befohlenen Glauben hinwegsetzte. Formal emanzipierte sich Besson ein wenig, indem er die Einteilung des Stücks in fünf Akte beseitigte, ein zeitgegebener Formalismus, durch welche leichte Operation er das Vergnügen des Publikums zweifellos steigerte, ohne etwas vom Sinn des Stücks zu opfern. Von Bedeutung für die deutsche Bühne war ferner, daß Besson sehr glücklich die unschätzbare Tradition der französischen Bühne zu benutzen wußte. Beglückt gewahrte das Publikum den weiten universalen Rang der Molièreschen Komik, jene kühne Mischung der feinsten Kammermusikkomik mit der größten Farce und dazwischen jene kleinen köstlich ernsten Passagen, die ohnegleichen sind.

Unser Theater ist in der schönen Phase des Lernens. Das macht seine Versuche wichtig und seine Fehler vielleicht entschuldbar. (1954)

Aus: Schriften zum Theater 3. Gesammelte Werke, Bd. 17. Frankfurt am Main 1967

*Ernst Ginsberg*
## Meine Lieblingsrolle

Welch eine Dichtung!

Wie unglaublich modern: die kühne Sprach- und Sittenkritik eines Karl Kraus, unvermittelt daneben die erotische Leidenschaft und Verlorenheit eines Wedekind, die ewig wehrlose Ausgesetztheit des kindlichen, genialen Menschen, die unverhüllte, herbe Ausweglosigkeit der Allermodernsten, bei Molière freilich erwärmt von der Glut eines Welt und Menschen liebenden Herzens (denn dieser ›Menschenfeind‹ ist paradoxerweise der größte Liebende unter all den Figuren dieses Spiels). Welch ergreifendes Selbstporträt Molières: der untrügliche Sinn für das Ursprüngliche, Volkstümliche, die Verachtung des leeren Ästhetentums und alles verblasenen Kunstgeschwätzes, die männliche Noblesse der Frau gegenüber, die ihn fast zugrunde richtet (man weiß, wieviel Herzblut des Dichters in die Beziehung Alceste–Célimène eingeströmt ist) – und all dies formuliert und gefaßt in der altmodischen Strenge des meisterhaft vollendeten, gereimten Alexandriners.

Welch eine Dichtung!

Ist es eine Tragödie? Nein. Eine Komödie? Nein. Es ist eine reine Tragikomödie. Die erste, die mir in meinem Schauspielerleben bewußt wurde und die mich sogleich im Innersten ergriff und beglückte, weil diese Kunstgattung, die Tragikomödie, die bei Molière die blutvollste Gestalt gefunden hat, für mich das wahrste und erschöpfendste Abbild des menschlichen Lebens darstellt, die schlechthin humanste Gattung des Dramas, über die hinaus eigentlich wohl nur noch das christliche Mysterienspiel zu führen vermöchte. So wenigstens will es mir scheinen.

Unser erster Versuch, diese Dichtung auf die Bühne zu bringen [Zürich, 1943], glückte nur halb. Ich war viel zu stark von Alcestes tragischen Seiten beeindruckt, und es gelang mir nicht, jenes Gleichgewicht zwischen Tragischem und Komischem zu finden, das Molière in so einzigartiger Weise gemeistert hat. Erst als wir das Stück zum zweiten Male zusammen arbeiteten, diesmal in Basel und, wie seither immer, mit Agnes Fink als Célimène und, wie von Anbeginn, in dem herrlichen Bühnenbild Teo Ottos, kamen wir der Lösung des Problems nahe. Als wir uns dann zum drittenmal gemeinsam an den ›Misanthrope‹ machten, in München, nach sechzehn Jahren zum erstenmal wieder in Deutschland, da gelang die Aufführung endlich ganz. Die Premiere wurde zu einem vollen, glücklichen Sieg von Stück und Aufführung, der für Horwitz die Intendanz des Bayrischen Staatstheaters nach sich zog und mir mit eins das Münchner Publikum gewann. Nun kehrten wir wieder ins alte Zürich zurück. Und hier, bei der vierten Inszenierung der immer mehr geliebten Dichtung, konnten wir nun endlich auch in Zürich den ›Misanthrope‹ so zeigen, wie er uns seit je vorgeschwebt hatte. So wurde die Begegnung mit Molière in der Gestalt des Alceste für mich künstlerisches Schicksal und Glück.

Ich gestehe, daß ich bis dahin gerade von Molière nur eine beschämend oberflächliche Vorstellung hatte. Er war mir immer lediglich als virtuoser Vollender der Commedia dell'arte erschienen. Daß und wie sehr Molière dem andern großen Schauspieler-Dichter, Shakespeare, an Hintergründigkeit und Tiefe der Menschendarstellung nahekommt, was für einzigartige, aufregende Entdeckungen den Schauspieler gerade in der Welt Molières erwarten, davon hatte ich nichts geahnt.

Und als ich dann, bei immer bewegterer Beschäftigung mit dem Phänomen Molière, begriff, welch schweres, leidenschaftliches Menschenleben hier kühn in schwerelose Kunst verwandelt worden war und wie wahrhaft tapfer dieser einem höllischen Dasein ausgesetzte Mann sein Herz, ja seine Existenz mit den blanken Waffen des Geistes verteidigt hatte, da wußte ich, daß ich am Ort meiner innersten künstlerischen Liebe und Verehrung angelangt war. So wurde Alceste meine ›Lieblingsrolle‹.                                                            (1958)

Aus: Abschied. Zürich 1965

## Friedrich Dürrenmatt
## Ein deutscher Molière

Molières Bedeutung auf der deutschsprachigen Bühne liegt allein in seinen Gestalten. Seine Form und seine Stoffe entstammen einer Komödientradition, die weit in die Antike zurückreicht, doch die Weise, wie er die ewigen Typen des Geizigen, des betrogenen Ehemannes oder des Menschenfeindes sah, stoßen sie aus dem Typischen in den Charakter und ins Dämonische. Seine Menschen sind stärker als seine Sprache, der Unübersetzliche wird auf deutsch spielbar. Aus zwei Gründen. Weil er – das mag ein Paradox sein – in seiner eigenen Sprache so großartig schrieb und weil er – das ist das Entscheidende – ein Schauspieler war: er schrieb von der Schauspielerei her, er gestaltete als Schauspieler. Molière ist zugleich ein großer Dichter und ein eminenter Theaterpraktiker wie Shakespeare und in der neuesten Zeit Brecht. Kurt Horwitz und Ernst Ginsberg versuchten daher nicht, einen französischen Molière auf deutsch vorzutäuschen, sie spielten nicht aufs Lose, Elegante und Improvisierte, auf jene Eigenschaften hin, die unser Publikum allzu gern für französische hält, sie interpretierten unerbittlich die Gestalten, sie stellten sie in Molières Realistik und in seiner bitteren Menschenkenntnis dar, und weil sie das so unbedingt wagten, fand sich auch eine Sprache und eine Form, die überzeugte, ein deutscher Molière entstand. Mit Recht. Theater ist nicht Sprache an sich, sondern Menschendarstellung durch die Sprache und durch den Schauspieler. Ginsbergs schauspielerische Intensität stellte die Sprache Molières gleichsam her, indem er eine von Natur aus ungenügende Übersetzung in etwas Elementares, Natürliches verwandelte, um so Gestalten zu schaffen, die unsere Phantasie nie mehr loslassen.

(1965)

Aus: Zum Tode Ernst Ginsbergs (Theater-Schriften und Reden. Zürich 1966)

*Molière*
*in deutscher Übersetzung*

## Jürgen von Stackelberg
## Nicht Pantoffel, nicht Kothurn ...

### Bemerkungen zu einigen neueren
### Molière-Übersetzungen

So erstaunlich das klingen mag: es gibt noch keine ›Geschichte des deutschen Molière‹. Eine französische Dissertation vom Jahre 1888 untersucht mehr die Aufnahme Molières in Deutschland als die Geschichte der Molière-Übersetzungen; eine deutsche Abhandlung von 1893 ist der ›ältesten deutschen Übersetzung Molièrescher Lustspiele‹ gewidmet, ein paar Seiten in Hofmillers Essayband ›Franzosen‹, Bemerkungen verschiedener Übersetzer zu ihrer eigenen Übersetzung oder zu den Übersetzungen anderer – so von L. Fulda (1905) oder von Hans Weigel (1964) –, das ist ungefähr alles, was es gibt. Der Mangel ist um so befremdlicher, als es an Untersuchungen zur Übersetzungsgeschichte der anderen französischen Klassiker weniger fehlt. Molière aber, der auf deutschen Bühnen mehr gespielt wird als Corneille oder Racine, und von dem es, gerade in neuerer Zeit, auch mehr konkurrierende Übersetzungen gibt, sollte doch auch wohl für seine deutschen Wiedergaben mehr kritische Aufmerksamkeit beanspruchen dürfen.

Die folgenden Bemerkungen, deren Anlaß Hans Weigels neue Molière-Übersetzungen sind, hätten gern das Ziel verfolgt, ein Kapitel zur Geschichte des ›deutschen Molière‹ beizusteuern, wenn entsprechende Vorarbeiten vorgelegen hätten. So aber, mangels dieser, ist ihr Ziel viel bescheidener: es geht lediglich darum, ein paar neuere Molière-Übersetzungen kritisch zu vergleichen, und auch da muß ich mich, um gründlich sein zu können, auf einige wenige Szenen beschränken. Ich greife den Prolog zum ›Amphitryon‹ heraus (den Kleist nicht wiedergegeben hat), nehme dann den Anfang des ›Misanthrope‹ vor und bespreche schließlich ein paar Stellen aus dem ›Avare‹. Ich vergleiche dabei, einmal, die Übersetzungen von L. Fulda, E. M. Landau und A. Luther, sodann die von R. A. Schröder und Hans Weigel, schließlich diejenigen von W. Widmer und Hans Weigel. Es sind die Übersetzungen, die heute am leichtesten zugänglich sind.

Was ich zum Problem der Übersetzung allgemein und zu den Schwierigkeiten der Molière-Übersetzung speziell sagen möchte, soll sich aus dem Vergleich selbst ergeben. Vorausschicken möchte ich nur noch, daß ich dabei die Frage der Sprech- und Spielbarkeit auf der Bühne mit besonderem Interesse verfolge.

I.

Nicht nur weil der ›Amphitryon‹ in verschieden langen Versen – dem ›vers libre‹ der Klassiker – geschrieben ist, nimmt er eine Sonderstellung in Molières Werk ein: auch die leicht parodistische Behandlung des mythologischen Sujets ist einmalig – wenn wir von der ›Ballett-Tragödie‹ ›Psyche‹ absehen wollen, die nur zum kleineren Teil von Molière stammt. Es ist oft beobachtet worden, daß die Wahl des spielerisch variierten Versmaßes und des ebenso spielerisch-amüsiert behandelten Gegenstandes vortrefflich zueinander passen. Das Stück ist das einzige, so kann man wohl sagen, von dem es eine großartige, künstlerisch gelungene deutsche Übersetzung gibt, die von Kleist. Aber wenn man es recht besieht, hat diese ›Übersetzung‹ mit Molière nur noch wenig gemein. Sie ist unter der Feder des Übersetzers zu einer ganz Kleistschen Dichtung geworden. Den Prolog, in dem Merkur auf einer Wolke der Göttin der Nacht in einem durch die Luft gezogenen Wagen begegnet, hat Kleist nicht etwa nur aus bühnentechnischen Gründen weggelassen, er paßte nicht in seine Konzeption. Dieser Prolog kündigt bei Molière die parodistisch-urbane Atmosphäre des Stückes an, die so ganz anders ist als die kräftige Holzschnitt-Manier Kleists. Wie versuchen moderne Übersetzer die ›freien Verse‹ und den leichten Ton wiederzugeben, der bei aller witzigen Frivolität doch etwas Gepflegtes hat? Der Text beginnt so:

Mercure: *Tout beau! charmante Nuit; daignez vous arrêter:*
*Il est certain secours que vous on désire*
*Et j'ai deux mots à vous dire*
*De la part de Jupiter.*

Ludwig Fulda übersetzt das wie folgt:

Merkur: *Gemach nur, holde Nacht! Hemm deinen Lauf;*
*denn wir bedürfen deiner hier am Orte.*
*Als Bote nah' ich dir; zwei Worte*
*an dich trug Jupiter mir auf.*

So wenig Ausgefallenes der Text Molières zu enthalten scheint, so schwer ist er adäquat wiederzugeben. »Tout beau« ist ein umgangssprachlicher Anruf, nicht barsch, sondern höflich, lässig hingesprochen, ohne viel Gewicht. Fuldas »Gemach nur . . .« klingt jedenfalls gezierter, ist gewichtiger, auffälliger, stärker stilisiert. Und »holde Nacht« für »charmante Nuit« geht in dieselbe Richtung, ja, mehr noch: es rückt Molière in Matthias-Claudius-Nähe, wo nicht gar ins traute Biedermeier-Klima deutscher Familien-Weihnachtslieder. »Daignez . . .« ist ein Wort hohen Stils. Merkur mag es eine Spur ironisch meinen, aber wenn es Ironie ist, wird sie selbstverständlich gebraucht, wie ein Mann von Welt (wie Merkur) das tut. Das höher stilisierte Verb mag Fulda zur Wahl des Adjektivs »hold« veranlaßt haben: das wäre ein Fall einer ›verschobenen Äquivalenz‹, eines stilausgleichenden Übersetzerverfahrens also, wie es, seitdem Übersetzen als Kunst betrieben wird, bekannt ist. Wo sich für ein Wort kein entsprechendes gleicher Stillage in der anderen Sprache finden läßt, sucht der gewitzte Übersetzer bei einem anderen Wort aus dem Kontext einen Ausgleich zu schaffen. Fulda ist ohne Zweifel ein gewitzter Übersetzer. Die Frage ist nur, ob wir heute noch mit dem Resultat geschmacklich einverstanden sein können. »Hemm deinen Lauf« mutet wieder ein wenig zu literarisch, zu sehr ›angelesen‹ an, um der Situation recht zu entsprechen. (Der Wagen der Nacht wird von zwei Pferden gezogen, heißt es in einer szenischen Anmerkung Molières: von da gesehen müßte es eigentlich heißen: »Hemm den Lauf deiner Rösser.«) Nicht leichter zu übersetzen als das Vorhergehende ist das Folgende: »il est certain secours . . .« Die Wendung kann unmöglich wortwörtlich wiedergegeben werden: die wörtlichste Übersetzung wäre hier, wie so oft, die falscheste. Nicht weil Fulda vom Wortlaut des Urtextes abweicht, ist er kritikabel, sondern weil das »hier am Orte« sichtlich des Reimes wegen gewählt ist. Man merkt es zu deutlich am folgenden »zwei Worte«. Und diese wiederum hätte der Übersetzer nicht so ›wörtlich‹ wiederzugeben brauchen. »J'ai deux mots à vous dire« ist französisch so geläufig, so umgangssprachlich, daß man dafür »ich habe Dir etwas zu sagen« setzen sollte. »Dir« – oder richtiger: »Ihnen«. Wie kommt eigentlich Merkur dazu, die Nacht mit »Du« anzureden? Fulda hat sich zu dieser Frage im Vorwort zu seiner Molière-Übersetzung geäußert. Er schreibt, nicht unüberlegt, daß das französische »vous« mit »Sie« und nicht etwa mit »Ihr« bzw. »Euch« wiedergegeben werden müßte. Die zweite Person Plural möge als Anredeform auch im Deutschen einst üblich gewesen sein – aber er, Fulda, übersetze Molière nicht in das Deutsch von einst, sondern in ein Deutsch seiner Zeit. Im übrigen gelte im Französischen ja noch heute die Anredeform »vous«, was man modern mit dem »Sie« wiedergeben müsse. »Der deutsche Übersetzer trägt also durch das ›Ihr‹ eine Altertümelei hinein, welche das Original für den modernen Franzosen nicht besitzt und welche deshalb auch im Spiegelbilde keine Berechtigung hat.« (›Molières Meisterwerke‹, Bd. I, S. 18.) Das war im Gegensatz zu Baudissins Molière-Übersetzung gesagt, die die historische Patina suchte. Insoweit ist Fulda ›moderner‹ – und wir sind dankbar für die grundsätzliche Klärung, die aus Anlaß der Anredeform hier erfolgt. Aber leider erklärt sie weder das »Du« in unserer Szene, noch kann Fuldas Sprache uns sonst als ›modern‹ überzeugen. Je mehr man von ihr zur Kenntnis genommen hat, desto deutlicher wird der Zug, der einem schon bei den ersten Zeilen auffällt: Fulda hat nicht nur den ›Faustvers‹ (vier-, fünf- und mehrfüßige Jamben) von Goethe übernommen, er hat auch sonst Molière ›goethesch‹ zu übersetzen versucht. Vergleichen wir, ein paar Verse weiter, den folgenden Passus:

La Nuit:   *Vous vous moquez, Mercure, et vous n'y songez pas:*
           *Sied-il bien à des Dieux de dire qu'ils sont las?*
Mercure:   *Les Dieux sont ils de fer?*
La Nuit:   *Non; mais il faut sans cesse*
           *Garder le décorum de la divinité.*
           *Il est de certains mots dont l'usage rabaisse*
           *Cette sublime qualité,*
           *Et que, pour leur indignité*
           *Il est bon qu'aux hommes on laisse.*

Merkur hatte erklärt, er habe sich auf einer Wolke niedergelassen, weil er müde sei. Darauf entspinnt sich der obige Dialog. Er gibt dem Übersetzer eine harte Nuß zu knacken, vor allem, weil dem Original das Bewußtsein einer Niveau-Entsprechung zwischen Wort und Sache, Personenstand und Stilhöhe zugrunde liegt, das uns verlorengegangen ist. Etwas vom antiken Gesetz solcher Stilentsprechung muß man wissen, um den kleinen Scherz der Göttin der Nacht zu verstehen. Zugleich aber macht auch sie, oder macht Molière sich durch sie wieder ein wenig lustig über dieses »decorum«, das hier ebenso ein solches des Benehmens wie des sprachlichen Ausdrucks ist. Denn Merkur hatte sich noch immer verhältnismäßig gepflegt ausgedrückt, »las« sei er, hatte er gesagt, nicht etwa »fatigué«. Der Stilbruch ist kaum merklich, die Parodie nicht kraß (wie etwa in der Burleskdichtung der Zeit), sondern sanft, behutsam, nuanciert. – Ludwig Fulda nun übersetzt:

Die Nacht:    *Merkur, bedenk doch – oder treibst du Spott –*
            *sich müd zu nennen, ziemt das einem Gott?*
Merkur:     *Sind Götter denn von Stahl?*
Die Nacht:                    *Nein, doch die Göttlichkeit*
            *Muß ihr Dekorum stets ins Auge fassen.*
            *Gewisse Worte gibt's, die wenig passen*
            *Zur himmlischen Erhabenheit,*
            *Und die wir besser, weil ihr Klang entweiht,*
            *Den Staubgeborenen überlassen.*

Die leichte Selbstironie der Nacht, die sich über ihre und Merkurs Göttlichkeit lustig macht – und damit die antike Mythologie überhaupt ironisiert –, ist nur noch mit viel gutem Willen aus dieser Übersetzung herauszuhören. Wendungen wie »Spott treiben«, Ausdrücke wie die »Staubgeborenen« klingen nach Schiller und Goethe – schlecht zitiert. Ein paar Verse weiter ist die Rede vom »weiten Himmelsblau« und gleich darauf von einer »Schicksalshuld«. Molière spricht einfach vom Himmel und vom ermüdenden Geschäft Merkurs. Fulda ›überhöht‹ den Text also in seiner Übersetzung, und er gerät dabei in einen Pseudoklassikerton, der uns heute um so unerträglicher erscheinen will, als er Molière in ein plüschernes Bürgermilieu des 19. Jahrhunderts versetzt. Fulda ist wortgewandt, sachkundig, im allgemeinen auch genau in seiner Übersetzung, aber er wird geschmacklich doch nur noch solchen Theaterbesuchern aus der Provinz zusagen, die zwischen Molière und Offenbach nicht unterscheiden. Übrigens hat Hans Weigel in seinem Aufsatz ›Vom Umgang mit Molière‹ alles Notwendige über Fuldas Molière-Wiedergabe gesagt und dabei kein Blatt vor den Mund genommen.

Die schöne Ausgabe der Werke Molières im Insel-Verlag (1954; 4. bis 14. Tausend 1959), die zwar nicht vollständig ist, sich aber doch einstweilen noch zu Recht die »vollständigste deutsche Molière-Ausgabe« nennt, gibt den ›Amphitryon‹ in der Übersetzung von Arthur Luther wieder. Dieser Übersetzer versucht sichtlich, die Clichés von Fulda zu vermeiden. Er entfernt sich ungenierter vom Original, aber es ist die Frage, ob er in seiner Selbständigkeit nicht zu weit geht. Vergleichen wir die Anfangsszene mit dem Original und mit Fuldas Übersetzung, so läßt sich folgendes feststellen: die »zwei Worte« (»deux mots«), die Merkur der Nacht zu sagen hat, kehren nicht wieder. Statt dessen heißt es: »Mich sendet Jupiter zu Euch, / Er hat Euch Wichtiges mitzuteilen.« Die Übersetzung ist ›freier‹, aber darum nicht besser. Sie wahrt die weltmännische Leichtigkeit des Tons nicht. Im Munde der Nacht macht es sich sogar plump aus, wenn es heißt: »Ihr seid's Merkur? Und gar – das hätt' ich nicht gedacht / Faul hingeräkelt? ...« Luther versucht seine Übersetzung ›realistischer‹ zu gestalten: die »posture«, von der hier im Original gesprochen wird, wird gewiß anschaulicher, aber sie wird salopp bezeichnet. Überhöhte Fulda, so senkt Luther das Stilniveau: »un messager de village« verwandelt sich in einen »Bauernknecht« bei ihm. Und wenn von Jupiters Verwandlungen in Tiergestalt gesprochen wird, so heißt das bei Luther dann: »Doch er verbirgt sich oft auch hinter tierischen Fratzen ...«, was sich reimt auf: »Kein Wunder, daß die Leute darüber schwatzen.« Schließlich werden »die Leute« gar zum »Pöbel«. Bei Molière steht nur »on en cause« und es heißt »les censeurs«. – Interessant ist jedoch der Versuch dieses Übersetzers, jene Stelle, wo vom »decorum« der Götter die Rede ist, durch eine leichte Sinnverschiebung verständlich zu machen:

> *. . . leicht gefährden*
> *Wir unser Renommee durch Reden und Gebärden,*
> *Die nicht zu dem Begriff der Götterallmacht passen.*
> *Man hat wohl seine kleinen Schwächen,*
> *Doch soll man nicht darüber sprechen.*
> *Das bleibt den Menschen überlassen.*

Ein Fremdwort durch ein anderes zu übersetzen, wie es hier geschieht, erscheint durchaus gerechtfertigt, sofern der Sinn nicht allzusehr verfälscht wird. Während »Dekorum« denn doch ein sehr ausgefallenes Wort im Deutschen ist, entspricht der Abstand von »Renommee« zum Umgangsdeutsch etwa demjenigen von »decorum« zum Umgangsfranzösisch. In der Folge verschiebt Luther dann die Pointe vom Sprachlich-Stilistischen aufs Verhaltensmäßige: nicht mehr das Wort »müde« wird als unschicklich hingestellt, sondern die Haltung, die sich ein solches Geständnis erlaubt. Der Sinn des Ausgesagten wird somit etwas vergröbert, aber ist solche Vergröberung nicht legitim, wenn sich eine witzige Nuance anders nicht erhalten läßt? Auch die Übersetzung von »les dieux sont-ils de fer?« durch »Sind Götter denn von Stein?« wird man als eine legitime Übersetzerfreiheit ansehen. Nur schade, wie gesagt, daß Arthur Luther gelegentlich ins Saloppe, zu Derbe entgleitet: »Kupplerin«, »zanken«, »Lügen« . . ., die »ein Lümmel zu verzapfen wagt« und dergleichen sind Mißklänge, die ein stilempfindliches Gehör verletzen.

In der verdienstvollen Reihe ›Theater der Jahrhunderte‹, die der Albert Langen-Georg Müller Verlag herausbringt, gibt es auch einen Band mit den verschiedenen Versionen des ›Amphitryon‹ (1964). Molières ›Amphitryon‹ ist darin in einer Übersetzung von Edwin Maria Landau wiedergegeben. Sie ist nicht gereimt. Das ermöglicht eine engere Anlehnung an den Wortlaut des Originals. Aber Landau treibt diese Anlehnung zu weit. So, wenn er pünktlich »deux mots« mit »zwei Worte« wiedergibt, »certain secours« als »gewisse Hilfe« wiedererscheint und den oben zitierten Passus wie folgt übersetzt:

> *Gewisser Worte eifriger Gebrauch erniedrigt*
> *Solch erhabenen Stand;*
> *Den Menschen sollte man sie überlassen*
> *Um ihrer Würdelosigkeit.*

»Certains mots« also gibt »gewisse Worte«, »usage« »Gebrauch«, »rabaisser« »erniedrigen«, »indignité« »Würdelosigkeit«, »laisser« »überlassen«. Hier wird nicht Molière ins Deutsche, sondern das Deutsche in Molière übersetzt – um ein Wort von Schadewaldt zu variieren. Man hört das Französische durch die Übersetzung hindurch, diese ist Abklatsch des Originals, ist originalhörig und damit zu phantasielos, um eigentlich Übersetzung zu sein. Zum besseren Verständnis des Originals mag sie taugen, wenn man sie mit dem Urtext zusammen liest: als Bühnentext ist sie nicht zu gebrauchen.

## II.

Mit Hugo von Hofmannsthals Nachdichtung des ›Bourgeois Gentilhomme‹ in einem Bande vereint hat der S. Fischer-Verlag 1960 Molières ›Misanthrope‹ als Nummer 2 der Reihe ›Exempla classica‹ in der Übersetzung von Rudolf Alexander Schröder herausgebracht. (Zusammen mit anderen Übersetzungen französischer Klassiker war diese Übersetzung 1958 im sechsten Band der Werke R. A. Schröders erschienen.) Schröders Molière-Übersetzung wird keiner für avantgardistisch halten: wir erwarten nichts anderes als eine kultiviert-konservative, ›literarische‹ Übersetzung von dem Bremer Humanisten. Daher denn die leicht altertümelnde Verdeutschung der Namen: Misanthrop, Philint, Alcest usw. uns ebensowenig überrascht wie die Anredeform »Ihr« und »Euch«. – Das Stück setzt bekanntlich medias in res ein. Philinte und Alceste sind im Gespräch über die zentrale Frage des ›Misanthrope‹, als der Vorhang aufgeht: soll man schroff den Menschen sagen, was man von ihnen denkt, oder sich an die Höflichkeitsgebote halten und Freundlichkeit heucheln, um nicht anzuecken? Für den Übersetzer ergibt sich bei diesem Gespräch die Schwierigkeit, Philinte, den Fürsprecher der Höflichkeit, nicht zu glatt, Alceste den Menschenfeind, nicht zu rauh zu zeichnen. Der eine ist kein Speichellecker, der andere kein grober Klotz. An der nuancierten Zeichnung dieser beiden Charaktere hängt ein gut Teil der Wirkung des Stückes, d. h. von der sprachlichen Formung hängt unser Verständnis ab – hier vielleicht mehr als sonst bei Molière.

Ludwig Fulda verwandelt Molières Nuancen in ein krasses

Schwarzweiß: »brusques chagrins« wird bei ihm zu »wildem Zorn«, Molières »homme d'honneur« verwandelt sich in einen »Charaktervollen«, »offre« und »serments« werden zu »Segen«, den man »wieder segnet«, »lâche méthode« wird zu »feiger Schacher«, und wenn es bei Molière heißt »je veux que l'on soit homme ...«, so wird daraus gleich ein »Männlich sei der Mann ...«; »un si grand courroux« verwandelt sich in einen »unbarmherzigen Menschenfresser«, während »le roi Henri« zum »König Heinerich« wird. Die Extreme sind in jeder Richtung übertrieben: spätestens mit dem »König Heinerich« ist das Stück verdorben. Rudolf Alexander Schröder kann man solch grobe Verstöße im Ton nicht nachweisen. Im Gegenteil, sein Deutsch ist eher zu vornehm, zu gesucht, zu ›akademisch‹. Da gibt es »ein Herz voll Lug und Trug« (für »cœurs corrompus«), »Je suis donc bien coupable« wird zu »So muß ich dem Alcest ein armer Sünder dünken«, und das reimt sich auf: »Ihr solltet unverweilt vor Scham in Boden sinken« (»vous devriez mourir de pure honte«). Eine Vorliebe hat Schröder für das Wörtchen »stracks«, das gleich zweimal auf der ersten Seite vorkommt; er läßt seinen Alcest vornehm-literarisch fluchen: »Potz Tod!«, er reimt »streng« auf »erheng«, »siegt ... ob« auf »Lob«, »kor« auf »vor«, »krön« auf »schön«. Und man muß sich schon auf ein sehr literarisches Deutsch eingestellt haben, um Schröders Wortbildungen nicht befremdlich zu finden: »Lindigkeit«, »beschweigen«, »Lügendünste«, »ein Quentlein Gnade«, »Wichtikus«, der »blümerante Ton«, »ein Skribler«, das sind denn doch ein wenig zu weithergeholte Ausdrücke. Sie machen den deutschen Text viel schwieriger, als es der französische Text ist. Gelegentlich kann es da sogar passieren, daß man den französischen Text heranziehen muß, um die Übersetzung zu verstehen, was dem Sinn einer Übersetzung entgegensteht. So wenn französisch »cabinet« mit deutsch »Kabinett« wiedergegeben wird: im Französischen kann das Wort noch heute, wie bei Molière, »kleiner Schrank mit verschließbaren Fächern« bedeuten, im Deutschen ist diese Bedeutung nicht mehr geläufig. Und das ist nicht die einzige Stelle der Art. Rudolf Alexander Schröders ›Misanthrope‹-Übersetzung mag für sprachliche Feinschmecker ein Genuß sein, für die Bühnenaufführung empfiehlt sich sein Text jedenfalls nicht.

Selbst für Célimène, der eine gezierte Sprache wohl an-
steht, scheint mir dies übertrieben:

*Die leerste Läpperei macht er zur Wunderkunde*
*Und beut die Tageszeit nur mit der Hand vorm Munde.*

Das heißt Molière übersteigern. Im Original lauten die zwei
zitierten Verse so esoterisch nicht:

*De la moindre vétille, il fait une merveille,*
*Et jusques au bonjour, il dit tout à l'oreille.*

(II. Akt, 5. Szene)

Halten wir neben Schröders gestelzte Wiedergabe Hans Weigels
Übersetzung, so haben wir gleich ein gutes Beispiel zur Hand:

*Selbst das Alltäglichste wird etwas ganz Diskretes,*
*Er flüstert uns ins Ohr, die Hand vorm Mund: »Wie geht es?«*

(R. A. Schröder und Ludwig Fulda)

Beide Übersetzer halten sich – so gut es geht – an das Versmaß des Originals, den »Alexandriner«. Im Französischen werden freilich die Silben gezählt, im Deutschen die Hebungen –
und was Hans Weigel in seinem schon genannten Aufsatz über
den französischen Alexandriner sagt, wird nicht jeder Fachmann
unterschreiben. Auf das Versmaß, auf das Hans Weigel sich viel
zugute tut, kommt es weniger an als auf den richtigen Ton. Und
diesen trifft Weigel besser als Schröder, besser – so scheint
mir – als alle bisherigen Übersetzer. Endlich wird Molière
sprechbar, sprechbar für einen Menschen von heute – und das
heißt zugleich für unsere heutige Bühne. Vermutlich verlangen
die Weigelschen Alexandriner eine gewisse Schulung im rhyth-
mischen Sprechen – der Akzent vor der Mittelzäsur stellt sich
nicht immer ganz von selbst richtig ein –, aber das ist sicher
eine Frage der Gewöhnung. Hat man sich einmal in den Rhythmus gefunden, gewinnen diese Verse bei jedem neuen Lesen oder
Hören. Das ist für eine Übersetzung etwas ganz Einzigartiges
und gelingt auch nur einem Übersetzer, der nicht punktuell,
von Wort zu Wort und von Vers zu Vers übersetzt, sondern
der längere Passagen im ganzen überblickt und überblickend
übersetzt. Die folgende Stelle aus dem Anfang des ›Misanthrope‹ kann das veranschaulichen: das Gespräch zwischen

Philinte und Alceste nimmt dabei einen ernsteren Charakter an, nachdem der zornigen Anwandlung des Alceste zu Beginn noch etwas Okkasionelles, ein wenig Kindliches angehaftet hatte (»Ich will mich ärgern ...«, hatte Alceste erklärt, und das klang in der Tat nach dem Trotz eines mit dem Fuß aufstampfenden Kindes). Nun aber fragt Philinte:

*Dann also ganz im Ernst: was kann, was soll ich machen?*

Und Alceste entgegnet dementsprechend mit einer prinzipiellen Erklärung:

*Man soll kein Lügner sein; dem Mann von Ehre frommt*
*Kein einziges Wort, das nicht aus seinem Herzen kommt.*

Im Original steht:

*Je veux qu'on soit sincère, et qu'en homme d'honneur*
*On ne lâche aucun mot qui ne parte du cœur.*

Rudolf Alexander Schröder hatte das mit einer ausgesprochen unglücklichen Wendung wiedergegeben:

*Aufrichtig soll man sein, soll als ein Ehrenmann*
*Nicht reden, was das Herz nicht unterschreiben kann.*

Philinte versucht noch einmal das Gesellschaftsübliche als unumgänglich hinzustellen; Alceste aber widerspricht mit einer längeren Tirade, in der er sich zum ersten Male als *der* Menschenfeind erklärt und deren zunehmende Vehemenz wohl nicht zuletzt daher rührt, daß er sich gezwungen sieht, auch Philinte die Freundschaft aufzusagen, weil dieser so anders denkt:

*Nein, nie und nimmer kann ich die Manier entschuldigen,*
*Der heute weit und breit die Kavaliere huldigen;*
*Nichts hasse ich so sehr, nichts macht mich derart rasen,*
*Wie alle die verbogenen, verlogenen öden Phrasen,*
*Umarmungen voll Feuer, die weiter nichts bedeuten,*
*Ergüsse echter Freundschaft mit ungezählten Leuten,*
*Die ewig gleichen Worte, die längst den Sinn verloren,*
*Dem Ehrenmann gewidmet und ebenso dem Toren.*
*Wo ist da Nutz und Frommen, daß einer mir erklärt,*
*Wie sehr er mich bewundert, mich liebt und schätzt und ehrt,*

*Was hab' ich von dem Lied, das er mir zu Ehren singt,*
  *Wenn er das gleiche Ständchen noch hundert andern bringt?*

*Nein, nein, nur eine Seele, die Niedrigkeiten blenden,*
*Läßt sich in eurer Welt durch feile Ehren schänden,*
*Die wahre Größe kann doch nicht darin bestehen,*
*Daß alle mich mit allen in einer Reihe sehen.*
*Auf welche Werte immer sich hohe Schätzung gründet –*
*Der findet keinen herrlich, der alle herrlich findet.*

*Und da auch Sie dem Laster der bösen Zeit verfallen,*
*Muß ich mich auch von Ihnen entfernen wie von allen,*
*Muß ich die Huldigungen und Artigkeiten meiden,*
*Da Sie nicht zwischen Wertvoll und Wertlos unterscheiden;*
*Ich will nicht sein wie alle, mein Herr, ich warne Sie,*
*Denn aller Menschen Freund sein, war nie mein Ehrgeiz, nie!*

An einigen Stellen ist diese Übersetzung außerordentlich ›frei‹. Man kann kaum noch feststellen, welcher französische Vers mit welchem deutschen Vers wiedergegeben wird. Man vergleiche etwa die durch größeren Zwischenraum abgesetzten sechs Verse aus der Mitte des obigen Zitats mit dem Original:

*Non, non, il n'est point d'âme un peu bien située*
*Qui veuille d'une estime ainsi prostituée;*
*Et la plus glorieuse a des régals peu chers,*
*Dès qu'on voit qu'on nous mêle avec tout l'univers:*
*Sur quelque préférence une estime se fonde,*
*Et c'est n'estimer rien qu'estimer tout le monde.*

Man kann sich fragen, ob hier nicht sogar Mißverständnisse vorliegen. Molières Text ist reichlich kompliziert. »Et la plus glorieuse ...« und das Folgende heißt wortwörtlich: »Selbst der eitelsten (ergänze: Seele) sind Gaben wenig teuer, wenn sie sieht, daß sie unterschiedslos allen gegeben werden.« »Die wahre Größe ...«, die in der Übersetzung an die Stelle dieser verklausulierten Äußerungen Alcestes getreten ist, ist eine Erfindung des Übersetzers. Vielleicht hat der Anklang an das Wort »gloire« ihn zu dieser Wiedergabe verführt – daher die »Größe«. »Glorieux« heißt aber in der Sprache des 17. Jahrhunderts »eitel«, »sich brüstend«, »sehr von sich selbst überzeugt«. Der Sinn von Alcestes Worten ist: »Selbst einem eitlen Menschen können unterschiedslose Höflichkeitsbezeigungen ärgerlich werden, um so mehr ärgere ich, Alceste, der ich keineswegs eitel bin, mich darüber.« Ist schon diese Stelle nicht bis in die Nuance hinein sinngetreu wiedergegeben, so hat Weigel sich in der Folge erst recht »versehen«:

*Sur quelque préférence une estime se fonde*

das heißt:

*Hochachtung gründet sich auf etwas Bevorzugung.*

Weigel hat vermutlich gelesen: »Sur quelle préférence qu'une estime se fonde ...« Aber das steht nicht da. Schließlich mag sogar das Wörtchen »air« ein paar Zeilen weiter oben, das natürliche »Benehmen«, »Gebaren« bedeutet, von Weigel mißverstanden worden sein – an ein »Lied« hat Molière dabei jedenfalls nicht gedacht. Aber selbst wenn all das mißverstanden wäre (was man dem Übersetzer lieber nicht unterstellen möchte), so gibt die Überzeugung im ganzen doch vortrefflich wieder, worum es geht. Übersetzerfehler im einzelnen schaden einer Übersetzung weniger als ein falscher Ton im ganzen. Und der, noch einmal, ist hier genau der richtige – vor allem zum bühnenwirksamen Sprechen. Die Steigerung zum Schluß:

*Denn aller Menschen Freund sein, war nie mein Ehrgeiz, nie!*

für

*L'ami du genre humain n'est point du tout mon fait,*

kommt in der Übersetzung womöglich sogar besser zum Ausdruck als im Original.

Ein besonderes Verdienst Hans Weigels ist der Mut zum Fremdwort. »Gens à la mode« (im obigen Text) ist mit »Kavalieren« besser wiedergegeben als etwa mit »Modeherren« (wie R. A. Schröder sagt); und wenn das Fremdwort so geläufig ist, daß die Verdeutschung nur umständlich wirkte, wie das bei »Kompliment« der Fall ist, so ist der Übersetzer auch befugt, es für französisch »compliment« zu setzen (so gleich nach Ende des oben Zitierten, in Vers 72). Nennt Philinte das Sonett des Oronte »galant«, so erklärt Alceste prompt, a parte,

Philinte sei nichts als ein »Ignorant«. Man muß Hans Weigel besonders dankbar sein für seine Auffrischung der Reime. Reime wie der zitierte, wie »Stil–subtil«, »Pakt–exact« oder »Philosophie–ich frage Sie« (sämtlich in der 2. Szene) wirken im Vergleich etwa zu den ›abgeklapperten‹ Reimen eines Ludwig Fulda in der Tat erfrischend. Den ›Mut zum Fremdwort‹ hat Weigel übrigens ebenso dort, wo es im Original steht: »Phlegma« (für »flègme«, v. 166), wie dort, wo es im Original nicht steht, sich aber sinngemäß anbietet: »preziös« (für »affection«, v. 387), »System« (für »philosophe« im Sinne von »verbohrt«, »pedantisch«, v. 97). Freilich sind einzelne Wörter immer schlechtere Indizien als längere Passagen. Erst die zusammenhängende Lektüre erlaubt ein Urteil darüber, ob eine Übersetzung ihrerseits Stil hat. Hans Weigels Übersetzung hat Stil – das ist das Treffendste, was man über sie sagen kann. Niemals salopp, ist sie doch lebendig und munter, niemals plump, ist sie doch geradeheraus und deutlich, niemals forsch oder keck, ist sie doch stets in einem guten Sinne modern.

Die Frage, wie weit man bei seinen Modernisierungen gehen darf, ohne anachronistisch zu werden, gehört zu den schwierigsten Übersetzerfragen. Wie soll man solche Begriffe wie »galant homme« oder »honnête homme«, die im französischen 17. Jahrhundert einen gesellschaftlichen Idealtyp bezeichneten und jedermann verständlich waren, wiedergeben, heute, wo es diesen Idealtyp nicht mehr gibt? Und wie soll man etwa die kritischen Bemerkungen Alcestes aus Anlaß von Orontes preziösem Sonett wiedergeben, die weitgehend davon abhängen, was ein »galant homme« unter Ludwig XIV. tun durfte, was nicht? In beiden Fällen ist Weigel zwar kühn, aber doch nicht illegitim verfahren, indem er »galant homme« wiedergibt mit »Mann, der auf sich hält . . .« und dann übersetzt:

*Dem Mann, der auf sich hält, muß wohl das Kunststück*
*glücken,*
*Den Drang zur Poesie mit Macht zu unterdrücken,*
*Vor allem aber soll er die Begierde zügeln,*
*Uns Strophen mitzuteilen, die sein Gemüt beflügeln,*
*Denn sonst läuft er Gefahr, indem er Herzenssachen*
*In alle Welt posaunt, sich lächerlich zu machen.*

Liest man den Urtext nach, so stellt man fest, daß der Übersetzer hier die ›Pointe‹ etwas anders gesetzt hat als Molière. Molière gibt durch Alcestes Mund lediglich zu verstehen, daß ein »galant homme« sich lächerlich macht, wenn er Gedichte schreibt und sich öffentlich mit den Erzeugnissen seiner Feder brüstet. Es geht nur darum, daß ein »Mann, der auf sich hält« (besser und zugleich einfacher ist das nicht zu übersetzen) das Schreiben den Federfuchsern überlassen oder, wenn er es schon nicht lassen kann, dann wenigstens nicht damit ›angeben‹ soll. Nichts bringt einen »Mann, der auf sich hält« leichter in Verruf als Pedanterie – im Sinne des Selbst-Ausübens von Berufen, der Spezialisierung, und sei es auch der des Dichtens. Weigel aber pointiert: lächerlich macht sich, wer seine intimsten Gedanken vor die Öffentlichkeit bringt. Und läßt Alceste den Oronte deshalb kritisieren. Nimmt man es ganz genau, ist dies eine Argumentation, die romantische Dichtauffassungen voraussetzt, die es zu Molières Zeiten noch gar nicht geben konnte. Gegen Poesie als Herzensergießung zu polemisieren, setzt eigentlich voraus, daß es eine solche Poesie schon gab. Durch die Lupe einer historisch-reflektierten Kritik besehen, ist also diese Übersetzung nicht nur modernisiert, sondern auch anachronistisch. Aber für die Lebendigkeit der Rede des Alceste ist so viel dabei gewonnen, daß man die Modernisierung von daher wohl rechtfertigen kann. Wenn die peinlich-sinngenaue, strikthistorische Übersetzung den Text lahmer macht, als er ursprünglich war, wenn er toter Buchstabe bleibt, anstatt lebendig zu wirken, dann, möchte ich meinen, sind – wenigstens dem Übersetzer von Theaterwerken – Modernisierungen wie die besprochene erlaubt. Während Weigel Molière durch seine ›Freiheit‹ für uns rettet, bleibt Rudolf Alexander Schröder zwar näher am Urtext, aber was dabei herauskommt, sind nur viele Worte mit wenig Sinn:

> *Wer will, daß Hinz und Kunz sein Werk bewundern sollen,*
> *Spielt ein gewagtes Spiel und greift in fremde Rollen.*

Auch dies versteht man im Grunde nur, wenn man das Original kennt:

> *... par la chaleur de montrer ses ouvrages,*
> *On s'expose à jouer de mauvais personnages.*     (Vers 349/50)

Sind Verse schwerer zu übersetzen als Prosa? Die Frage scheint nur die Antwort zu erlauben: natürlich! Den Sinn beibehalten, einen bestimmten Rhythmus wahren und immer wieder Reime finden, das muß doch schwieriger sein als Prosa zu übertragen, die nur den gleichen Sinn haben muß. Wer so argumentiert, vergißt, daß auch Prosa Form hat und daß diese Form erst recht schwer wiederzugeben ist: um so schwerer, je weniger sie ins Auge fällt. Jedenfalls können Prosatexte ebensoleicht fehlübersetzt werden wie Verse. Ein Vergleich zweier neuerer Übersetzungen der dritten Szene des ersten Akts von Molières ›Avare‹ mag das verdeutlichen. Es ist die Szene, in der, nach einem galanten Vorspiel der jungen Liebenden, der alte Geizhals erstmals die Bühne betritt. Er beschimpft seinen Diener La Flèche, will ihn aus dem Hause jagen, weil er sich von ihm ausspioniert fühlt, möchte ihn aber erst untersuchen, ob er nicht am Ende etwas mitnimmt. Der Alte gibt sich polternd, er überdeckt seine Angst vor dem Bestohlenwerden mit herrischem Auftreten, aber die Angst bricht immer wieder durch. La Flèche durchschaut das alles – und so wir mit ihm. Der Diener ist der Vernünftigere, man sympathisiert um so mehr mit ihm, als ihm offensichtlich Unrecht getan wird. Die Geizkomik streift schon hier, im ersten Auftritt Harpagons, gelegentlich das Unheimliche, indem der Wahn den Alten absurd werden läßt, ohne daß er es merkt.

Walter Widmers Übersetzung ist für die Bühne bestimmt und nach einer Ausgabe des Winkler-Verlages, München, in Rowohlts Klassikern, Bd. 10, 1962, erschienen. Es fällt sofort auf, daß diese Übersetzung nicht mildern, sondern drastisch und lebendig sein will. »Ce maudit vieillard« wird leicht übersteigert zu »dieser gottverfluchte Alte«, »ce méchant« wird zu »ein so bösartiger Filz«, daneben aber hält Widmer sich umständlich-genau an den Wortlaut des Originals: »je pense, sauf correction, qu'il a le diable au corps«, »ich glaube, solange man mich nicht eines Besseren belehrt, er hat den Teufel im Leib«. In der Folge wird dann immer deutlicher, daß diese Übersetzung einerseits zu drastisch, zu salopp, andererseits aber zu umständlich, feierlich, altmodisch, steif ist. Walter Widmer fällt vom Extrem des Häuslich-Intimen ins Extrem des Gestelzten: er präsentiert Molière einmal in Pantoffeln, ein andermal auf dem Kothurn.

Zu derb, zu hemdsärmelig sind die folgenden Wendungen: »lümmle mir nicht herum«, »Die Kränke sollen sie kriegen, der Geiz mitsamt den Geizhälsen«, »Wer eine Rotznase hat, mag sich schneuzen«. Zu altväterisch, zu wenig umgangssprachlich dagegen: »Ich will, daß du dich ins Pfefferland scherst«, »Diese weiten Pluderhosen sind wie geschaffen zu Hehlverstecken für Diebesgut«, »Lauter Lumpen und windige Hundsfötter!«, »Meinetwegen denn, wenn's sein muß«, »Ein rechter Galgenvogel, dieser Diener«. Immer wieder finden sich, dicht nebeneinander, solche Extreme: »die verkörperte Rechthaberei« neben »der Grasaff« (I, 5, zu Anfang); »ein wackerer Bursche, fürwahr« (Ende des 1. Akts), neben »der ganze Dreck« (II, 1); »man lacht sich allerorten den Buckel über Sie voll« (III, 1), neben »ich könnte bei seinen Machenschaften regelrecht in Versuchung kommen, ihn zu bestehlen« (II, 2); »ich halte dafür«, »es ist an der Zeit« und ähnliches neben »ich könnte glatt verrecken« und »Lauter geschniegelte Rotzbübchen« (II, 4 und II, 5): Wendungen aus der Gosse neben Wendungen aus dem Biedermeier. Weder das eine noch das andere entspricht Molière.

Hans Weigel übersetzt auch hier selbständiger, weniger originalgetreu, dafür aber einheitlicher im Ton. »Je n'ai jamais rien vu de si méchant que ce maudit vieillard et je pense, sauf correction, qu'il a le diable au corps« heißt hier nur: »So etwas von Bösartigkeit wie diesen verdammten Alten hab' ich noch nie erlebt. Der ist ja – Gott verzeih mir – wie vom Teufel besessen.« Sowohl das »sauf correction« als auch das »le diable au corps« sind ohne Umständlichkeit in entsprechende Wendungen verwandelt. Und der Text wird sprechbar. »Qu'est-ce que je vous ai fait?« fragt La Flèche. »Tu m'as fait que je veux que tu sortes«, entgegnet der Alte, in seiner Halsstarrigkeit unbekümmert um Logik. Hier hatte Widmer die Wendung »ich will, daß du dich ins Pfefferland scherst« gebraucht. Wozu die gesuchte Wendung? Was Weigel dafür setzt, reicht vollkommen aus und trifft genau den Sinn: »La Flèche: Was habe ich Euch getan? Harpagon: Du sollst verschwinden, das hast du getan!« Ebenso einfach lautet bei Weigel kurz danach Harpagons Aufforderung an La Flèche: »Laß sehen! Zeig mir deine Hände.« Der Ton ist knapp und herrisch: »Viens ça, que je voie. Montre-moi tes mains.« Walter Widmer macht es wieder zu umständlich, wenn er übersetzt: »Komm her zu mir, laß mich nachsehen. Zeig mir die Hände.« Während Weigel drei Worte kürzer ist als Molière, ist Widmer zwei Worte länger – und die sind hier gerade zuviel. Die Szene besteht aus einem sehr raschen Dialog, dessen Witz zum Teil daher rührt, daß La Flèche dauernd leise Bemerkungen beiseite macht, die der Alte vor allem dann versteht, wenn er meint, es sei von seinem Geld die Rede. »Mit wem sprichst du da?« fragt er den Diener, und der erfindet die faule Ausrede: »Je parle à mon bonnet.« Darauf Harpagon als Herr, der es gewohnt ist, sein Personal zu prügeln: »Et moi, je pourrai bien parler à ta barrette.« Weigel nimmt sich die Freiheit zu übersetzen: »... ich will, daß du mir sagst, wovon du redest«, darauf: »Ach, was mir so durch den Kopf geht«, und darauf: »Ich werde dir diese Reden aus dem Kopf schlagen.« Das ist geläufig, schlagfertig, so naheliegend wie im Französischen. La Flèche entlädt seinen Zorn dann auch mit einer sprichwörtlichen Wendung: »Qui se sent morveux, qu'il se mouche.« Dafür läßt Weigel ihn – ich weiß nicht, ob mit einer dem Wiener Volksmund abgelauschten oder einer ad hoc erfundenen, jedenfalls aber amüsanten Wendung – sagen: »Volle Nase nicht entladen, ist gefährlich und bringt Schaden.« Das ist genau so hämisch, verkniffen und ingrimmig gesagt, wie es die Situation erfordert. Und es klingt nicht derber als das Original. Während Widmers »Wer eine Rotznase hat, mag sich schneuzen«, ebenso wörtlich wie stillos übersetzt ist. Vielleicht, das sei sine ira et studio bemerkt, erleichtert dem Wiener die Sprache seiner Landsleute hier, was dem Schweizer die der seinen erschwert.

Schließlich hat Harpagon die Geduld verloren und sagt nur noch zu La Flèche: »Te tairas-tu?« Worauf der spricht: »Oui, malgré moi.« Das heißt bei Widmer: »Willst du wohl still sein?« »Meinetwegen denn, wenn es sein muß«, bei Weigel aber: »Willst du wohl schweigen?« »Ich will nicht, ich muß.« Das ›weniger‹ ist auch hier ›mehr‹!

Und noch ein letztes Beispiel: Cléante, der Sohn des ›Geizigen‹, muß Geld aufnehmen. La Flèche besorgt das für ihn. Aber die Zinsen sind haarig. Cléante stellt das fest: »Comment diable! quel Juif, quel Arabe est-ce là? C'est plus qu'au dernier quatre« (II. Akt, 1. Szene). Walter Widmer übersetzt: »Was Teufel soll das heißen? Was für ein Jude ist das? Der reinste Araber! Das ist ja mehr als fünfundzwanzig Prozent.« Hans Weigel jedoch übersetzt: »Wie? Teufel noch einmal! An welchen Juden oder Levantiner sind wir da geraten?! Das ist ja mehr als ein Viertel!« ».... quel Juif, quel Arabe« ist offensichtlich als eine Steigerung zu verstehen. Im Deutschen gilt im allgemeinen ein Araber nicht als geschäftstüchtiger denn ein Jude. Aber mit einem »Levantiner« verbindet sich sehr wohl eine solche Vorstellung. Wer gut übersetzen will, darf nicht am Worte kleben: diese Erkenntnis ist alt. Wir könnten sie im Gedanken an Hans Weigels neue Molière-Übersetzungen ein wenig erweitern und sagen: Zu einer guten Übersetzung gehört sowohl Phantasie als auch Geschmack. Fehlt die Phantasie, so wird die Übersetzung allenfalls zu einer nützlichen Verständnishilfe für das Original, aber schwerlich zu einer selbständigen Wiedergabe; fehlt der Geschmack, so erliegt sie – wenigstens bei Übersetzungen französischer Klassiker – allzuleicht der Gefahr, der Walter Widmers ›Avare‹-Übersetzung erlegen ist, und gerät einmal zu ›niedrig‹ im Stil, ein andermal zu ›hoch‹. Keine Übersetzung ist ohne Schwächen, keine deckt sich vollkommen mit dem Original. Aber es ist schon viel gewonnen – und in der Geschichte der deutschen Molière-Übersetzungen ein Ereignis, das begrüßt zu werden verdient –, wenn eine Übersetzung wie die von Hans Weigel uns einen Molière gibt, von dem man sagen kann, ›er komme richtig daher‹: nicht in Pantoffeln und nicht auf dem Kothurn.

Aus: Maske und Kothurn, Vierteljahreszeitschrift für Theaterwissenschaft, hrsg. vom Institut für Theaterwissenschaft an der Universität Wien, Heft 3/4. 1968

## Vom Umgang mit Molière

Die lyrische Dichtung hat, wie manche andere Kunst, im neuen Jahrhundert ihre alten Formen gesprengt. Man reimt kaum mehr, man ist über die klassischen Versmaße und strophischen Gliederungen weit hinausgelangt. Warum auch nicht? Auffallend und bedauerlich bleibt dabei jedoch die Erfahrung, daß im poetischen Bereich – anders als in der Musik und in den bildenden Künsten – die konventionelle Formenlehre kaum mehr im Gespräch ist. Darunter leiden die Pflege und die Erneuerung des poetischen Erbes, darunter muß auf die Dauer die Wahrnehmungsfähigkeit für das Schöne leiden.

So kommt es, daß mit dem Absterben der alten Formen in der neuen Produktion allmählich auch ihre Kenntnis schwindet. Man weiß von den perspektivischen Gesetzen, auch wenn man sie mißachtet, von den Tonarten, auch wenn man sie durch Reihen ersetzt. Wer aber ist ebenso informiert über die Ästhetik der Reime, über Jamben und Trochäen, Spondäen und Daktylen, Hexameter, Pentameter, Trimeter, Blankverse, Distichen, sapphische Strophen und all die anderen elementaren Begriffe des Lyrischen? Man büffelt das als klassischer Philologe, Germanist oder Romanist, um es alsbald wieder zu vergessen: doch die Kunstlehre schwindet aus dem Bewußtsein, wie die Lyrik, exklusiv geworden, sich auf die schmalen Bereiche von Kennern reduziert sieht – und sich doch noch zu Anfang des Jahrhunderts von einer breiten populären Basis aus in immer höhere Höhen staffelte.

Techniker der Strophen und Reime sind heute nur noch die Verfertiger von Texten für Schlager, Operetten und Kabaretts, die Professionals der Unterhaltungsbranche, echte Handwerker von gelegentlich bedeutenden Gaben. Doch darüber hinaus mangelt es am Handwerksgeist auf dem Gebiet des gebundenen Worts – und das ist einer der vielen Aspekte unserer bedenklichen Übersetzer-Misere.

Große Kunstwerke bleiben über alles Zeitgebundene hinaus lebendig. Gewisse Schlacken und Vergänglichkeiten sind als ihre Bestandteile in die Unsterblichkeit mit eingeschlossen. Anders die Übersetzungen, mögen sie auch als Kunstwerke der Über-

setzerei angesprochen worden sein. Eigentlich müßte jede neue
Zeit sich die fremdsprachigen Kunstwerke früherer Zeiten durch
neue Übersetzungen neu erwerben.

Die sechshebig jambischen, paarweise gereimten Verse sind in
der dramatischen Dichtung Frankreichs klassisch, dabei kann
man eigentlich, wie es manchmal geschieht, von »einem Alexandriner« ebensowenig sprechen wie etwa von »einem Spaghetto«;
denn durch das Reimpaar sind mindestens zwei Verse die alexandrinische Voraussetzung.

Zum Unterschied vom gleichfalls sechshebigen jambischen
Trimeter der griechischen Tragödie (»Nicht mitzuhassen, mitzu-
lieben, bin ich da«) ist die alexandrinische Versform durch eine
Zäsur in der Mitte des Verses charakterisiert: mit den ersten
drei Jamben muß nicht unbedingt ein Satz oder Gedanke, wohl
aber ein Wort zu Ende sein.

Die Verslustspiele von Molière (die kleinere Hälfte seines
Œuvres – die größere ist in Prosa mit mehr oder weniger
reichlichen lyrischen Einlagen) verwenden das alexandrinische
Versmaß in unerreichter Kunstfertigkeit, Eleganz und Brillanz
so meisterlich, daß die Form zum untrennbaren Bestandteil der
Dichtung wurde. Ein Verslustspiel von Molière kann nur in
Alexandrinern einen plausiblen Begriff vom Original vermit-
teln. Und so wurde denn Molière auch recht früh in deutsche
Alexandriner gebracht ...

Ich hatte unter allen bisherigen Molière-Aufführungen in
deutscher Sprache mehr oder weniger gelitten, doch hatte ich
nicht genau gewußt, warum.

Ich weiß ganz gewiß nicht, ob es mir gelungen ist, die
Verskomödien von Molière gut oder auch nur besser ins Deutsche zu übertragen. Ich weiß nur, daß dieser Versuch aller
Mühen wert war und daß französische Alexandriner in der
Komödie nur durch deutsche Alexandriner wiedergegeben werden können, es wäre denn, daß ein Dichter neuschöpferisch ans
Werk geht wie Heinrich von Kleist, der sich von dem Rollfeld
einer Molière-Übertragung zu den Wolkenhöhen seines ›Amphitryon‹ erhoben hat.

Angesichts meiner alexandrinischen Epoche mußte ich die ein-
gangs angedeutete Erfahrung machen, daß die großen Fragen
der Verskunstlehre nicht mehr richtig im Gespräch sind. Man

sieht dies schon daraus, wie Regisseure heute die klassischen Texte zusammenstreichen. Gewiß erfordert die Bühnenwirklichkeit Kürzungen; doch werden diese derzeit immer wieder brutal ohne Rücksicht auf das Versmaß und selbst auf den Reim vorgenommen. Und wenn man auch nicht mehr skandierend, am Ende jeder Zeile absetzend, Verse sprechen soll, ist doch die innere Melodie, die rhythmische Gesetzlichkeit nicht aufgehoben. Wie oft ändern auch Schauspieler, willentlich oder unbewußt, ihre Texte selbst und verunstalten damit ein Dichtwerk, ohne daß der Regisseur eingreift oder die Kritik Alarm schlägt.

Eines meiner überwältigenden Erlebnisse im Umgang mit Molière und den Alexandrinern war die tiefe und nahezu allgemeine Unkenntnis der Probleme, denen sich die deutschen Molière-Aufführungen unserer Zeit gegenübersehen. Es ist, wie bei Shakespeare, meist so, daß ein Regisseur sich kurz vor der Probenarbeit etliche Übersetzungen hernimmt und aus ihnen auf gut Glück seine ›Fassung‹ herstellt.

Zur unseligen Zeit der Schlenther, Lindau und Fulda war die Frage des rechten Metrums für Molière wenigstens noch Gesprächsstoff. Fasziniert und erregt von meinem Ringen mit den Alexandrinern, mußte ich merken: die Theaterleute sahen gar nicht einmal recht, daß hier ein Thema war, über das es sich zu reden lohnte. Etwas weniger Interesse für die ›Verfremdung‹, und entsprechend mehr für Rhythmen, Reime und Strophen, würde den aufhaltsamen Abstieg unserer Theaterkultur gewiß in günstigem Sinn beeinflussen!

Entschädigt für die Stumpfheit der Subjekte wurde ich durch das Objekt. Und es scheint mir, daß die Zeit für Molière auf der Bühne deutscher Sprache erst kommen muß. Hierzu müßte es allerdings gelingen, eine halbwegs zureichende Annäherung an das große Original zustandezubringen. Die Sprache darf dabei nicht Hemmschuh sein, sich aber auch nicht zum Zweck erhöhen, sie muß dem Geist und dem Sinn und dem großen Bogen der Form dienen. Die ideale Molière-Übersetzung darf im Zuhörer nicht den Jubel auslösen: »Wie gut ist dieser Übersetzer!« sondern: »Wie herrlich ist dieser Molière!«

Es gibt in seinen großen Verskomödien keine Zeile, die man nicht bewundern, vor der man nicht, auch bei intensivster Befassung, in beglückter Zustimmung verharren müßte. Keine einzige ist entbehrlich, keine einzige könnte man sich anders denken, jede einzelne ist in meisterlicher Manier auf das Ganze des Spiels bezogen. Alles ist Handwerk und Kunst zugleich, wirksames Theater und große Literatur, dramatisch im schönsten Sinn und lustspielhaft dazu im schwebenden Gleichgewicht von Tragik und Scherz. Es gab und es gibt viel zu lachen auf dem Theater, und auch viel zu weinen; doch es gibt kein reineres, herzhafteres, menschlicheres Lächeln als das Lächeln, das uns die großen Verskomödien Molières schenken. (1971)

## Molières Komödien
## in sieben Einzelbänden

### Herausgegeben und neu übertragen von Hans Weigel

# Honoré de Balzac
## Die großen Romane und Erzählungen
## im Diogenes Verlag

# Gustave Flaubert
## im Diogenes Verlag

### Jugendwerke
Erste Erzählungen. Herausgegeben und aus dem Französischen übersetzt von Traugott König. Leinen

### November
Jugendwerke II, enthaltend: Erinnerungen, Aufzeichnungen und innerste Gedanken, Memoiren eines Irren, November. Herausgegeben, mit einem Nachwort und vollständig neu übersetzt von Traugott König
Leinen

### Madame Bovary
Sitten der Provinz. Deutsch von René Schickele, revidiert von Irene Riesen. Mit einem Glossar und den Rezensionen von Sainte-Beuve, Barbey d'Aurevilly und Charles Baudelaire im Anhang
detebe 20721

### Salammbô
Kampf um Karthago. Deutsch von Friedrich von Oppeln-Bronikowski, revidiert von Franz Cavigelli. Mit einem Glossar und Flauberts Verteidigungsbriefen an Sainte-Beuve und den Archäologen Froehner sowie den Rezensionen von George Sand und Théophile Gautier im Anhang. detebe 20722

### Die Erziehung des Herzens
Geschichte eines jungen Mannes. Deutsch von E. A. Rheinhardt. Mit einem Glossar und den Rezensionen von Barbey d'Aurevilly, George Sand und Emile Zola im Anhang
detebe 20723

### Die Versuchung des heiligen Antonius
Deutsch von Felix Paul Greve, revidiert von Franz Cavigelli. Mit einem Glossar, einem Brief von Ernest Renan und einem Essay von Paul Valéry im Anhang. detebe 20719

### Drei Geschichten
Ein schlichtes Herz. Die Legende von Sankt Julian dem Gastfreien. Herodias. Deutsch von E. W. Fischer, revidiert von Anton Friedrich. Mit der Rezension von Théodore de Banville und Essays von Maxim Gorki, Marcel Schwob und Anatole France im Anhang. detebe 20724

### Bouvard und Pécuchet
Vom Mangel an Methode in den Wissenschaften. Deutsch von Erich Marx. Mit einem Glossar und Essays von Raymond Queneau, Jorge Luis Borges und Lionel Trilling im Anhang. detebe 20725

### Briefe
Herausgegeben und übersetzt von Helmut Scheffel. detebe 20386

### Über Gustave Flaubert
Essays, Aufsätze, Erinnerungen von Emile Zola, Maxime du Camp, Guy de Maupassant, Heinrich Mann, Marcel Proust, Ezra Pound, Egon Friedell, Arnold Hauser, Jean-Paul Sartre, Helmut Heißenbüttel, Nathalie Sarraute und Jean Améry. Mit Bilddokumenten, Chroniken und Bibliographie im Anhang. Herausgegeben von Gerd Haffmans und Franz Cavigelli. detebe 20726

# Victor Hugo
## im Diogenes Verlag

### Der letzte Tag eines Verurteilten
Aus dem Französischen und Vorwort von W. Scheu
detebe 21234

### Der Glöckner von Notre-Dame
Roman. Deutsch von Philipp Wanderer
Mit einem Nachwort von Arthur von Riha
Frontispiz von Gustave Brion
detebe 21290

### Fantine
Die Elenden I. detebe 21438

### Cosette
Die Elenden II. detebe 21439

### Marius
Die Elenden III. detebe 21440

### Eponine
Die Elenden IV. detebe 21441

### Jean Valjean
Die Elenden V. Mit einem Nachwort von
Hans Grössel und einem Aufsatz von Charles Baudelaire
detebe 21442

Alle Bände in der Übersetzung von Paul
Wiegler und Wolfgang Günther

### Das Teufelsschiff
Roman. Deutsch von Hans Kauders
Mit einem Nachwort von André Maurois
detebe 21549

# Dramen
## im Diogenes Verlag

● **William Shakespeare**
*Dramatische Werke in 10 Bänden*
In der Übersetzung von Schlegel/Tieck.
Als Vorlage diente die Edition von Hans Matter. Jeder Band mit einer editorischen Notiz des Herausgebers und Illustrationen von Heinrich Füßli aus der Ausgabe von 1805
*Romeo und Julia / Hamlet / Othello*
detebe 20631
*König Lear / Macbeth / Timon von Athen*
detebe 20632
*Julius Cäsar / Antonius und Cleopatra
Coriolanus.* detebe 20633
*Verlorne Liebesmüh / Die Komödie der
Irrungen / Die beiden Veroneser / Der
Widerspenstigen Zähmung.* detebe 20634
*Ein Sommernachtstraum / Der Kaufmann
von Venedig / Viel Lärm um nichts / Wie es
euch gefällt / Die lustigen Weiber von Windsor.* detebe 20635
*Ende gut, alles gut / Was ihr wollt / Troilus
und Cressida / Maß für Maß.* detebe 20636
*Cymbeline / Das Wintermärchen
Der Sturm.* detebe 20637
*Heinrich der Sechste / Richard der Dritte*
detebe 20638
*Richard der Zweite / König Johann
Heinrich der Vierte.* detebe 20639
*Heinrich der Fünfte / Heinrich der Achte
Titus Andronicus.* detebe 20640

● **Calderón**
*Das große Welttheater.* In einer Nachdichtung von Joseph von Eichendorff. Mit einem Nachwort von Bernhard Michael Steinmetz
detebe 21537

● **Molière**
*Komödien in 7 Bänden*
in der Neuübersetzung von Hans Weigel
*Der Wirrkopf / Die lächerlichen Schwärmerinnen / Sganarell.* detebe 20199
*Die Schule der Frauen / Kritik der ›Schule der
Frauen‹ / Die Schule der Ehemänner*
detebe 20200
*Tartuffe oder Der Betrüger / Der Betrogene
oder George Dandin / Vorspiel in Versailles*
detebe 20201
*Don Juan / Die Lästigen / Der Arzt wider
Willen.* detebe 20202
*Der Menschenfeind / Die erzwungene Heirat
Die gelehrten Frauen* detebe 20203
*Der Geizige / Der Bürger als Edelmann*

*Der Herr aus der Provinz.* detebe 20204
*Der eingebildete Kranke / Die Gaunereien
des Scappino.* Mit einer Chronologie und einem Nachwort des Herausgebers
detebe 20205

Als Ergänzungsband liegt vor:
*Über Molière.* Zeugnisse von Voltaire bis Bert Brecht. Über Molière auf der Bühne und Molière in deutscher Übersetzung. Chronik und Bibliographie. Herausgegeben von Christian Strich, Rémy Charbon und Gerd Haffmans. detebe 20067

● **Goethe**
*Faust.* Der Tragödie erster und zweiter Teil. Herausgegeben von Ernst Merian-Genast
detebe 20439

● **Anton Čechov**
*Dramatische Werke in 8 Bänden*
in der Neuübersetzung und -edition von Peter Urban: jeder Band bringt den unzensierten, integralen, neu transkribierten Text und einen Anhang mit allen Lesarten und Textvarianten, und Auszügen aus Čechovs Notizbüchern, Anmerkungen und einem editorischen Bericht
*Die Möwe.* Komödie in vier Akten
detebe 20091
*Der Waldschrat.* Komödie in vier Akten
detebe 20084
*Der Kirschgarten.* Komödie in vier Akten
detebe 20083
*Onkel Vanja.* Szenen aus dem Landleben in vier Akten. detebe 20093
*Ivanov.* Drama in vier Akten. detebe 20102
*Drei Schwestern.* Drama in vier Akten
detebe 20103
*Platonov.* Das ›Stück ohne Titel‹ in vier Akten und fünf Bildern. Erstmals vollständig deutsch. detebe 20104
*Sämtliche Einakter.* detebe 20801

● **Sean O'Casey**
*Purpurstaub.* Eine abwegige Komödie. Aus dem Englischen von Helmut Baierl und Georg Simmgen. detebe 20002
*Dubliner Trilogie.* Der Schatten eines Rebellen / Juno und der Pfau / Der Pflug und die Sterne. Aus dem Englischen von Maik Hamburger, Adolf Dresen, Volker Canaris und Dieter Hildebrandt. detebe 20034